Aichele
Rechtsgeschichte

Rechtsgeschichte

von

Dr. phil. habil. Alexander Aichele
Privatdozent an der
Martin-Luther-Universität Halle-Wittenberg

2017

www.beck.de

ISBN 978 3 406 70265 5

Wilhelmstraße 9, 80801 München
Druck: Nomos Verlagsgesellschaft
In den Lissen 12, 76547 Sinzheim

Satz: DTP-Vorlagen des Autors

Gedruckt auf säurefreiem, alterungsbeständigem Papier
(hergestellt aus chlorfrei gebleichtem Zellstoff)

In memoriam
B. Sharon Byrd
(1947–2014)

Courage is being scared to death …
and saddling up anyway.

J. Wayne

Vorwort

Das vorliegende Büchlein ist aus einer Vorlesung hervorgegangen, die seit 2009 in verschiedenen Gestalten sowohl an der Philosophischen als auch der Juristischen Fakultät der Universität Halle gehalten worden ist. Sie sollte einen Überblick über die Entwicklung der allgemeinen Grundlagen des Rechtsdenkens bis heute bieten. Insbesondere im Rahmen der juristischen Ausbildung sollte diese Vorlesung die üblichen Veranstaltungen zur Rechtsgeschichte ergänzen, die sich in der Regel mit der historischen Veränderung der Gesetzessysteme an einem bestimmten geographischen Ort – in der Regel: Deutschland – und über eine bestimmte Zeitspanne hinweg beschäftigen. Man hält damit ein weiteres Reflexionsinstrument in der Hand, das zwar aufgrund seiner Universalität die Rechtswissenschaft in ihrem engsten, disziplinär gebundenen Sinn durchaus überschreiten mag, über dessen Relevanz für diese allerdings ebensowenig Zweifel bestehen kann. Denn jeder im und mit dem Recht Beschäftigte – also eigentlich alle – wird auch unter Aufbietung aller Selbstbeherrschung kaum vermeiden können, sich gelegentlich zu fragen, warum er bestimmte Dinge, die er tut oder lernt, so tut und lernt, wie er sie tut und lernt. Das hat oft sehr allgemeine Gründe. Um diese soll es hier gehen.

Das läuft auf eine kurze Geschichte des Rechtsbegriffs hinaus. Die Betonung liegt hierbei auf „kurz“: Weder können die hier gebotenen Abrisse die häufig – aber nicht immer – vorliegenden Einzelstudien über die behandelten Autoren und noch weniger deren eigene Lektüre ersetzen noch wird hier ein systematischer oder enzyklopädischer Anspruch erhoben: Ersterer nicht, weil es sich um eine Darstellung der Geschichte des Rechtsbegriffs handelt und nicht um die Begründung der Wahrheit eines ganz bestimmten, womöglich erst eigens zu definierenden. Zweiteres nicht, weil naturgemäß eine Auswahl getroffen werden musste. Sie bemüht sich zwar um Neutralität und versucht, vordringlich auf historische und systematische Bedeutung – beides fällt erstaunlich häufig auseinander – und in zweiter Linie auf Bekanntheit und Verbreitung zu achten. Aber dass bei allem Bemühen hierbei auch die Vorlieben des Verfassers eine Rolle spielen werden, wäre zu bestreiten albern. Jedoch bin ich zuversichtlich, dass beim allergrößten Teil der behandelten Autoren kein Zweifel daran bestehen wird, dass sie in einen solchen Überblick hineingehören. Es hätten gewiss mehr sein können, aber wohl ebenso auch weniger und, mit etlichen Ausnahmen, andere. Falls der eine oder andere der kurzen Abschnitte soviel Neugier erwecken sollte, dass einmal der behandelte Text in die Hand genommen und vielleicht sogar gelesen wird, hätte sich die Arbeit an diesem Büchlein, das selbst nicht mehr sein kann als eine Einführung in Einführungen, schon mehr als gelohnt.

Ob sich die Mühe der fachkritischen Lektüre für meinen Freund Joachim Renzikowski (Halle) gelohnt hat, wage ich nicht zu beurteilen, hoffe es aber. Für mich gilt dies allerdings ganz gewiss, und deswegen nutze ich die Gelegenheit zu innigem Dank. Gleiches gilt auch für Irmela: Der Wert des Blicks eines fachfremden Lesers auf das Elaborat eines häufig genug fachlich umnebelten Schreiberhirns kann gar nicht hoch genug eingeschätzt werden. Wie die Präsenz dieser speziellen Leserin überhaupt.

Halle, im Juni 2016 *Alexander Aichele*

Inhaltsverzeichnis

Literaturverzeichnis

Quellen

Abaelard, Peter (Coll.): Gespräch eines Philosophen, eines Juden und eines Christen/ Dialogus inter Philosophum, Iudaeum et Christianum (hrsg. u. übs. von Hans-Wolfgang Krautz), Frankfurt/M.

Al-Fârâbî (Taḥṣîl): The Attainment of Happiness/ Taḥṣîl al-saʿâdah, in: Philosophy of Plato and Aristotle (transl. with an introduction by Muhsin Mahdi). Rev. Edition with a Foreword by Charles E. Butterworth and Thomas L. Pangle, Ithaca/New York 2001.

– (al-Madîna): Die Prinzipien der Ansichten der Bewohner der vortrefflichen Stadt/ Mabâdi' ârâ' ahl al-madîna al-fâḍila (übs. und hrsg. von Cleophea Ferrari, Stuttgart 2009.

– Opinions des habitants de la cité vertueuse/ Kitâb ârâ' ahl al-madîna al-fâḍila (texte, trad. critique et commentaire par Amor Cherni), Beirut 2011.

– (al-Milla): La religion/ Kitâb al-Milla (texte, trad. et commentaire par Amor Cherni), Beirut 2012.

– (De scientiis): Über die Wissenschaften. Die Version des Dominicus Gundissalinus/ De scientiis secundum versionem Dominci Gundissalini (übs. und eingel. von Jakob Hans Josef Schneider), Freiburg/Basel/Wien 2006.

Aristoteles (NE): Ethica Nicomachea (ed. Immanuel Bekker), Berlin [3]1861.

– Nikomachische Ethik (übs. von Franz Dirlmeier), Stuttgart 1983.

– Politica (Pol.): (rec. W. D. Ross), Oxford 1957 u.ö.

– Politik (nach der Übs. von Franz Susemihl neu hg. von Wolfgang Kullmann), Reinbek 1994.

Augustinus (De lib. arb.): De libero arbitrio (ed. Migne), Paris 1861 (Patrologia Latina, Tom. XXXII, 1220–1310).

– (De civ. Dei): De civitate Dei (Corpus Christianorum Series Latina XLVII), Turnhout 1955.

– Der Gottesstaat (übs. C.J. Perl), 3 Bde., Salzburg [2]1966.

Austin, John (PoJ): The Province of Jurisprudence Determined, London 1854.

– (LoJ): Lectures on Jurisprudence or the Philosophy of Positive Law, Glashütten 1972 (ND der Ausg. London 1885)

Bentham, Jeremy (IPM): Introduction to the Principles of Morals and Legislation, Amherst/NY 1988.

Cicero (Resp.): De re publica/Der Staat (Lat./Dt. hg. und übs. von Karl Büchner), München/Zürich [5]1993.

Clemens von Alexandria (Strom.): Stromata (ed. O. Stählin), Leipzig 1906 ff.

Dworkin, Ronald (TRS): Taking Rights Seriously, Cambridge/Mass. 1978.

– (LE): Law's Empire, Cambridge/Mass. 1986.

Epikur (KD): Briefe, Sprüche, Werkfragmente (Gr./Dt. übs. und hrg. von Wolfgang Krautz), Stuttgart 1993.

Fichte, Johann Gottlieb (GN): Grundlage des Naturrechts nach Prinzipien der Wissenschaftslehre, in: Gesamtausgabe (hg. von Hans Gliwitzky u. a.), Stuttgart-Bad Cannstatt 1962 ff., Bd. I.3.

Finnis, John (NL): Natural Law and Natural Rights. 2nd Edition, Oxford 2011.

Gratian (Decr.): Corpus Iuris Canonici (ed. Justus Henning Böhmer), Tom. I, Halle 1747.

Grotius, Hugo (DJB): De jure belli ac pacis libri tres in quibus ius naturae et gentium item iuris publici praecipua explicantur (ed. B.J.A. de Kanter-van Hettinga Tromp, annotat. nov. add. R. Feenstra/C.E. Persenaire), Aalen 1993.

Hart, Herbert Lionel Adolphus (CoL): The Concept of Law, Oxford 1961.

Hegel, Georg Wilhelm Friedrich (GPR): Grundlinien der Philosophie des Rechts oder Naturrecht und Staatswissenschaft im Grundrisse: mit Hegels eigenhändigen Notizen und den mündlichen Zusätzen (hg. von Eva Moldenhauer u. Karl Markus Michel), Frankfurt/M. 1986.

Hesiod: Theogonie (Theog.)/Werke und Tage (Erga) (hrg. und übs. von Albert v. Schirnding mit Einf. und Reg. von Ernst Günther Schmidt), München/Zürich 1991.

Heraklit (DK): Fragmente, in: Die Fragmente der Vorsokratiker (hrg. von Hermann Diels/Wilhelm Kranz), 3 Bde., Zürich/Hildesheim 1992, Bd. 1.22, 139–190.

Hobbes, Thomas (Lev.): Leviathan (ed. with an Introduction by C.B. Macpherson), London 1968.

Homer (Il.): Die Ilias (übs. von Wolfgang Schadewaldt), Düsseldorf/Zürich 2004.

– (Od.) Odysse (übs. von Johann Heinrich Voß), München 1980.

Johannes Duns Scotus (OP): Opera philosophica (ed. G.J. Etzkorn et al.), St. Bonaventure/N.Y. 1997 ff.

– (Ord.): Ordinatio, in: Opera omnia (Editio Vaticana), Bd. 1–14, Civitas Vaticana, 1950 ff.

– Opera omnia (ed. Wadding), Hildesheim 1968 ff. (ND der Ausg. Lyon 1639).

– (Wolter): Duns Scotus on the Will and Morality (Sel. & transl. with an Introduction by Allan B. Wolter O.F.M.), Washington D.C. 1986.

John of Salisbury (Policr.): Policraticus. Of the Frivolities of Courtiers and the Footprints of Philosophers (ed. and transl. by Cay J. Nederman), Cambridge 2007.

Kant, Immanuel (MS): Die Metaphysik der Sitten (hrg. von Wilhelm Weischedel), Frankfurt/M. 1977.

– (Refl.): Reflexionen zur Moral-, Rechts- und Religionsphilosophie, Akademie-Ausgabe Bd. 19, Berlin 1934.

Kelsen, Hans (RR): Reine Rechtslehre, Wien ²1960.

Köhler, Heinrich (EJN): Iuris naturalis eiusque cumprimis cogentis methodo systematica propositi exercitationes VII, Hildesheim u.a. 2004 (ND der Ausg. Jena 1738).

Leibniz, Gottfried Wilhelm (NM): Neue Methode, Rechtswissenschaft zu lernen und zu lehren/ Nova Methodus discendae docendaeque Jurisprudentiae, in: Frühe Schriften zum Naturrecht (hrsg., mit einer Einl. und Anm. vers. sowie

unter Mitw. von Hans Zimmermann übs. von Hubertus Busche), Hamburg 2003, 25–87.
– (El): Entwürfe zu den „Elementen des Naturrechts"/ Elementa juris naturalis, in: Frühe Schriften zum Naturrecht, 89–319.
– (NBJ): Sur la nature de la bonté et de la justice, in: Li, a.a.O. (s. Busche 2015), 142–163.
Locke, John (E): An Essay concerning Human Understanding (ed. with a foreword by Peter H. Nidditch), Oxford 1979 u.ö.
– (STG): Second Treatise on Government, in: Two Treatises of Government (ed. P. Laslett), Cambridge ²1967.
Lukrez (De rer. nat.): De rerum natura/Welt aus Atomen (Lat./Dt. übs. und mit einem Nachwort hrg. von Karl Büchner), Stuttgart 1986.
Maimonides, Moses: The Guide of the Perplexed (transl. and with an introduction and notes by Shlomo Pines, introductory essay by Leo Strauss), 2 vols, Chicago/London 1963.
Marsilius von Padua (DP): Defensor pacis (ed. Richard Scholz), 2 Bde., Hannover 1932/33.
de Montesquieu, Charles Secondat (EdL): L'esprit des lois , in: Œuvres complètes (hg, von Roger Caillois), 2 Bde., Paris 1951 u.ö., Bd. 2, 225–995.
Platon (Nom): Nomoi, in: Opera (ed. Ioannes Burnet), 5 vol., Oxford 1899 ff., Bd. 5.
– (Pol.): Politeia, in: Opera (Burnet), Bd. 4.
– (Prot.): Protagoras, in: Opera (Burnet), Bd. 3.
– Sämtliche Werke (übs. von Friedrich Schleiermacher, hrg. von Walter F. Otto, Ernesto Grassi u. Gert Plamböck), 6 Bde., Hamburg 1957.
Pufendorf, Samuel (JNG): De jure naturae et gentium libri octo, in: Gesammelte Werke, Bd. IV (hg. von Frank Böhling), Berlin 1998.
– (OHC): De officio hominis et civis juxta legem naturalem libri duo, in: Gesammelte Werke, Bd. II (hg. von Gerald Hartung), Berlin 1997.
Rawls, John (TG): Eine Theorie der Gerechtigkeit (übs. von Hermann Vetter), Frankfurt/M. 1979.
Raz, Joseph (CLS): The Concept of a Legal System. An Introduction to the Theory of Legal System, Oxford 1970.
– (MoF): The Morality of Freedom, Oxford 1986.
– (AoL): The Authority of Law. Essays on Law and Morality. 2nd Edition, Oxford 2009.
Rousseau, Jean-Jacques (CS): Du contrat social; ou principes du droit politique, in: Œuvres complètes (éd. Bernard Gagnebin et Marcel Raymond), Tome III, Paris 1991, 347–470.
von Savigny, Friedrich Carl (BZ): Vom Beruf unsrer Zeit für Gesetzgebung und Rechtswissenschaft, Heidelberg ³1840.
Schmitt, Carl (PT): Politische Theologie (1922), Berlin ³1979.
– (Vl.): Verfassunglehre (1928), Berlin ⁵1970.
– (LL): Legalität und Legitimität (1932), in: Verfassungsrechtliche Aufsätze aus den Jahren 1924–1954, Berlin 1958, 263–345.
– (SBV): Staat, Bewegung, Volk. Die Dreigliederung der politischen Einheit, Hamburg 1933.
– (ÜdA): Über die drei Arten rechtswissenschaftlichen Denkens, Hamburg 1934.

Solon (Frg.), in: Anthologia lyrica Graeca (ed. Ernst Diehl), Bd. I, Leipzig [3]1949.

Die Sophisten. Ausgewählte Texte (Gr./Dt. hrg. und übs. von Thomas Schirren und Thomas Zinsmaier), Stuttgart 2003.

Stoicorum Veterum Fragmenta (SVF) (ed. Hans von Arnim), Leipzig 1905 ff.

Suárez, Francisco (DL): Tractatus de legibus ac Deo legislatore (ed. crit. por Luciano Pereña et al.), Madrid 1971–81.

– (DF): Defensio fidei contra errores regis Angliae (ed. crit. por Eleuterio Elorduy e Luciano Pereña), Madrid 1965.

– (DB): De bello, in: Ausgewählte Texte zum Völkerrecht (Lat./Dt. hrg. und übs. von Josef de Vries S.J.), Tübingen 1965, 114–205.

Thomas von Aquin (ST): Summa Theologica (ed. Leonina), 6 Bde., Rom [2]1923.

Thomasius, Christian (FJN): Fundamenta juris naturae et gentium ex sensu communi deducta, in quibus ubique secernuntur principia honesti, justi ac decori, cum adjuncta emendatione ad ista fundamenta institutionum jurisprudentiae divinae, Aalen 1979 (ND d. Ausg. Halle/Leipzig [4]1718).

Wilhelm von Ockham (OND): Opus nonaginta dierum, in: Opera politica (ed. Hilary Seton Offler), 3 Bde., Manchester 1956 ff., Bde. 1 u. 2.

Wolff, Christian (DE): Von der Menschen Thun und Lassen, zur Beförderung ihrer Glückseeligkeit/ Deutsche Ethik (mit einer Einl. von Hans-Werner Arndt), in: Gesammelte Werke (hrg. von Jean Ecole u.a.), Bd. I.4, Hildesheim u.a. 1996 (ND der Ausg. Frankfurt/Leipzig [4]1733).

– (NV): Grundsätze des Natur- und Völckerrechts (mit einem Vorwort von Marcel Thomann), GW I.19, Hildesheim u.a. 1980 (ND der Ausg. Halle 1754).

– (JN): Jus Naturae (cur. Marcel Thomann), GW II.17–24, Hildesheim u.a. 1968 (ND der Ausg. Frankfurt/Leipzig 1740 u. Halle 1742 ff.).

Forschung

Aichele, Alexander (2002): Verdient Protagoras sein Geld? Was der junge Hippokrates lernen könnte, aber nicht darf, in: Allg. Zeitschrift f. Philos. 27, 131–147.

– (2003a): Kallikles Einsicht: Die Unvereinbarkeit von Philosophie und Politik in Platons „Gorgias“, in: Philos. Jb. 110, 197–225.

– (2003b): Was ist und wozu taugt das Brett des Karneades? Wesen und urprünglicher Zweck des Paradigmas der europäischen Notrechtslehre, in: JRE 11, 246–268.

– (2004): Sive vox naturae sive vox rationis sive vox Dei? Die metaphysische Begründung des Naturrechtsprinzips bei Heinrich Köhler, mit einer abschließenden Bemerkung zu Alexander Gottlieb Baumgarten, in: JRE 12, 115–136.

– (2006): Heart and Soul of the State: Some Remarks Concerning Aristotelian Ontology and Medieval Theory of Medicine in Marsilius of Padua's „Defensor Pacis”, in: Gerson Moreno-Riano (ed.), The World of Marsilius of Padua, Leiden, 163–186.

– (2008): Persona physica und persona moralis. Die Zurechnungsfähigkeit juristischer Personen nach Kant, in: JRE 16, 1–21.

– (2010a): Von der Fiktion zur Abstraktion. Nikolaus Hieronymus Gundling über mögliche Urteilssubjekte am Beispiel seiner Auseinandersetzung mit Dadino Alteserras Begriff der persona ficta, in: ARSP 96, 516–541.
– (2010b): Galante Geltung. Normengebrauch und Normanwendung bei Christian Thomasius, in: Rainer Bayreuther (Hg.), Musikalische Norm um 1700, Berlin/New York, 63–80.
– (2011a): Zurechnungsmetaphysik? Samuel Pufendorfs Begriff der imputatio als Realitätsgrund von Moralität, in: JRE 19, 325–346.
– (2011b): Enthymematik und Wahrscheinlichkeit. Die epistemologische Rechtfertigung singulärer Urteile in Universaljurisprudenz und Logik der deutschen Aufklärung: Christian Wolff und Alexander Gottlieb Baumgarten, in: Rechtstheorie 42, Sonderheft Rechtsrhetorik, 495–513.
– (2012): Ich denke was, was Du nicht denkst, und das ist Rot. John Locke und George Berkeley über abstrakte Ideen und Kants logischer Abstraktionismus, in: Kant-Studien 103, 25–46.
– (2014): Protestantische Freiheit? Samuel Pufendorfs Molinismus, in: studia leibniziana 46, 17–31.
– (2017): Art. Naturrecht, in: ders./Robert Theis (Hg.), Christian Wolff-Handbuch, Wiesbaden.
Barnes, Jonathan (1996): The Presocratic Philosophers, London/New York.
Baratta, Alessandro (1974): Recht und Gerechtigkeit bei Marx, in: Fritz Büsser (Hg.), Karl Marx im Kreuzverhör der Wissenschaften, Zürich/München.
Baumanns, Peter (1990): J.G. Fichte. Kritische Gesamtdarstellung seiner Philosophie, Freiburg/München.
Bergbohm, Karl (1892): Jurisprudenz und Rechtsphilosophie, Leipzig 1892.
Bien, Günter (1995): Gerechtigkeit bei Aristoteles (V), in: Otfried Höffe (Hg.), Aristoteles: Die Nikomachische Ethik, Berlin, 135–164.
Böckenförde, Ernst-Wolfgang (1958): Gesetz und gesetzgebende Gewalt. Von den Anfängen der deutschen Staatsrechtslehre bis zur Höhe des staatsrechtlichen Positivismus, Berlin.
Burkert, Walter (1997): Homo necans. Interpretationen altgriechischer Opferriten und Mythen. 2., um ein Nachwort erw. Aufl., Berlin/ New York.
Busche, Hubertus (2003): Einleitung, in: Leibniz, Frühe Schriften zum Naturrecht (s. d.), XI–CXII.
– (2015): Leibniz' Lehre von den drei Stufen des Naturrechts, in: Wenchao Li (Hg.), „Das Recht kann nicht ungerecht sein…" Beiträge zu Leibniz' Philosophie der Gerechtigkeit, Stuttgart.
Byrd, B. Sharon/ *Hruschka*, Joachim (2010): Kant's Doctrine of Right, Cambridge.
Campagna, Norbert (2010): Alfarabi – Denker zwischen Orient und Okzident. Eine Einführung in seine politische Philosophie, Berlin.
Cassirer, Ernst (1998): Die Philosophie der Aufklärung (mit einer Einleitung von Gerald Hartung und einer Bibliographie der Rezensionen von Arno Schubbach), Hamburg.
Dahrendorf, Ralf (1971): Die Idee des Gerechten im Denken von Karl Marx, Hannover.
Davidson, Herbert A. (2011): Maimonides – The Rationalist, Oxford/Portland (OR).

Dreier, Horst (1986): Rechtslehre, Staatssoziologie und Demokratietheorie bei Hans Kelsen, Baden-Baden.

Engfer, Hans-Jürgen (1996): Empirismus versus Rationalismus? Kritik eines philosophiehistorischen Schemas, Paderborn u.a.

Fakhry, Majid (2004), A History of Islamic Philosophy, New York.

Flasch, Kurt (1980): Augustin. Einführung in sein Denken, Stuttgart.

Forschner, Maximilian (1995), Die stoische Ethik. Über den Zusammenhang von Natur-, Sprach- und Moralphilosophie im altstoischen System, Darmstadt.

Fränkel, Hermann (1993): Dichtung und Philosophie des frühen Griechentums, München.

Goyard-Fabre, Simone (2002), Les embarras philosophiques du droit naturel, Paris.

Haakonssen, Knud (1996): Natural Law and Moral Philosophy: From Hugo Grotius to the Scottish Enlightenment, Cambridge

– (2003): Divine/Natural Law Theories in Ethics, in: Daniel Garber/Michael Ayers (ed.), The Cambridge History of Seventeenth-Century Philosophy, 2 Vols., Cambridge, Bd. 2, 1317–1357.

Halbertal, Moshe (2014): Maimonides. Life and Thought, Princeton/Oxford.

Hamilton-Bleakley, Holly (2006): Marsilius of Padua's Conception of Natural Law Revisited, in: Moreno-Riano, a.a.O. (s. Aichele 2006), 125–142.

Heinimann, Felix (1987): Nomos und Physis. Herkunft und Bedeutung einer Antithese im griechischen Denken des 5. Jahrhunderts, Darmstadt.

Honnefelder, Ludger (2005): Duns Scotus, München.

Hossenfelder, Malte (1991): Epikur, München.

Hruschka, Joachim (1986): Das deontologische Sechseck bei Gottfried Achenwall im Jahre 1767: Zur Geschichte der deontologischen Grundbegriffe in der Universaljurisprudenz zwischen Suárez und Kant, Göttingen.

Hüning, Dieter (1998): Freiheit und Herrschaft in der Rechtsphilosophie des Thomas Hobbes, Berlin.

Jaeger, Werner (1960): Solons Eunomie, in: Scripta Minora I, Rom, 315–337.

Kahn, Charles H. (1994): Anaximander and the Origins of Greek Cosmology, Indiananpolis/Cambridge.

Kalinowski, Georges (1973): Einführung in die Normenlogik, Frankfurt/M.

Kaufmann, Matthias (1988): Recht ohne Regel? Die philosophischen Prinzipien in Carl Schmitts Staats- und Rechtslehre, Freiburg/München.

– (1996): Rechtsphilosophie, Freiburg/München.

Kaufmann, Thomas (2009): Geschichte der Reformation, Frankfurt/M./Leipzig.

Kersting, Wolfgang (1999): Thomas Hobbes. Wissenschaftliche Friedensphilosophie und vertragliche Staatsbegründung, in: Lothar Kreimendahl (Hg.), Philosophen des 17. Jahrhunderts, Darmstadt, 46–68.

– (2001), Die Unabhängigkeit des Rechts von der Moral (Einleitung). Fichtes Rechtsbegründung und „die gewöhnliche Weise, das Naturrecht zu behandeln“, in: Merle (Hg.), a. a. O. (s. Merle 2001), 21–37.

Knuuttila, Simo (1981): Time and Modality in Scholasticism, in: ders. (Hg.), Reforging the Great Chain of Being. Studies of the History of Modal Theories, Dordrecht u. a., 163–257.

Merle, Jean-Christophe (2001): Einführung, in: ders. (Hg.), Johann Gottlieb Fichte: Grundlage des Naturrechts, Berlin, 1–19.

Miethke, Jürgen (1969): Ockhams Weg zur Sozialphilosophie, Berlin.

– (2000): De potestate papae. Die päpstliche Amtskompetenz im Widerstreit der politischen Theorie von Thomas von Aquin bis Wilhelm von Ockham, Tübingen.

Möhle, Hermann (1995): Ethik als scientia practica nach Johannes Duns Scotus. Eine philosophische Grundlegung, Münster.

Morrow, Glenn R. (1993): Plato`s Cretan City. A Historical Interpretation of the *Laws* (with a new foreword by Charles H. Kahn), Princeton.

Nederman, Cary J./*Brückmann*, J. (1983): Aristotelianism in John of Salisbury's Policraticus, in: Journ. Hist. Philos. 21, 203–229.

Pennington, K. (1988): Law, legislative authority and theories of government, 1150–1300, in: J.H. Burns (ed.), The Cambridge History of Medieval Political Thought, c. 350– c. 1450, Cambridge.

Recknagel, Dominik (2010): Einheit des Denkens trotz konfessioneller Spaltung. Parallelen zwischen den Rechtslehren von Francisco Suárez und Hugo Grotius, Frankfurt/M. u.a.

Renzikowski, Joachim (2017): Strafe und Strafrecht bei Kant – neun Thesen, in: Klaus Günther/ Andreas v. Hirsch/ Ulfried Neumann (Hg.), Retributive Elemente in der Strafrechtstheorie, Tübingen.

Riedel, Manfred (1982): Zwischen Tradition und Revolution. Studien zu Hegels Rechtsphilosophie, Stuttgart.

Ripstein, Arthur (2008): Hindering a Hindrance of Freedom, in: JRE 16, 227–250.

Ritter, Joachim (1961): ‚Naturrecht' bei Aristoteles. Zum Problem einer Erneuerung des Naturrechts, Stuttgart.

Röd, Wolfgang (1970): Geometrischer Geist und Naturrecht. Methodengeschichtliche Untersuchungen zur Staatsphilosophie im 17. und 18. Jahrhundert, München.

de Romilly, Jacqueline (1988), Les Grands Sophists dans l'Athènes de Périclès, Paris.

Schadewaldt, Wolfgang (1978): Die Anfänge der Philosophie bei den Griechen. Die Vorsokratiker und ihre Voraussetzungen (Tübinger Vorlesungen I, unter Mitwirkung von Maria Schadewaldt hrg. von Ingeborg Schudoma), Frankfurt/M.

Schmidt-Biggemann, Wilhelm (1999): Samuel von Pufendorf. Staats- und Rechtsphilosophie zwischen Barock und Aufklärung, in: Kreimendahl, a.a.O. (s. Kersting 1999), 113–133.

Snell, Bruno (1993), Die Entdeckung des Geistes. Studien zur Entstehung des europäischen Denkens bei den Griechen, Göttingen.

Specht, Rainer (1989), John Locke, München.

Strömholm, Stig (1991): Kurze Geschichte der abendländischen Rechtsphilosophie, Göttingen.

Syros, Vasileios (2007): Die Rezeption der aristotelischen politischen Philosophie bei Marsilius von Padua. Eine Untersuchung zur ersten Diktion des „Defensor Pacis", Leiden.

Szyrwińska, Anna (2015): Wahre Existenz oder objektive Geltung? Die Existenz des Rechts und die Wahrheitsfähigkeit seiner Urteile in der interpretativen Rechtsprechung bei Dworkin, in: RphZ, 155–169.
Widmaier, Rita (1989): Alter und neuer Empirismus. Zur Erfahrungslehre von Locke und Thomasius, in: Werner Schneiders (Hg.), Christian Thomasius 1655–1728. Interpretationen zu Werk und Wirkung. Mit einer Bibliographie der neueren Thomasius-Literatur, Hamburg, 95–114.
Wolf, Erik (1950): Griechisches Rechtsdenken, 4 Bde., Frankfurt/M.
Zimmermann, Albert (2000): Thomas lesen, Stuttgart-Bad Cannstatt.
Zippelius, Reinhold (1982): Rechtsphilosophie, München.

Einleitung

Was das Recht ist oder sein soll, steht nicht in den Gesetzen. Darin steht nur, was gerade recht ist, also was unter den Umständen, die ein Gesetz ebenso genau wie allgemein beschreibt, zu tun oder zu unterlassen ist, und zwar da und nur da, wo das Gesetz gilt, also wo es eine Autorität gibt, die seine Befolgung nötigenfalls mit Gewalt durchsetzen kann – aus welchem Grund auch immer: weil es der Autorität so gefällt, weil es höhere Wesen so befohlen haben, weil sich ein Parlament nach nervenzerfetzenden Debatten oder quälenden Sternstunden darauf geeinigt hat, weil man das schon immer so gemacht hat usw. usf.

Man sieht: Die Geltung von Gesetzen ist räumlich und zeitlich beschränkt; räumlich durch territoriale Grenzen politischer Gemeinschaften, die üblicherweise einer gewiss irgend einmal zu verabschiedenden, oftmals nachgerade verzweifelt nostalgisch anmutenden Vorstellung von Nationalität und der mit ihr notorisch verbundenen Hermetik folgen; zeitlich durch den Wechsel politischer Konstellationen, seien diese konstitutioneller oder parlamentarischer Natur oder gehe es einfach nur um symbolhafte Absichtsbekundungen via Gesetzesänderung, am besten: -verschärfung, wie sie sich gern in der hysterischen Entdeckung und Füllung sogenannter Strafbarkeitslücken zeigen. Was in den Gesetzen steht, ist ganz offenkundig kontingent, zumeist – das wird außerhalb eines tyrannischen oder totalitären Regimes kaum jemand bestreiten wollen – vom besten Willen des Gesetzgebers und seiner Sorge um das Gemeinwohl getragen, aber eben doch zufällig, den verschiedensten Einflüssen und Wechselfällen von Ökonomie, Ökologie, Mentalität, Mode u. dgl. m. unterworfen, die sich der Kontrolle des Gesetzgebers selbst weitgehend entziehen.

So kontingent nun das, was in den Gesetzen steht, auch sein mag, dass es überhaupt irgendwelche Gesetze geben muss, scheint klar und unabweisbar. Aber warum eigentlich? Stellt man diese Frage, wird man eher früher als später unwillkürlich dahin kommen weiter zu fragen, nicht nur, was denn eigentlich ein Gesetz ist, sondern womöglich auch, was denn eigentlich ein gutes Gesetz ausmacht und von einem schlechten unterscheidet. Und weil normalerweise Bedarf nach mehr als nur einem Gesetz bestehen wird, wird man beginnen, sich über die Begründung, Rechtfertigung, Anordnung, Hierarchisierung und Funktionsweise vieler Gesetze Gedanken zu machen, die ja alle gleichzeitig gelten sollen. Nimmt man diese, zunächst ganz formalen

Fragen ernst, wird man schnell zu der Einsicht gelangen, dass sie universale Antworten verlangen, nämlich solche, die ganz unabhängig von den jeweils kontingenten Inhalten der einzelnen Gesetze und ihren territorial, historisch oder gegenständlich bestimmten Geltungsbereichen Gültigkeit beanspruchen. Bereits dann wird man das Recht nicht mehr als die Summe bzw. das Aggregat aller zu einer bestimmten Zeit an einem bestimmten Ort geltenden Gesetze verstehen können: Das geltende Recht und das Recht überhaupt sind verschiedene Sachen.

Diese Einsicht ist ebenso schlicht wie fundamental. Denn nun fragt man nach dem Begriff des Rechts. Berücksichtigt man dabei auch noch, wie es die Intuition, vulgo: der gesunde Hausverstand – der auch bei solchen Fragen danach, was etwas ist, nicht der schlechteste Ratgeber ist – nahelegt, die Interessen der Subjekte, die dem Recht unterworfen sind – Leute, Personen, Bürger –, wird man sich mit rein formalen oder technischen Antworten nicht mehr zufrieden geben wollen. Insbesondere dann, wenn diese von einer Art sind, dass sie nur noch von Juristen verstanden werden können. Man wird deshalb ebenso universale Antworten auf die Frage finden wollen, was denn in einem guten Gesetz stehen soll oder umgekehrt nicht stehen darf. Gute Gesetze nämlich – so flüstert der gesunde Hausverstand – sollen gerecht sein, was immer das auch näherhin bedeuten mag. Wer demnach über den Begriff des Rechts nachdenkt, wird auch, ob er will oder nicht, über den der Gerechtigkeit nachdenken müssen. Dies wird vermutlich auch der strengste, gar verbiestertste Rechtspositivist zugeben, wenngleich er freilich sogleich auf die Rechtsexternalität oder jedenfalls die Außermoralität eines solchen Begriffs hinweisen wird – weswegen er sich wiederum mit ihm auseinandersetzen muss, um seine These zu rechtfertigen, die ja selbst schon einen ganz bestimmten Begriff des Rechts zu begründen sucht.

Eine Geschichte des Rechts kann sich, wie leicht zu sehen ist, also entweder mit der Geschichte des geltenden Rechts über eine bestimmte Zeitspanne in einem bestimmten geographischen Bereich beschäftigen oder mit der Geschichte des Rechtsbegriffs. Beide Ansätze sind weder aufeinander reduzibel noch kann der eine den anderen ersetzen, ihre verschiedenen Gegenstände ergänzen einander vielmehr. Eine Geschichte der zweiten Art, also eine der naturgemäß universalen Antworten auf die Frage, was das Recht sei, soll hier in der Gestalt eines knappen Überblicks vorgelegt werden.

Da in den Gesetzen und Gesetzbüchern nun einmal nicht steht, welchem Rechtsbegriff sie stillschweigend folgen – und irgendeinem folgen sie alle, sofern sie nach der Einheit ihres Gegenstands streben oder sie voraussetzen oder gar wissen, was sie tun –, muss eine Geschichte des Rechtsbegriffs auf andere Quellen zurückgreifen. Sie gehören in den seltensten Fällen der Rechtswissenschaft im engen Sinne des modernen, disziplinär eingeschränkten Wortgebrauchs an. So wird man im Literaturverzeichnis kaum Gesetzes- oder Fallsammlungen, Kommentare und ähnliches finden. Denn es ist zwar durchaus häufig möglich, auf dem Wege der logischen Analyse der Voraussetzungen den in einem Gesetz – insbesondere naturgemäß in einer Metaregel, einem „Grundgesetz" etwa –, einer obergerichtlichen oder höchstrichterlichen Entscheidung oder einer Kommentierung jeweils vom Gesetzgeber, Richter, Wissenschaftler unterstellten Begriff des Rechts ausfindig zu machen. Jedoch ist diese Methode sehr aufwendig, mühevoll und darüberhinaus auch noch ziemlich unbequem. Schon deswegen würde ihre sorgfältige Durchführung in nur wenigen, ausgewählten – nach welchen Kriterien eigentlich? – Fällen sowohl den handlichen Umfang des vorliegenden Büchleins bei weitem sprengen als auch gewiss nicht zu dem beabsichtigten Überblick über beinahe 3000 Jahre Geschichte des Rechts führen können.

Freilich gibt es zum Glück eine kaum überschaubare Menge anderer Quellen, die zu diesem Zweck herangezogen werden kann und muss. Sie beschäftigt sich sogar parallel zu der zunehmenden Verrechtlichung der zwischenmenschlichen Beziehungen, mithin der steigenden Bedeutung des Rechts zum Großteil genau mit der vorgelegten Frage. All diese Texte aus Dichtung, Theologie und Philosophie würden im übrigen, unterstellte man für den Moment einen so weiten Begriff der Rechtswissenschaft, wie dies etwa die Universaljurisprudenz der Aufklärung getan hat, durchaus mit großer Selbstverständlichkeit als legitime Quellen, Autoritäten gar, juristischen Forschens und Denkens angesehen werden, deren Kenntnis einem sachgemäßen Umgang mit dem Gegenstand „Recht" eigentlich vorauszusetzen wäre. Dass ein solcher in der Tat eminent voraussetzungsreich ist, sieht man schon an einer so unschuldig, pragmatisch und übersichtlich daherkommenden Definition des Rechtsbegriffs wie der beühmten des Celsus: *Jus est ars boni et aequi.*

Nach allen handelsüblichen Regeln des Definierens müssten die Teile des Prädikats – das Defininiens „Kunst des Guten und Billigen" – ihr logisches Subjekt – das Definiendum „Recht" – eindeutig identifizieren. Was das Recht sei, versteht man also dann, wenn man versteht, was mit einer „Kunst", dem „Guten" und dem „Billigen" gemeint ist. Und das geht keineswegs aus der Definition selbst hervor. Celsus verrät es auch nicht. Ist mit „ars" eine Kunst im Sinne eines Handwerks gemeint, bei der mit der ordnungsgemäßen Anwendung vorgegebener Regeln mit Notwendigkeit ein ganz bestimmtes Produkt herauskommt, so wie ein Tischler, der die erlernten Regeln des Stuhlmachens ordnungsgemäß anwendet, gewiss einen Stuhl, aber keine

Kommode herstellen wird? Oder handelt es sich bei dieser Kunst um eine solche, bei der auch die ordungsgemäße Regelanwendung nur mit einer gewissen Wahrscheinlichkeit zum gewünschten Egebnis führt, weil dessen Eintreten von einer Vielzahl von Faktoren abhängt, die der Regelanwender weder alle kontrollieren noch kennen kann, so wie etwa der Redner vor Gericht all seine Kunst darauf verwenden kann, die Richter von seiner Sicht der Dinge zu überzeugen, ohne dies je garantieren zu können? Ist das Gute ein physischer oder seelischer Zustand eines Individuums oder beides? Ist es der Zustand einer Gemeinschaft? Des gesamten Universums? Eine Eigenschaft von Menschen, die ihnen von Natur aus zukommt oder eine erst noch zu erwerbende Tugend? Ein außerweltlicher, immaterieller Gegenstand? Ist das Billige das einem bestimmten Individuum unter bestimmten Umständen Angemessene? Das jedermann stets Angemessene? Eine individualisierende Korrektur einer anzuwendenden universalen Norm? Nicht einmal diese schon etwas länglich anmutende Liste schöpft den Begriffskatalog aus, der Celsus seinerzeit zu Verfügung stand und in jeder der angeführten Bedeutungen auch noch theoretisch wohlbegründet war.

Was das Recht ist, ergibt sich hier – und auch sonst – immer aus einem mehr oder weniger komplexen Begriffsgefüge, dessen Klärung zum Verständnis einer solchen allgemeinen Bestimmung notwendig ist. Hiervon sind viele möglich: Die Frage, was das Recht sei, lässt eine Vielzahl von Antworten zu, und etliche davon sind in der langen Zeit, in der über das Recht nachgedacht worden ist, gegeben worden – und gewiss noch lange nicht alle. Von den wichtigsten, bekanntesten, wirkmächtigsten dieser Antworten – und gewiss auch nicht allen davon – handelt dieses kleine Buch.

Die Geschichte des Rechtsbegriffs

I. Antike

Wie eigentlich überhaupt alles im Abendland beginnt die Karriere des Rechtsbegriffs in der griechischen Antike. Trotz aller seiner durchaus unterschiedlichen Ausprägungen steht er auf einem einheitlichen Fundament, nämlich der Vorstellung „universaler Gesetzlichkeit" (Schadewaldt 1978, 112). Sie bildet eine Ordnung, welche die Einheit der verschiedenen Teile der Welt – Natur, Menschen und Götter – stiftet und aufrechterhält. Dies geschieht jedoch nicht automatisch. Vielmehr muss sie durch alle Weltzustände hindurch immer wieder durch das eigene Tun der Götter, der Menschen oder der Natur verwirklicht werden. Das Recht als universale Ordnung der Welt ist also nicht von der Welt verschieden. Es ist aber auch nicht deren Teil, sondern das Prinzip der Einheit, das die Welt erst zu einem Ganzen macht, d. h. zu einer komplexen Ordnung, deren Teile in einem bestimmten Verhältnis zueinander stehen müssen, um überhaupt Teile eines Ganzen sein zu können.

Das Recht besitzt demnach von Anfang an und an sich selbst eine integrale Funktion. Sie ist prinzipiell allgemein. Erst vor dem Hintergrund solcher Universalität kann es in späterer Zeit, mit und nach der Sophistik, zu einer intensiven Diskussion der Unterscheidung zwischen Natur (*phýsis*) und Gesetz (*nómos*) kommen, die kaum übersehbar die moderne Unterscheidung zwischen Naturrecht, also der prinzipiellen Vorgegebenheit und Unveränderlichkeit des Rechten, und Rechtspositivismus, d. h. der bloßen Gesetztheit des Rechten und seiner Veränderbarkeit durch menschliche Instanzen, vorwegnimmt.

1. Recht vor Philosophie: Epik und Lyrik

a) Homer (8. Jh. v. Chr.): Das Recht des Einzelnen

Im 8. vorchristlichen Jahrhundert entstehen die großen Versepen der *Ilias* und der *Odyssee*. Ihre ebenso heroische wie bunte Welt wird vom unmittelbaren Kontakt zwischen Menschen und Göttern geprägt. Sie repräsentiert die homerische Religion, wie sie noch heute unsere Vorstellung der klassischen Antike ausmacht. Sie zeichnet sich gegenüber der barbarischen Frühkultur (Burkert 1997) durch ihre „Humanisierung“ der Götterverehrung und insbesondere der Regelung des sozialen Zusammenlebens aus (Fränkel 1993, 39). Diese ausgleichende Tendenz zeigt sich ebenso in der internen Hierarchie der olympischen Götter wie in ihrer Herrschaft über die Menschen, aber auch im Umgang der Menschen untereinander und mit den Göttern: In diesen im weitesten Sinne patriarchalisch zu nennenden Ordnungen kann zwar Gewalt als Durchsetzungsmittel zum Einsatz kommen. Dies geschieht jedoch nicht willkürlich und erst als letztes Mittel, wenn andere Aufforderungen ohne Wirkung bleiben. Weder die Götter noch die Menschen herrschen allein durch Gewalt, sondern eher gemäß ihrer Fähigkeiten und Verdienste. Die so buchstäblich aristokratisch begründeten Herrschaftsansprüche und -verhältnisse werden in der Regel auch wechselseitig anerkannt.

Die umfassende und unumstößliche Ordnung der olympischen Religion wird durch den Ausdruck *thémis* (Fügung, Recht) bezeichnet. Sie bleibt stets bloßer Gewalt (*bía*) entgegengesetzt. Dabei bezeichnet *thémis* allerdings kein abstraktes Prinzip. Die *thémis* ist im Gegenteil immer konkret. Sie beinhaltet nämlich das, was in einem jeden einzelnen Fall durch den jeweils Handelnden zu tun angemessen ist. Die Rechtsform der *thémis* resultiert also nicht eigentlich aus der Anwendung allgemeiner Regeln auf ein einzelnes Ereignis. Vielmehr stellt sie schon von sich aus einen individuellen Spruch dar, der sowohl einer göttlichen oder menschlichen Person als auch der Situation, in der sie handelt, vollständig entspricht. Er kann zwar durch Menschen aus Unwissen, charakterlicher Schwäche oder Barbarei bzw. Inhumanität verfehlt werden (Wolf 1950, Bd. 1, 107) oder sogar den Göttern selbst unerwünscht sein – besonders, wenn es ihren Lieblingen unter den Menschen an den Kragen geht, wie etwa die berühmte Szene mit den Todeslosen aus der *Ilias* zeigt, die über das Leben Hektors entscheiden (Il. XXII, 167–213). Letztendlich jedoch wird jenes Urteil immer durch den olympischen Zeus durchgesetzt. Denn auch der Göttervater selbst bleibt an die Fügungen der *Moîra* gebunden, d. h. der jeweils wesensangemessenen und daher unbänderlichen *thémis* (Wolf 1950, Bd. 1, 74). Andernfalls nämlich zerstörte Zeus die allgemeine Ordnung, die doch seine eigene Herrschaft miteinschließt.

Die Herrschaft der Olympier ist folglich nicht willkürlich. Im Gegenteil weist sie einem jeden Wesen den ihm angemessenen und daher seiner Natur gemäß zukommenden Teil (*moîra, aîsa*) zu (Fränkel 1993, 62). Aus der Individualität jener Weisungen, welche die Gesamtordnung der Welt begründen, ergibt sich schließlich die homerische Bedeutung von *díke*: Sie liegt in der zuteilenden Gerechtigkeit, und diese besteht in einem individuellen Rechtsanspruch, der dann, wenn er dem besonderen Wesen dessen entspricht, der ihn erhebt, genau deswegen anerkannt werden muss (Wolf 1950, Bd. 1, 85 ff./108 f.), um der *thémis* zu genügen. Die *thémis*, d. h. der individuelle, in sich begründete Rechtsanspruch, erweist sich so als die Voraussetzung von *diké*, d.h. sowohl des herrschenden bzw. herzustellenden gerechten Zustands als auch der Tugend desjenigen, der ihn herbeiführt.

Es ist leicht zu sehen, dass die homerische Vorstellung von Recht weder universale oder gar kodifizierte Normen noch deren kunstgerechte Anwendung enthält. Man kann daher auch noch nicht von einer speziellen Rechtskunde sprechen und ebensowenig von einem von anderen Lebensbereichen abgesonderten, speziellen Bereich des Rechts. Vielmehr ist der Gerechte (*díkaios*) derjenige, der aufgrund seiner Erfahrung und seines Wissens das, was hier und jetzt einem Einzelnen seinem Wesen nach zukommt, abschätzen kann und diesem zuspricht. Dies zeigt sich am klassischen Beispiel des weisen Nestor, „der vor allen Menschen Gerechtigkeit kennet und Weisheit" (Od. III, 244).

b) Hesiod (7. Jh. v. Chr.): Recht gegen Gewalt

Der Begriff der ausgleichenden bzw. vergeltenden Gerechtigkeit gewinnt in Hesiods epischem Lehrgedicht *Werke und Tage* (*Erga kaì hêmérai*), das er zusammen mit seinem Epos von der Entstehung der Welt, der *Theogonie*, ungefähr zu Beginn des 7. vorchristlichen Jahrhunderts verfasst, zentrale Bedeutung. Die nunmehr durch die Göttin Dike personifizierte Gerechtigkeit bildet jetzt nicht allein das Einheits-, sondern auch das Entstehungsprinzip der schönen Weltordnung, d. h. des Kosmos. Er wird nach wie vor durch Zeus beherrscht. Aus der genetischen Funktion der Gerechtigkeit ergibt sich indes, dass jener wohlgeordnet und also kosmische Zustand nicht schon immer bestanden hat. Er musste vielmehr erst durch den Übergang von der Gewaltherrschaft der Titanen zur Herrschaft des Rechts, repräsentiert durch die olympischen Götter, eigens hergestellt werden. Zwar vollzieht sich diese Ablösung der älteren chthonischen, d. h. dem finsteren Erduntergrund verhafteten, Götter durch die dem Himmel zugeordneten Olympier ebenfalls gewaltsam. Allerdings gelangte zuvor der Titan Kronos nur durch den Mord an seinem Vater Uranos, also wider alles Recht, zur Macht. Der Vatermord nämlich stellt für die griechische Kultur das abscheulichste und verwerflichste aller Verbrechen dar. Erst Zeus vergilt es, indem er seinerseits seinen Vater Kronos stürzt und in den Tartaros, gleichsam das Kellergeschoss der Unterwelt, verbannt, „so dass die ganze Urgeschichte schließlich hinführt auf die Inthronisation des Zeus als der Herrschaft der Gerechtigkeit" (Schadewaldt 1978, 107).

Bereits im Kampf gegen die väterliche Dynastie, der Titanomachie, greift Zeus auf rechtliche Mittel zurück. Gegen ihre Verpflichtung zu militärischer Unterstützung, also nach Schluss eines Vertrags, befreit er die drei Kyklopen und die drei hundertarmigen Riesen aus dem Erebos (Theog. 655–78; Fränkel 1993, 109), in den sie ihr Vater Uranos zu Unrecht gesperrt hatte (Theog., 501–06). Die Gewalt wird in den Dienst des Rechts gestellt, und allein so ist sie gerechtfertigt. Denn das Faustrecht (*cheirodíke*; Erga, 188) ist gar kein Recht, und seine Anwendung wird von Zeus bestraft. Dieses Verhältnis von Recht und Gewalt findet sich ebenfalls im Verhältnis des Zeus zu den Menschen, wenn seine mit Themis gezeugte Tochter Dike ihre Missachtung durch die Menschen an seinem Thron beklagt (Erga, 255–61). Zeus ahndet sie ohne Ansehung der Person unfehlbar, und die Schuld am Übel der Strafe fällt auf den Rechtsverletzer selbst zurück: „Selbst bereitet sich Schlimmes, wer anderen Schlimmes bereitet" (Erga, 264).

Rechtsbrüche erfüllen generell den Begriff der *hýbris*. Er bezeichnet die Maßlosigkeit eines Verhaltens, das auf dasjenige zugreift, was anderen zugeteilt ist, und damit die rechte Ordnung der Güter verneint (Wolf 1950, Bd. 1, 134). Eine Rechtsverletzung unter Menschen wiegt daher genauso schwer wie zwischen Menschen und Göttern. Hesiod universalisiert auf diese Weise das Prinzip der Gerechtigkeit, indem er die Menschen in ihrem Anspruch auf Gerechtigkeit den Göttern gleichsetzt.

Zwar macht Hesiod unmissverständlich klar, dass „die Dike als ein großes Korrektiv" (Schadewaldt 1978, 112) bei jeder Verletzung des Zustands der Ausgeglichenheit, d. h. der Erfülltheit aller berechtigten Einzelansprüche, in Aktion tritt. Dennoch wird dieses universale Prinzip noch nicht in Form einer abstrakten Norm formuliert. Hesiod ermahnt zwar seinen Bruder Perses in einem – wohl realen (Fränkel 1993, 124) – Erbschaftsstreit zur Rückgabe des über die Maßen angeeigneten väterlichen Guts und beklagt die Korruption der angerufenen Richter (Erga, 37–41). Dabei beruft er sich aber nicht auf eine bestimmte Rechtsnorm, sondern allein auf die Unfehlbarkeit der Dike, deren Beleidigung „Zeus auf die Dauer nicht hingehn (lässt)" (Erga, 272), was sich letztendlich durch Hesiods trotz des erlittenen Unrechts stetig anwachsenden Reichtum und Perses' Verarmung bestätigt (Erga, 392–403). Diesem Rechtsbegriff, der am Ausgleich der einzelnen Verletzung durch das universale Prinzip der Gerechtigkeit orientiert bleibt, widerspricht auch Hesiods Gebrauch des Gesetzesbegriffs (*nómos*) nicht. Dieser indiziert nämlich keine praktische Norm, sondern die metaphysische bzw. natürliche Bestimmung einer Fähigkeit, die den Menschen seinem Wesen nach von den Tieren unterscheidet. Denn während in der Tierwelt das Gesetz des Fressens und Gefressenwerdens herrscht, hat Zeus dem Menschen das Recht gegeben, um sich der Gewalt enthalten zu können: „Denn ein solches Gesetz erteilt den Menschen Kronion:/ Fische zwar sollten und wildes Getier und gefiederte Vögel/ fressen einer den andern, weil unter ihnen kein Recht ist./ Aber den Menschen gab er das Recht bei weitem als bestes/ Gut" (Erga, 275–79).

Hesiod erhöht den Rechtsbegriff also nicht nur zum universalen Prinzip des Ausgleichs, wie es Dike verkörpert. Er erklärt ihn darüberhinaus auch zum integralen Teil der menschlichen Natur, mithin zur anthropologischen Konstante. Denn in diesem, metaphysischen Sinne bezeichnet das Recht genau die Fähigkeit zur Erkenntnis, zur Mitteilung und zum Tun des Rechten, die den Menschen vom Tier unterscheidet.

c) Solon (ca. 640–ca. 560 v. Chr.): Das Recht der Polis

Der legendäre athenische politische Reformer und Gesetzgeber Solon, der zum Kernbestand der an anderen Stellen schwankenden Liste der sogenannten „Sieben Weisen" des frühen Griechenland gehört, schließt an Hesiods „Dike-Religion" an (Schadewaldt 1978, 115). Er gibt dem Rechtsbegriff jedoch nun einen spezifisch politischen Sinn. Dazu nutzt er das Medium der Lyrik, gestaltet sie indes anders als seine Vorgänger nicht individualistisch-expressiv, sondern sachbezogen und lehrhaft. Solons Gedichte sind argumentativ strukturiert und versuchen, ihre Adressaten durch Gründe zu überzeugen, erfüllen also die gleiche Funktion wie „eine Rede in der Volksversammlung" (Fränkel 1993, 251). Solon geht es aber dabei im Unterschied zu Hesiod nicht um einen eigenen Rechtsanspruch bzw. den Ausgleich persönlich erlittenen Unrechts, sondern um die allgemeine staatliche Ordnung (Snell 1993, 167).

Diese Interessenverschiebung verändert und erweitert den Charakters des Rechtsbegriffs grundlegend. Die Dike wird nicht mehr von Fall zu Fall einem Einzelnen, der einen Rechtsanspruch erhebt, gemäß seinem individuellen Wesen vermittels einzelner Weisungen zugesprochen. Ihre Funktion besteht nun vielmehr in der Schaffung eines Ausgleichs unter den Einzelinteressen, welche die Bürger einer Polis rechtmäßig verfolgen dürfen. Es geht also nicht mehr allein um das Recht des Einzelnen, sondern es ist die Polis selbst, die den primären Anspruch auf Dike, d. h. eine rechtliche Verfassung, hat (Wolf 1950, Bd. 1, 201). Der Rechtsanspruch des einzelnen Bürgers wird also vom Recht des Ganzen der Bürgerschaft her definiert, zu deren Teil er selbst erst dadurch wird. Das Recht wird daher weiterhin von seiner zuteilenden Funktion her verstanden (Solon, Frg. 24). Es konstituiert jetzt jedoch die Ganzheit einer politischen Gemeinschaft – gerade so, wie dies in einem Rechtsstaat der Fall ist (Schadewaldt 1978, 117).

Fungiert das Recht aber nun derart als Ausgleichsprinzip, das sowohl die Gestalt einer politischen Gemeinschaft bestimmt als auch ihre Existenz selbst begründet, muss es auch jedem Bürger stets zugänglich sein. Das Recht wird folglich in universalen Normen, d. h. einzelnen Gesetzestexten, verbindlich niedergelegt: Die Dike einer Polis ist ihr *nómos*. Er muss mit Zwangsmitteln (*bía*) bewehrt sein, die ausreichen, um ihn jederzeit durchsetzen zu können (Solon, Frg. 24). Freilich lässt sich nach Solon eine solche Rechtsordnung nicht durch beliebige Inhalte füllen: Ihre Positivierung durch Kodifizierung macht sie noch nicht schon zum positivistischen Recht. Das Gegenteil ist der Fall. Denn Dike ist nach wie vor göttlichen Wesens und wird „auf alle Fälle" (*pantôs*; Solon, Frg. 18/316/28) von Zeus irgendwann und vielleicht auch plötzlich und unerwartet durchgesetzt. Der Nomothet, der die Gesetze macht, – egal, ob es sich dabei um eine einzelne Person wie Solon handelt oder um ein Kollektiv – hat also darauf zu achten, die natürliche Ordnung zu treffen, die als solche zugleich von den Göttern gewollt ist. Er darf sich daher nicht mit der Einrichtung irgendeines beliebigen Nomos, etwa nach Maßgabe bestimmter Interessengruppen, begnügen, sondern sein Ziel muss allein die „Wohlgesetzlichkeit" (*eunomía*) sein. Wird nämlich – wie dies immer, etwa durch Urteile korrupter Richter oder Gefälligkeitsgesetze und ähnliche mafiöse politische oder innerinstitutionelle Freundschaftsdienste, möglich bleibt – die rechte Dike verfehlt, folgt der Verfall des Staats in Tyrannis oder Anarchie, d. h. in Rechtlosigkeit, zum Verderben aller.

Dies geschieht mit der gleichen Notwendigkeit, mit der auch Unrecht geahndet wird. Es geschieht aus „ungerechtem Sinn" (*ádikos nóos*). Er äußert sich im Übergriff (*hýbris*) auf fremde Rechtssphären. Solon rückt damit „den Gedanken der Selbstverantwortung entscheidend in den Mittelpunkt" (Schadewaldt 1978, 116). Er taucht bereits in der Rede des Zeus am Anfang der *Odyssee*[1] auf (Jaeger 1960, 315 ff.). Wenn es gerade nicht der Wille der Götter ist, weswegen ein Mensch oder eine Stadt ins Elend fällt, sondern die Vermessenheit der Menschen selbst, sind deren unrechte Taten Grund für ihr Elend, das sie als Strafe ereilt. Ihre Verbrechen erklären ihr Unglück aber nicht nur, sie verursachen es sogar: Der unrechten Tat haftet ein kausales Element an, das ihren Erfolg irgendwann mit Notwendigkeit zunichte macht (Fränkel 1993, 270), wenngleich allein Zeus mit Gewissheit um das

---

[1] *Od.* I, 31–34: Welche Klagen erheben die Sterblichen wider die Götter!/ Nur von uns, wie sie schrein, kommt alles Übel; und dennoch/ Schaffen die Toren sich selbst, dem Schicksal entgegen, ihr Elend.

Ende jener Kausalkette weiß. Es lassen sich allerdings mögliche Ursachentypen für solch einen katastrophalen Verlauf isolieren, indem man untersucht, was der universalen Gesetzlichkeit der Dike widerspricht. Solon nennt hier insbesondere Habgier (*philargyría*; Frg. 3) und Geltungssucht (*hyperephanía*; Frg. 4). Beide greifen über das, was einem Individuum von Rechts wegen zusteht, hinaus, und beide sind – ebenso wie die rechtliche Mäßigung – im Wesen des Menschen angelegt, da „Sterbliche kein kenntliches Grenzmal für die Größe des Reichtums (haben)" (Solon, Frg. 171). Da nun die Götter nicht allen gleichermaßen alles geben können, ergibt sich ein solches Maß (*métron*) allein durch das Recht, und das heißt durch den Nomos, der stets für eine bestimmte Polis, also relativ, gilt. Wenngleich also verschiedene Bürgergemeinschaften ihren je eigenen Nomos haben, bleibt die Dike doch deren gemeinsames Maß, so wie die Symmetrie in ihrer ursprünglichen Bedeutung das „gemeinsame Maß (…) für verschiedene Erscheinungen" ist (Schadewaldt 1978, 119). Die Annahme der Existenz eines solchen Maßes begründet Solons universalen, die jeweils einzelnen Rechtsordnungen der verschiedenen Poleis transzendierenden Rechtsbegriff.

2. Recht in der Vorsokratik

Trotz ihrer geradezu sprichwörtlichen Konzentration auf die Erklärung einzelner natürlicher Phänomene und der Natur im Ganzen – Aristoteles etwa nennt sie schlicht *physikoi* (Naturforscher) – beeinflusst die gewachsene Bedeutung des Rechtsbegriffs auch die vorsokratischen Philosophen. Schon diese ziemlich hilflose, fälschlich eine Art Gruppenbildung suggerierende, aber dennoch mangels besserer Einfälle allgemein üblich gewordene philosophiegeschichtliche Epochenbezeichnung verweist auf die Schwierigkeiten, welche nicht nur die Interpretation, sondern auch bloß die scheinbar schlichte inhaltliche Wiedergabe dieses ausgesprochen eigenständigen wie heterogenen Denkens macht. Ein übriges tut dazu der Sachverhalt, dass – wenn denn überhaupt Primärquellen vorliegen – die Schriften der Vorsokratiker samt und sonders nur fragmentarisch, teilweise buchstäblich in Schnipselform überliefert sind. Bei immerhin zweien dieser Denker – Anaximander von Milet und Heraklit von Ephesos, der zu allem Überfluss schon in alter Zeit den Beinamen „der Dunkle" (*hò Skoteinós*) trug – darf man indes mit einiger Sicherheit davon ausgehen, dass der Begriff des Rechts auch in ihren naturphilosophischen Spekulationen eine zentrale Rolle gespielt hat.

a) Der Richter Zeit: Anaximander von Milet (ca. 610–ca. 547 v. Chr.)

Das vermutlich einzige authentische Fragment (Barnes 1996, 28) des Anaximander stellt den ältesten überlieferten Prosatext der griechischen Antike dar. Mit seinem Spruch beginnt zugleich – gleichsam offiziell – die Geschichte der Philosophie, d. h. eines Denkens, das auf die Aufdeckung allgemeiner Sachverhalte, welche die Beschaffenheit der Welt ausmachen und begründen, und deren Aussage gerichtet ist, kurz: eines Denkens, das in seiner theoretischen Ausprägung die Wahrheit über das, was ist, und in seiner praktischen über das, was sein soll, herausfinden möchte. Und am Anfang dieses Denkens steht das Recht.

Denn der Spruch des Anaximander überträgt „die Rechtsidee auf den Weltprozeß“ (Fränkel 1993, 305), d. h. sie wird nun vollends zum kosmisch-metaphysischen Prinzip, das alles, was ist, – und eben nicht nur auf den ersten oder auch zweiten Blick rechtsfähige Wesen wie Menschen und Götter – vollständig umfasst und beherrscht. Anaximanders Fragment lautet: „Aus dem Seienden aber, woraus das Werden dessen ist, was existiert, in dasselbe hinein geschieht auch sein Vergehen gemäß dem Geschuldeten; denn sie geben einander gerechten Ausgleich und Wiederherstellung nach der Ordnung der Zeit.“ (Kahn 1994, 172)

Ohne irgendwie über die nähere Beschaffenheit jenes jedenfalls irgendwie materiellen (ebd., 180 ff.; Barnes 1996, 33 ff.) Reservoirs des Entstehens und Vergehens befinden zu müssen, lässt sich doch das gebrauchte Rechtsprinzip spezifizieren: Es ist das Prinzip des Ausgleichs, der durch ein einheitliches Maß ins Werk gesetzt wird. Dieses Maß hält das Seiende im Ganzen, d. h. die Natur bzw. den Kosmos, in einem dynamischen Gleichgewicht und gewährleistet so seine Fortexistenz (Kahn 1994, 188 f.). Die Rechtlichkeit dieses Ausgleichs besteht nun darin, dass, von einem neutralen Standpunkt aus betrachtet, alles, was überhaupt existieren kann, auch das gleiche Recht auf Existenz besitzt. Es kann aber nicht alles, was überhaupt existieren kann, gleichzeitig existieren. Folglich wird das Recht auf Existenz dessen, das gerade nicht existiert, also aktual inexistent und nur der Möglichkeit nach existent ist, durch die Existenz dessen, was gerade wirklich ist, also des aktual Existenten, verletzt (Fränkel 1993, 305). Diese Verletzung wird jedoch durch das Vergehen des aktual Existenten und die Entstehung des aktual Inexistenten kompensiert. Besteht aber ein gemeinsames Maß der Existenz, nämlich die Zeit, kann dies als Voraussetzung eines gerechten Ausgleichs zwischen möglicher und wirklicher Existenz in Form des Kreislaufs von Werden und Vergehen aufgefasst werden. Dieser würde dann einem jeden einzelnen Ding seinem Wesen gemäß das rechte Maß seiner Existenz zusprechen und auf diese Weise sein Existenzrecht befriedigen. Ein solches metaphysisches Rechtsprinzip ist daher nicht mehr göttlichen Ursprungs. Vielmehr bildet es das Resultat einer erfahrungsbasierten und rationalen Beschreibung der Natur und dient dem Zweck der Erklärung des ebenso fundamentalen wie alltäglichen Vorgangs des Werdens und Vergehens.

b) Recht als Streit: Heraklit von Ephesos (ca. 520–460 v. Chr.)

Heraklit übt ausdrückliche und auch ziemlich grobe Kritik an der mythischen Welterklärung der Dichtung, namentlich an Homer und Hesiod (DK B 42/56/57). Denn sie verdunkelt den Blick für eine rationale Begründung der Einheit des Kosmos. Heraklit findet sie in der Proportionalität des universalen *lógos* (Schadewaldt 1978, 369 ff.). Mit diesem Ausdruck, der aufgrund seiner großen, von „Vernunft" über „Sprache" und „Begriff" bis zu „mathematischer Relation" reichenden Bedeutungsvielfalt hier kaum einheitlich wiederzugeben ist, erfasst Heraklit zweierlei: Zum einen bildet der *lógos* das metaphysische Ordnungsprinzip der im steten Werden begriffenen Welt, die er auf das berühmte Bild des Flusses bringt, in den man nicht zweimal steigen könne, weil er derselbe und zugleich nicht derselbe sei (DK B 49a/91). Zum andern fungiert der *lógos* als epistemisches Prinzip, das die Erkenntnis der trotz des steten *pánta rheî* („Alles fließt."; DK A 3) bestehenden Ordnung der Welt ermöglicht (DK B 1/2/50).

Heraklit vergleicht den *lógos* in seinem Fragment B 114 nach der allgemein üblichen Zählung von Diels und Kranz (DK) mit der gesetzlichen Ordnung (*nómos*) einer Polis: „Wer da redet mit Einsicht, der muss fest werden in dem allen Gemeinsamen (*xynôi pánton*), wie die Polis sich stützt auf ihr Gesetz und noch viel fester. Denn alle menschlichen Gesetze (*anthrópeioi nómoi*) nähren sich von dem einen göttlichen (*henòs toû theíou*). Denn es ist um so viel überlegen, wie es will, und es reicht hin für alle, ja es hat noch Überschuss darüber hinaus." (Übs. Schadewaldt 1978, 368).

Weder bildet nun das, allerdings ganz unpersönliche, göttliche Gesetz bzw. der Logos wie das Naturrecht den idealen Inhalt aller menschlichen Rechtsordnung und schreibt ihn vor, noch liegt hier eine unziemliche Identifikation von Sein und Sollen vor (Barnes 1996, 132 ff.), die naturrechtlichen Vorstellungen ebenso gerne wie unzutreffend unterstellt wird (Finnis, NL II.4–6). Vielmehr begründet das göttliche Gesetz die Möglichkeit der Existenz und des Fortbestands verschiedener menschlicher Rechtsordnungen (Wolf 1950, Bd. 1,

277 f.). Es gibt also nicht genau eine, beste, durch die Natur festgelegte und von den Menschen nur noch einzusehende und zu positivierende Rechtsordnung. Im Gegenteil kann es nur unterschiedliche, jeweils eigentümliche geben. Ihre Rechtlichkeit wird bereits durch den schieren Bestand verschiedener Poleis erwiesen, da sie ungeordnet überhaupt nicht existieren könnten. Sowohl zwischen den jeweils bestehenden Stadtstaaten als auch innerhalb ihrer herrscht ein „Wechseltausch" (*antamoibé*; DK B 90). Er sichert gerade die indivuelle Vielfalt der Staaten wie ihrer Bürger in einer „gegenstrebigen Fügung" (*palintonos harmonië*; DK B 51). Eben weil das jeweilige politische Gesetz dem universalen Logos formal entsprechen muss, um, wie alles andere auch, überhaupt existieren zu können, ist der Bestand jeder internen oder externen politischen Ordnung nicht statisch, sondern dynamisch zu denken, d. h. als kontinuierlicher Ausgleich zwischen Verschiedenem: „Man muss aber wissen, dass der Krieg (*pólemon*) gemeinsam ist, und dass das Recht (*díken*) Streit (*érin*) ist, und dass alles geschieht nach Maßgabe des Streits und der Schuldigkeit (*chreón*)". (DK B 80; Übs. Schadewaldt 1978, 367)

Heraklit vertritt nun allerdings weder eine prozedurale Gerechtigkeitstheorie noch einen positivistischen oder relativistischen Begriff des Rechts avant la lettre. Im Gegenteil ist die gleichzeitige Existenz von verschiedenen Rechtsordnungen und unter ihnen lebenden Menschen samt der Kontrarietät ihrer jeweils eigentümlichen Existenzweisen metaphysisch fundiert und daher notwendig. Daraus folgt a fortiori, dass da, wo Menschen in der ihnen eigentümlichen Weise, d. h. in einer Polis, zusammenleben, gleiches gelten muss. Ihre Beziehung zueinander regelt die jeweils herrschende Rechtsordnung. Ihr Bestand liegt allerdings allein in ihrer Anwendung, d. h. in der stets neu zu vollziehenden Herstellung wechselseitigen Ausgleichs, die selbst gegenläufige Interessen, also Streit, voraussetzt. Heraklit unterscheidet also zwar bereits zwischen der einen, rational begründeten und erkennbaren kosmischen bzw. ewigen Ordnung und durch Menschen geschaffenen Gesetzen. Er bringt sie jedoch keineswegs in einen Widerspruch, weil jede menschliche Rechtsordnung schon als solche von der universalen Ordnung abhängt.

3. Natürliches Recht oder geschaffenes Gesetz? Die Sophistik

Wie leicht zu sehen ist, kommt es also in der vorsokratischen Naturphilosophie ebensowenig wie in der göttlichen Rechtsordnung der homerischen Tradition zu einer Konkurrenz zwischen durch die Natur oder die Götter vorgegebener und von Menschen geschaffener Ordnung. Ganz im Gegenteil kann letztere überhaupt nur dann als Recht gelten, wenn sie mit ersterer übereinstimmt. Allerdings treibt nun gerade die Möglichkeit einer solchen Konkurrenz die weitere Diskussion des Rechtsbegriffs in der Antike voran.

Denn es ist genau dieser Gedanke, der im 5. vorchristlichen Jahrhundert die Bewegung der Sophistik begründet. Sie unterscheidet ausdrücklich die natürliche und unveränderliche Ordnung (*phýsis*) von der durch Menschen gemäß der jeweils herrschenden Meinung (*nómos*) geschaffene, gesetzliche Ordnung (Heinimann 1987, 59 ff.). Einige ihrer Vertreter lehnen dabei die Prioriät bzw. Vorbildfunktion der *phýsis* für den *nómos* rundweg ab, während sie andere in modifizierter Fassung bestätigen. Die Sophisten stellen damit die bislang allgemein als selbstverständlich anerkannte Legitimation der Ordnung des menschlichen Zusammenlebens in Frage und behaupten einen Gegensatz zwischen Natur und Recht bzw. Moral oder leisten einer solchen Position zumindest Vorschub. Ihr Fundament bildet hierfür die wohl zuerst von Archelaos, einem Kenner der vorsokratischen, ionischen Naturphilosophie (ebd., 110 ff.), vertretene Auffassung, dass „das Gerechte und das Schändliche nicht von Natur aus ist, sondern aufgrund des Gesetzes“ (DK A 1).

Das derart verstandene Gesetz, d. h. die menschliche Rechtsordnung bzw. Moral, steht nun in gar keiner Beziehung zur Ordnung des von Natur aus Seienden, deren Erkenntnis ja das einzige Ziel der vorsokratischen Philosophie darstellte, sondern entspringt allein menschlicher Konvention. Die Sophistik wendet sich daher von der Erforschung der Natur ab und konzentriert sich ganz auf die Ethik, die sich – pointiert gesagt – mit Metaphysik oder theoretischen Gegenständen nur insoweit beschäftigt, als Dinge aufgrund seines Handelns und Denkens auf den Menschen bezogen und deswegen prinzipiell in Relation zum Menschen bestimmt werden müssen. Das durch menschliche Gesetze bestimmte Recht wird daher zum zentralen Thema der Sophistik (de Romilly 1988, 10 f.).

a) Das Maß Mensch: Protagoras (ca. 490–411 v. Chr.)

In radikaler Form drückt diese ebensowohl anthropozentrische wie praktische und zugleich relativistische Grundposition der berühmte homo-mensura-Satz des Protagoras aus (de Romilly 1988, 25 ff.): „Aller Dinge Maß ist der Mensch: Der seienden, dass sie sind, der nicht seienden, dass sie nicht sind.“ (DK B 1)

Wie jeder Relativist begründet Protagoras seine Auffassung defensiv. Ohne jeden Zweifel gibt es in den menschlichen, mithin politischen Angelegenheiten Veränderung. Dies belegt die historische Überlieferung. Zugleich fällt aber göttliche Offenbarung für die Rechtsbegründung aus epistemischen Gründen aus, da nicht einmal über die Existenz von Göttern und folglich schon gar nicht über ihren Wunsch und Willen rational durch den Menschen entschieden werden kann (DK B 4; de Romilly 1988, 154 ff.). Jede Rechtsordnung muss deswegen veränderbar sein und kann, ohne auf mythische oder ähnliche unzulässige Erklärungen zurückzugreifen, nur jeweils durch menschliche Konvention festgelegt werden. Die Begründung und Einrichtung einer Rechtsordnung ist folglich keine Sache der Erkenntnis von Sachverhalten, die unabhängig von dieser Erkenntnis bestehen, sondern allein einer Setzung, die geltendes Recht erst schafft; – Protagoras hat dies selbst einmal im Auftrag des Perikles für die neugegründete Stadt Thurioi gemacht. Jede Rechtsordnung – wie auch überhaupt jede andere behauptete Ordnung der Dinge – muss daher in ihrer Ausgestaltung relativ sein. Da die natürliche Ordnung der Dinge für die Einrichtung einer Rechtsordnung also keine Rolle spielt, findet bei Protagoras auch keine inhaltliche Entgegensetzung von Natur und Recht statt.

Sein Relativismus findet allerdings seine Grenzen an der Notwendigkeit irgendeiner Ordnung des Zusammenlebens (de Romilly 1988, 150). Wie nämlich insbesondere die große Rede des Protagoras im gleichnamigen platonischen Dialog zeigt (Prot. 320d-328d; Aichele 2002, 139 ff.), ist Tugend (*areté*) bzw. die Fähigkeit zur gesellschaftlichen Organisation (*politiké téchne*) jedem menschlichen Zusammenleben zwar vorausgesetzt, gehört jedoch – anders als das überlebensnotwendige Bedürfnis danach – nicht zur natürlichen Ausstattung des Menschen. Sie stellt daher eine Fähigkeit dar, die erst erworben bzw. erlernt werden muss. Diese existenzielle Notwendigkeit legitimiert einerseits die bestehende Vielfalt rechtlich bestimmter Gesellschaftsordnungen, deren jede ihr Recht auf Fortbestand hat, solange sie nur funktioniert, und andererseits die unbedingte Geltung ihrer Gesetze für das öffentliche Leben. Deren Ausgestaltung bleibt daher solange beliebig, wie die herrschende Konvention den Bürgern ein gedeihliches Zusammenleben ermöglicht. Dies schließt ein durchaus hohes Maß an Liberalität ein. Denn aus der individualistischen Interpretation des homo-mensura-Satzes ergibt sich, dass der individuelle Lebensstil der Bürger im Interesse der Gesellschaft so wenig wie möglich beeinträchtigt werden sollte. Sein kollektivistisches Verständnis wird damit indes keineswegs ausgeschlossen (de Romilly 1988, 149 f.). Protagoras bietet vielmehr gerade auf dem Fundament individuellen Eigeninteresses eine Rechtfertigung der Notwendigkeit – freilich relativ zur jeweiligen Polisordnung – allgemeinverbindlicher Gesetze, die durchaus eine Parallelisierung mit den viel später auftretenden Vertragstheorien erlaubt (ebd., 235 ff.).

b) Nackte Legalität: Antiphon (5. Jh. v. Chr.)

Eine inhaltliche Entgegensetzung von Natur und Recht setzt zumindest die Möglichkeit eines eigenen und erkennbaren Bereichs der Naturordnung voraus. Denn erst wenn der Bestand von beidem, sowohl von natürlicher Ordnung als auch konventioneller Satzung, anerkannt wird, können sie überhaupt miteinander in Konkurrenz treten. Einen solchen Gegensatz betont der Sophist Antiphon ausdrücklich. Vermittels der von ihm etablierten Dichotomie zwischen Natur und Konvention übt er prinzipielle Kritik an den bestehenden Sozial- bzw. Rechtsordnungen. Dabei geht er von der Gleichheit der Menschen hinsichtlich ihrer natürlichen Ausstattung aus: „Es läßt sich beobachten, dass das von Natur aus Seiende bei allen Menschen notwendig und allen gemäß derselben Vermögen zur Verfügung steht“ (Frg. 17 A [Schirren/Zinsmaier 194 f.]).

Schon der Blick auf das empirische Fundament dieser Auffassung führt die Unabhängigkeit des Bestands der Natur von menschlichem Denken und Handeln vor Augen. Gerade weil und insofern der Mensch Naturding ist, ist auch seine eigene Natur sein Maß und nicht umgekehrt. Das menschliche Maß verändert sich daher nicht, solange die Spezies existiert. Es ist also darüber hinaus auch nicht relativ. Die regional verschiedenen, in Gesetzen niedergelegten Sozialordnungen dagegen können schon aufgrund ihrer Verschiedenheit gar nicht naturwüchsig, sondern müssen das Resultat von Vereinbarungen sein (Frg. 17 A/B [ebd.]).

Weil es sie demnach außerhalb sozialer Ordnungen nicht geben kann, begreift Antiphon Gerechtigkeit (*dikaiosýne*) rein formal als Gesetzeskonformität (Frg. 17 B [ebd.]). Auf diese Weise verneint er ausdrücklich die Möglichkeit, eigens zwischen dem Gerechten und dem Legalen zu unterscheiden. Wenn nämlich Gesetze nicht mehr als allein regional geltende Konventionen sind, hängt der Begriff der Gerechtigkeit seinem Inhalt nach vom jeweils geltenden Recht ab. Er kann dann über seine legalistische Form hinaus nicht einheitlich gefasst werden. Soll nun Gerechtigkeit aber als Tugend verstanden werden, kann sie nur noch ein Mittel zum Zweck der Vermeidung persönlichen Schadens in Form sozialer oder rechtlicher Sanktionen darstellen (ebd., 194 ff.). Sie besitzt also keinen absoluten Wert mehr, sondern ihre Bedeutung bemisst sich an ihrer Funktion für das Wohlergehen desjenigen, der sie als Mittel gebraucht. Gerechtigkeit ist demzufolge etwas, das nur dann angewendet zu werden braucht, wenn die Gefahr der Entdeckung rechtswidrigen Handelns besteht, d. h. im öffentlichen Raum bzw. „vor Zeugen“.

Besteht diese Gefahr indes nicht, also insbesondere im privaten Raum, ist es dem Menschen nach Antiphon zuträglicher, nicht der Konvention, sondern der Natur zu folgen. Denn konventionelles Verhalten wird „von außen auferlegt" und kann daher durchaus, muss aber nicht der menschlichen Natur zuwiderlaufen – Wer zahlt schon gerne Steuern? Natürliches Verhalten ist dagegen insofern „notwendig", als es dem menschlichen Wesen entspricht. Anders als konventionswidriges Verhalten ist daher widernatürliches Handeln immer schädlich für den Menschen, „denn nicht nach der Meinung erleidet er Schaden, sondern nach der Wahrheit" (ebd., 196 f.).

Daraus folgt analytisch, dass die dem Menschen am meisten angemessene und zuträgliche Rechtsordnung eigentlich gemäß seiner Natur eingerichtet werden müsste. Allerdings ist nach Antiphon „das, was nach dem Gesetz gerecht ist, meistenteils feindlich zur Natur festgesetzt", weil die Konvention in alle Bereiche des menschlichen Lebens vom Erkennen über das Sprechen bis zum Handeln eingreift und zu umfassend naturwidrigem Verhalten zwingen kann (ebd.). Nun kann aber keine bestehende Rechtsordnung die Erfüllung ihres einzigen Zwecks, nämlich des Schutzes vor wechselseitiger Schädigung, garantieren. Denn sie verhindert offenkundig weder geschehendes Unrecht noch kann sie geschehenes Unrecht ungeschehen machen noch bestraft sie zuverlässig alle Verbrecher (ebd., 198 f.). Und solange all dies nicht geschieht, ist der widernatürliche Zwang, den eine jede Rechtsordnung Menschen auferlegt, illegitim. Einen Vorschlag zur Auflösung dieses Konflikts voneinander widerstreitenden Ordnungen, unter denen der Mensch zwangsläufig existieren muss, macht Antiphon indes nicht (de Romilly 1988, 180 f.).

c) Das Recht des Stärkeren: Thrasymachos (5. Jh. v. Chr.)

Wie man sieht, erkennt die Sophistik jedenfalls die Notwendigkeit gesetzlicher Ordnung an. Sogar Platon portraitiert seine Kallikles-Figur im Dialog *Gorgias* nicht als Sophist, sondern als aufstrebenden und – wie es sich für diese Karriereabsichten gehört – an Philosophie eigentlich völlig uninteressierten Nachwuchspolitiker (Aichele 2003a): Er strebt keineswegs nach Anarchie, sondern auf demokratischem Wege nach politischer Macht, am besten in einer Tyrannis, in der ebenfalls zwar vielleicht willkürliche und aus naturrechtlicher Sicht aller Wahrscheinlichkeit nach ziemlich schlechte, aber immerhin irgendwelche Gesetze gelten werden.

Wenn es nun überall, wo Menschen in größeren Gemeinschaften zusammenleben, tatsächlich irgendwelche Gesetze geben muss, liegt die Frage nahe, wer sie machen soll (de Romilly 1988, 171). Diese

Frage stellt Thrasymachos im I. Buch von Platons *Politeia*. Wie Antiphon identifiziert Thrasymachos Gerechtigkeit und gesetzlich gesetztes Recht. Zugleich erklärt er die Gerechtigkeit zum größten aller menschlichen Güter, um das sich die Götter allerdings nicht im mindesten scheren (ebd., 170 f.). Gesetze werden also in jedem Fall von Menschen gemacht. Von welchen, beantwortet Thrasymachos berühmte Bestimmung der Gerechtigkeit als das „dem Stärkeren Zuträgliche" (*tò toû kreíttonos symphéron*; Pol. 338c2).

Zu ihrer Begründung geht er von der offenkundigen Verschiedenheit der politischen Herrschaftsformen aus. Ihnen ist immer dreierlei gemein – egal, ob sie tyrannisch, demokratisch oder aristokratisch verfasst sind (Pol. 338d7/8): Erstens, besitzt der jeweilige Herrscher die Macht im jeweiligen Staat (Pol. 338d10); zweitens, gibt er solche Gesetze, die ihm selbst zuträglich sind; und, drittens, zeigt sich an diesen Gesetzen, was jeweils für die durch sie Beherrschten das Gerechte ist (Pol. 338e1–4). Also ist in jeder politischen Gemeinschaft der Form nach immer „ein und dasselbe das Gerechte, nämlich das, was der bestehenden Regierung zuträglich ist" (Pol. 339a1/2).

Gemäß der sophistischen Anthropologie ist nun von Natur aus jeder Mensch – modern ausgedrückt – Egoist, d. h. er strebt stets zuallererst – und gern auch auf Kosten der anderen – nach seinem eigenen Vorteil. Folglich dient auch das Gerechte in Form des geltenden Rechts immer dem jeweiligen Interesse und Vorteil der allein oder kollektiv Herrschenden. Wie man aus der Geschichte lernen kann, gilt dies darüber hinaus gleichermaßen für das Verhältnis zwischen verschiedenen Staaten (de Romilly 1988, 173).

Thrasymachos vertritt also einen strikt formalen Begriff des Rechts. Man mag ihn – anachronistisch zwar, aber deshalb nicht weniger zutreffend – durchaus positivistisch nennen. Thrasymachos eliminiert mit seiner These von der unumgänglichen Geleitetheit der Rechtssetzung durch partikulare Interessen nicht nur jede Transzendenz in der Rechtsbegründung. Er dreht ebenfalls das übliche und auf den ersten Blick einleuchtende Verständnis von Gerechtigkeit um. Denn er tilgt das scheinbar fundamentale Element der Gleichheit aus ihm oder legt jedenfalls seine Tilgung aus anthropologischen Gründen nahe. Thrasymachos versucht dies anhand eines Vergleichs der Herrschenden und der Beherrschten mit einem Hirten und seinen Schafen zu zeigen: Der Hirt dient genauso wie der Herrscher allein seinen eigenen Interessen, ohne auf das Glück der Herde wie der Untertanen in gleicher Weise Rücksicht zu nehmen, d. h. beide sorgen für das Wohlergehen der Schafe oder Untertanen nur, soweit es ihren eigenen Interessen dient (Pol. 343a–c). Handelten Hirt oder Herrscher anders, liefe dies ihren eigenen Interessen zuwider, ohne dass sie irgendeinen Gewinn davon hätten (Pol. 343d). Thrasymachos' Rechtsbegriff erklärt also in schöner Konsequenz genau das, was man normalerweise für ungerecht hält, zu dem, was in Wahrheit gerecht ist. Folglich ist die Tyrannis die gerechteste aller Herrschaftsformen, weil sie die ungerechteste zu sein scheint (Pol. 344a–c).

d) Der Nutzen der Gesetzestreue: Anonymus Iamblichi (5. Jh. v. Chr.)

Nicht alle Sophisten folgen jedoch einem derart radikalen egoistischen Individualismus. So setzt ihm etwa der sog. Anonymus Iamblichi eine entschiedene Verteidigung des hergebrachten Gerechtigkeitsbegriffs auf Basis sophistischer Lehren entgegen. Er übernimmt von Protagoras die Prinzipien des Relativismus und des Individualismus bei gleichzeitiger existentieller Notwendigkeit des Lebens in politischen Gemeinschaften, aber auch die spätere Dichotomie von Natur und Gesetz. Dabei kümmert er sich nicht um das Problem des Ursprungs der Gesetze, sondern allein um den individuellen Nutzen ihrer allgemeinen Befolgung.

Der Anonymus schildert zunächst die alltäglichen Vorzüge der Gerechtigkeit. Darunter versteht er eine Rechtsordnung, die den Interessen der Gemeinschaft dient. Diese Vorzüge reichen vom wechselseitigen Vertrauen der Bürger über deren guten Schlaf bis zur Seltenheit von Kriegen. Er bringt damit die Folgen eines rechtlichen Zustands unzweideutig in einen Gegensatz zu denen der Tyrannis (de Romilly 1988, 242). Die Gesetze, die einen derart erfreulichen Zustand ermöglichen, verlieren dabei nichts von ihrer Konventionalität. Nur liegt diese Konvention jetzt im Interesse aller. Sie ist dadurch der Anarchie bzw. dem Recht des Stärkeren, wie sie in der Natur herrschen, unendlich überlegen (ebd., 246).

Der Anonymus vertritt so eine Position, die in ihrer Aufgeklärtheit durchaus modern anmutet: Das Individuum findet die Sicherung seiner Interessen in gemeinsamen und allgemeinverbindlichen Regeln. Sie gewährleisten den Zusammenhalt der Gemeinschaft, die dem Einzelnen zugleich Macht und Schutz bietet (ebd., 247). Diese Beziehung lässt sich ebenso im Kontext des Gegensatzes von Natur und Gesetz formulieren: Das Recht in Form der geltenden Gesetze ist für jeden einzelnen Menschen schlecht bzw. unangenehm – Auch hier muss keiner gerne Steuern zahlen. –, weil das Recht das natürliche Streben des Einzelnen nach der Verfolgung seiner persönlichen Interessen, mithin die unumschränkte Ausübung der Freiheit seiner Willkür, einschränkt. Gerade deswegen aber bildet es für eine Gemeinschaft von Menschen, die von Natur aus nicht außerhalb einer solchen leben können, den einzigen Weg, der Glück ermöglicht. Das Recht ist daher sowohl für den Einzelnen als auch für die Gemeinschaft das höchste Gut (ebd., 252).

4. Die zweitbeste Lösung: Platon (428/7–348/7 v. Chr.)

Die gewiss elaborierteste und wohl auch innovativste Theorie des Rechts in der Antike entwickelt ein alter Athener ohne Namen, der die Hauptrolle in Platons Spätwerk *Nomoi* spielt. Um sich die Zeit auf dem langen Fußmarsch vom kretischen Knossos zu einem Zeusheiligtum zu vertreiben, führt er mit seinen ebenfalls schon recht betagten Begleitern, dem Knossier Kleinias und dem Spartaner Megillos – also mit Bürgern der seinerzeit angesehensten Rechtsordnungen (Morrow 1993, ch. 1–3) –, ein gelehrtes Gespräch über Staatsverfassungen und Gesetze (Nom. 625a/b).

Eine erste kritische Untersuchung der Besonderheiten des spartanischen und kretischen Staats, insb. der gesetzlich vorgeschriebenen gemeinsamen Mahlzeiten und der gymnastischen wie militärischen Ausbildung, zeigt, dass deren Zweck die Stabilität der Polis und die Erziehung der Bürger zur höchsten Tugend sein soll (Nom. 628, 629a/b, 630c). Daraus resultiert der Bedarf einer umfassenden, d. h. auch musischen bzw. wissenschaftlichen Erziehung. Denn die v. a. in Sparta ausschließlich geförderten Tugenden der Mäßigung und Tapferkeit machen nur die am wenigsten wichtigen bzw. niederen Teile der Tugend aus (Morrow 1993, 561). Diese selbst aber besteht in vollendeter Gerechtigkeit (*dikaiosýnen àn teléan*; Nom. 630c6). Sie nämlich enthält erst die ganze Tugend, also Tapferkeit, Mäßigung, Gerechtigkeit und Weisheit. Zwar gibt es dementsprechende Bildungsmöglichkeiten in Athen. Der Besuch des einschlägigen Unterrichts ist dort aber nicht gesetzlich vorgeschrieben, sondern obliegt den einzelnen Familien, die sich es erst einmal leisten können müssen, die entsprechenden Lehrer zu finanzieren, um ihren Sprösslingen solche Bildung angedeihen zu lassen. Der Erwerb von Tugend bleibt damit dem Zufall überlassen. Aus der herrschenden demokratischen Liberalität folgt daher die permanente Gefahr von Instabilität, ja sogar Gesetzlosigkeit, was dem Geist der solonischen Gesetzgebung widerspricht (Morrow 1993, 84–90). Nach dieser Einleitung berichtet Kleinias, dass er rein zufällig Mitglied eines Gremiums sei, das die Neugründung einer Polis, inklusive ihrer Gesetzgebung, auf Kreta zu organisieren habe (Nom. 702c). Diese Staatsgründung wird in den folgenden neun Büchern der *Nomoi* „zuerst in begrifflicher Rede“, d. h. argumentativ, vollzogen (*lógoi prôton katoikízein tèn pólin*; Nom. 702e1/2).

Bei dieser Unterredung geht es jedoch nicht wie in der *Politeia* um den Entwurf einer, besser: Der idealen Verfassung. Denn diese existiert auch nur in der Idee bzw. sie wird allein „von Göttern und Götterkindern bewohnt" (Nom. 739d6/7). Das Interesse der alten und schon deswegen vermutlich sehr weisen Herren richtet sich vielmehr auf die zweitbeste Verfassung (*athanasías eggýtata kaì he mía deutéros*; Nom. 739e4). Deren Bürger sollen zwar vortreffliche Menschen sein und werden, leben aber freilich unter kontingenten Umständen, d. h. eben nicht allein in der Idee, sondern hienieden in der irdischen Wirklichkeit. Der zweitbeste Staat der *Nomoi* soll also ausdrücklich kein rein rationalistisches Hirngebäude allgemeiner wechselseitiger Nettigkeit darstellen, wie es sich politische Philosophen im Lehnstuhl auszudenken pflegen mögen. Im Gegenteil muss seine Konstruktion die immer kontingenten Umstände berücksichtigen, unter denen der Staat gegründet wird und Bestand haben soll. Zu diesen unhintergehbaren Gegebenheiten zählen nicht nur solche physischer, geographischer und anthropologischer, sondern auch historischer Art. Darunter fallen insbesondere die verschiedenen tradierten Rechtsordnungen, die den Staatsgründern möglichst vollständig bekannt sein sollten, so dass Teile von ihnen nach einer kritischen Prüfung anhand des Kriteriums ihrer Bestheit übernommen werden können (Nom. 702c/d).

Daran zeigt sich, dass mit der Zweitbestheit des zu gründenden Staats keine vollständige Abkehr vom Idealstaat der *Politeia* einhergeht. Der Staat der *Nomoi* bildet vielmehr dessen Nachahmung mit Bordmitteln, d. h. gemäß der den Menschen zu Verfügung stehenden Möglichkeiten (Morrow 1993, 488). Das zeigt sich an der zentralen Frage danach, wer im Staat herrschen soll: Steht die Herrschaft in der *Politeia* mit den Philosophenkönigen bestimmten Personen zu, gibt es im zweitbesten Staat überhaupt keinen personalen politischen Souverän. Denn hier herrscht allein das Gesetz: Es ist „absoluter Herr der Herrschenden (*despótes tôn archónton*), die Herrschenden aber sind die Sklaven des Gesetzes (*árchontes doûloi toû nómou*)" (Nom. 715d4/5). Wenn das Recht nämlich zur Disposition stünde und seine Geltung von Einzelpersonen oder Personengruppen abhinge, wäre der projektierte Staat wie jeder andere auch sicherer Zerstörung (*phthoràn*) geweiht (Nom. 715d3/4).

Ist das Recht aber vollständig der Verfügungsgewalt irgendwelcher Leute entzogen, kann auch seine Quelle nicht kontingent sein: Was das rechte Gesetz ist und beinhaltet, lässt sich daher nur erkennen, es lässt sich aber nicht erfinden oder sonstwie ausdenken. Folglich ist allein der Grad der Richtigkeit des Gesetzes und damit seine historische Ausgestaltung kontingent. Denn dies steht unter der Bedingung menschlichen Erkennens und Handelns, während das Wesen des

Rechts selbst notwendig ist. Es besteht in der Vernunft (*nous*), welche die einheitliche Ordnung der Welt begründet. Das Wesen des Rechts ist deswegen auch Gegenstand vernünftiger Erkenntnis und Aussage (Morrow 1993, 564 f.).

Auf den Erwerb und die Übung der Fähigkeit zu solcher Erkenntnis zielt letztlich die Fortsetzung des auf die Tugend gerichteten staatlichen Erziehungsprogramms im sog. „Nächtlichen Rat" (ebd., 348/505 ff.). Dieser anonymen Kontrollinstanz obliegt unter Einbeziehung aller zur Verfügung stehenden wissenschaftlichen Erkenntnisse ausschließlich die Analyse, Diskussion und ggf. Optimierung der Gesetze. Zum Prinzip der Herrschaft des Rechts tritt auf diese Weise wieder das der Herrschaft der Philosophie in Gestalt der Einsicht in das vernünftige Gesetz hinzu. Allerdings ist diese keineswegs absolut, ja nicht einmal direkt. Der Nächtliche Rat besitzt kein Durchgriffsrecht auf die Gestaltung der Gesetze. Er hat aufgrund der menschlichen Fehlbarkeit, die wider allen anderslautenden Gerüchten auch seine philosophisch und juristisch gebildeten Mitglieder, nämlich höhere aktuelle und ehemalige Amtsträger, Priester, Gesandte und sonstige würdige Bürger, plagt, keine eigene legislative, exekutive oder judikative Macht, sondern nur beratende und interpretierende Funktion. Der Nächtliche Rat kann daher allein durch die Autorität des besseren Arguments auf die verschiedenen Gremien der eigentlichen Amtsträger wirken. Diese überwachen ihre Tätigkeit wiederum in einem fein austarierten System von ‚checks and balances' wechselseitig (ebd., 538 ff.). Auf diese Art ist eine „gemischte Verfassung" garantiert, die wie in Kreta oder Sparta Mitte und Maß (*métrion*) zwischen den Extremen des persischen Despotismus und dem radikalen athenischen Demokratismus hält (Nom. 694d ff.). Die mit letzterem verbundene Fraktionierung der Bürgerschaft wird so verhindert (Morrow 1993, 155 f.).

Neben dieser wechselseitigen Kontrolle der rechtlichen Institutionen besitzt jeder Bürger ein Beschwerderecht gegen jeden einzelnen Amtsträger, ein Appellationsrecht in Bezug auf jede Verwaltungsentscheidung und ein Berufungsrecht gegen jedes ergangene Gerichtsurteil, das oder die ein betroffener Bürger oder sein rechtlicher Vertreter für unrecht hält (ebd., ch. 5/6). Die letzte Instanz im Rechtsstreit bildet im zweitbesten Staat allerdings nicht das Gericht der Volksversammlung wie in Athen, dessen Korrumpierbarkeit sich eindrücklich im Prozess gegen Sokrates zeigte, sondern ein Obergericht ausgewählter Richter. Um deren Qualifikation sicherzustellen, werden dessen Kandidaten freilich wie alle anderen höheren Funktionsträger vor Antritt ihres Amtes einer außerordentlich strengen Untersuchung ihrer persönlichen und fachlichen Eignung (*dokimasía*) und ihrer Amtsführung bei ihrem Ausscheiden (*eúthyna*) unterworfen (ebd., 215–29).

Der Fremde aus Athen erhebt damit erstmals so etwas wie die Forderung nach einer speziellen Befähigung zur Rechtsanwendung und -auslegung, oder, anders gesagt, nach rechtsphilosophischer und -wissenschaftlicher bzw. juristischer Kompetenz, wie sie insbesondere im Nächtlichen Rat ausgeübt und trainiert wird. Dies bedeutet jedoch keinesfalls, dass die Beschäftigung mit Fragen des Rechts allein einer Kaste von Spezialisten überlassen wäre. Gerade weil in jener zweitbesten Polis allein das Recht als Ausdruck des universalen und daher auch allgemein zugänglichen Nous, d. h. der Vernunft bzw. des Geistes, herrscht, hat die von Staats wegen gewährte Erziehung im Gegenteil jeden Bürger nicht nur dazu zu ertüchtigen, den einzelnen Gesetzen fraglos zu gehorchen, sondern auch den Grund ihres Bestehens einzusehen. Dazu werden sie nicht nur veröffentlicht und in schriftlicher Form niedergelegt, sondern ihnen werden zusätzlich ebenfalls schriftliche Präambeln (*prooímia*) und Ermahnungen (*paramýthia*) beigegeben; und zwar mit dem ausdrücklichen Ziel, sowohl den Zweck einer Norm, d. h. ein öffentliches oder privates Gut, als auch die Gründe dafür, warum es sich dabei um ein Gut handelt, zu erläutern (Nom. 718b–723d; 857c–859b). Damit eine solche Erklärung überhaupt geleistet werden kann, muss jedes Gesetz den universalen Regeln der Vernunft entsprechen. Für Willkür oder die Verfolgung partikularer Interessen bleibt daher in der Gesetzgebung keinerlei Raum mehr.

Gleichgültig, wie stark die durchaus persönliche Abscheu ihres Verfassers Platon gegen einzelne Sophisten auch immer ausgeprägt sein mag: Die Rechtslehre der *Nomoi* wendet sich in ihrer ganzen Anlage strikt gegen die Theorien der Sophistik und ihrer Entgegensetzung von *phýsis* und *nómos*. Dem Entwurf des athenischen Fremden zufolge bilden beide vielmehr eine Einheit, welche die universale Ordnung der Vernunft ebenso fundiert wie sie sich in ihr manifestiert. Welches Recht wann und wo gilt, ist daher nicht in das Belieben der Konvention gestellt. Ganz im Gegenteil gibt es jederzeit das eine „richtige (oder „rechte“) Recht“ (*orthòs nómos*; Nom. 647b7; 715b2). Dies ist das ideale und wahre Recht, das seine transzendente Begründung in der Einen Vernunft hat, der ob ihrer Unveränderlichkeit ein göttlicher Status zukommt (Morrow 1993, 480 f.). Solch universales Recht ist vom bloß positiven Recht zu unterscheiden, das sich diesem Ideal bestenfalls in der Weise einer Nachahmung annähern kann und genau dies im zweitbesten Staat – der freilich der beste aller hienieden auf Erden mögliche ist – auch tun soll. Platon nimmt damit die stoische Lehre vom vernünftigen Gesetz der göttlichen Allnatur ihrem Wesen nach voraus (ebd.). Aus moderner Perspektive vertritt er, oder besser:

der namenlose Fremde aus Athen, damit eine natur- bzw. vernunftrechtliche Theorie der Rechtsbegründung.

5. Die Evolution des Rechts: Aristoteles (384–322 v. Chr.)

Trotz einiger Parallelen stellt sich auch Aristoteles gegen die Lehren der Sophistik. Ihm zufolge ist der Bestand einer Rechtsordnung im Begriff der artgemäßen Existenz des Menschen enthalten und daher notwendig: Weil „der Mensch von Natur aus ein in staatlicher Gemeinschaft lebendes Wesen" (*ánthropos phýsei politikón zôon*; Pol. 1253a2) ist und „das Gerechte ist, wo die Menschen ein Gesetz (*nómos*) dafür haben" (NE 1134b30), bildet das Recht die Ordnung jeder Gemeinschaft von Freien und Gleichen.

Zuallererst regelt es in den Formen der distributiven und der kommutativen Gerechtigkeit die Verteilung schlechthinniger Güter und Übel, d. h. deren Austeilung und Ausgleich, nach verschiedenen Formen der Proportionalität. Dadurch fungiert es zunächst als Gerechtigkeitskriterium in derjenigen Gesellschaft, in der es gilt (NE V.10; Bien 1995, 145–63). Diese Aufgabe erfüllt es in geschriebener Form (*lógos*). Es ist daher nicht der Willkür einer bestimmten Person bzw. des Herrschers unterworfen, dessen Funktion sich in der eines ‚Hüters des Rechts und daher auch der Gleichheit' erschöpft. Der allgemeine Begriff des Rechts bzw. des auf einzelne Gemeinschaften resp. Gesellschaftsordnungen bezogenen Gerechten (*díkaion*), dessen Verwirklichung zugleich stets den besten Staat und somit das natürliche Entwicklungsziel menschlicher Gesellschaft charakterisiert, lässt sich denn auch durch den Begriff der Gleichheit erklären: Gerechtes Recht besteht darin, Gleiches gleich und Ungleiches ungleich zu behandeln (Pol. 1280a11–13).

Was das Gleiche indes ist bzw. was als gleich behandelt werden soll, muss eigens festgelegt werden. Dies geschieht durch die Gesetze, und zwar stets in allgemeiner Weise. Es wird daher vorkommen, dass einzelne Fälle auftreten, die sich diesen allgemeinen Normen nicht fügen, mithin unter keine davon recht subsumiert werden können, so dass ihre Gleichbehandlung auch noch nach dem am ehesten passenden Gesetz ungerecht wäre. Es ist dann gerade im Sinne der Gleichbehandlung, jetzt verstanden als Billigkeit (*epieíkeia*) nötig „eine Berichtigung des Gesetzes da, wo es infolge seiner allgemeinen Fassung lückenhaft ist" (NE 1137b27–29). Dem Hüter des Rechts obliegt es deshalb, auf die Wahrung der Billigkeit in der Gesetzesanwendung zu achten und gegebenenfalls dafür mit Ausnahme- oder Sonderregelungen zu sorgen.

Rechtsnormen können folglich das Gerechte durchaus verfehlen. Aristoteles zeigt dies mit einiger Schärfe anhand seiner Untersuchung der politischen Verfallsformen der Demokratie und der Oligarchie (Pol. 1280a7–31). Trotzdem hebt auch solche Fehlerhaftigkeit nicht die Gültigkeit von Gesetzen auf, denn „der die Gesetze missachtet ist ungerecht, der die Gesetze achtet aber gerecht; also ist alles Gesetzliche (*pánta tà nómimá*) irgendwie Gerechtes“ (NE 1129b11–13). Ein Widerspruch besteht hier allerdings zum Schein. Er löst sich schnell auf, wenn man die aristotelische Unterscheidung zwischen Gerechtigkeit als Tugend bzw. Bestheit des einzelnen Menschen und die allgemeine Gerechtigkeit als Bestheit der Gesellschaftsordnung beachtet (Bien 1995): „Denn es ist nicht dasselbe, ein guter Mensch und überhaupt ein Bürger zu sein.“ (NE 1130b5/6)

Diese Unterscheidung zwischen Mensch bzw. – modern gesagt – Privatperson und Bürger erhellt folgenden Sachverhalt: Gerechtigkeit als spezifisch bürgerliche Tugend besteht in der Achtung des geltenden Rechts. Sie verhält sich daher relativ zur jeweiligen Staatsordnung. Diese muss aber ihrerseits nicht selbst gerecht sein. Nur im besten Staat also „ist die Tugend des Menschen und des Bürgers notwendig dasselbe“ (Pol. 1288a38/39), und ein guter, gar engagierter Bürger eines tyrannischen oder ähnlich ungerechten Regimes wird kaum ein guter Mensch sein können. Abstrahiert man daher vom teleologisch, d. h. von einem definiten Ziel her, und infolgedessen inhaltlich bestimmten aristotelischen Rechtsbegriff, gelangt man mit Aristoteles zu einem formalen Begriff des Rechts: „Das durch die Gesetzgebungskunst Bestimmte ist gesetzlich, und von jedem davon sagen wir, dass es Recht sei.“ (NE 1129b13–15)

Vor diesem Hintergrund kann Aristoteles zwischen natürlichem (*physikón*) und gesetzlichem (*nomikón*) Recht, sofern dies die Ordnung einer staatlichen Gemeinschaft konstituiert (*politikoû dikaíou*), unterscheiden (NE 1134b18/19). Damit ist jedoch keineswegs gemeint, dass es Gesellschaften geben könne, die ganz frei von natürlichem oder gesetzlichem Recht sein und demgemäß ohne weiteres als naturgemäß oder widernatürlich beurteilt werden könnten. Denn jede politische Gesellschaft bedarf ja einer Rechtssatzung. Eine solche muss aber immer von Menschen geschaffen werden und kann daher nicht natürlich sein bzw. von Natur aus, gleichsam schon, bevor es die Gemeinschaft gegeben hat, bestehen. Die aristotelische Unterscheidung zwischen natürlichem und gesetzlichem Recht dient vielmehr als Analyseinstrument. Erst sein Gebrauch ermöglicht nämlich eine Beurteilung der geltenden Normen hinsichtlich ihrer Distanz zur naturgemäßen Ordnung. Aristoteles begreift diese aber als Ziel aller gesellschaftlichen Entwicklung. Die Analyse der jeweils gegenwärtigen Verfasstheit einer Rechtsordnung vermittels jener Unterscheidung ermöglicht also die Einsicht in die Korrekturbedürftigkeit des Bestehenden. Jede Rechtsordnung befindet sich folglich in einem bestimmbaren Verhältnis zum natürlich vorgegebenen Ziel einer politischen Ordnung, und diejenige Rechtsordnung wird die beste sein, deren Normen sich im bestmöglichen Einklang mit dieser befinden. In der Bemühung um eine solche Harmonisierung darf die Rechtsentwicklung jedoch dem jeweiligen Entwicklungsstand der vergemeinschafteten Menschen hinsichtlich ihrer Tugend nicht überholen bzw. widerstreiten: Keine Rechtsordnung darf die moralischen Fähigkeiten ihrer Subjekte überfordern (Ritter 1961). Tut sie es doch, ist sie schlecht und unrecht, weil nicht die Menschen für das Recht da sind, sondern das Recht für die Menschen da ist. Das Unterscheidungskriterium zwischen natürlichem und gesetzlichem bzw. positivem Recht besteht nach Aristoteles nämlich in der Bedeutung der jeweiligen Normen: „Das natürliche hat nämlich überall dieselbe Bedeutung (*autèn dýnamin*) und nicht, insofern man es beschließt (*dokeîn*) oder nicht, das gesetzliche ist aber durchaus nicht von Anfang an so oder anders bestimmt (*diaphérei*), wenn es aber gesetzt ist, ist es bestimmt.“ (NE 1134b19–21).

Aus der beobachtbaren Veränderung der Gesetze folgt also ebenso wenig die universale Gesetztheit allen Rechts wie aus der Behauptung natürlicher Gesetze deren schlechthinnige Unveränderlichkeit. Dies mag vielleicht für die Götter und deren Rechtsordnung gelten, „für uns aber ist dies zwar von Natur aus, aber im ganzen veränderbar“ (NE 1134b29/30). Trotz der Veränderlichkeit natürlichen wie gesetzten Rechts bleibt die Unterscheidung zwischen dem, was „von Natur aus“ (*phýsei*) und „nicht von Natur aus“ (*ou phýsei*) ist, jedoch bestehen (NE 1134b30/31). Denn alles von Natur aus Seiende, also auch das natürliche Recht, steht einer Entwicklung hin zu dem in ihm angelegten Ziel, d. h. Ordnung des besten Staats zu sein, offen, wenngleich dies Unterstützung durch entsprechende Übung und Gewöhnung erfordern mag (NE 1134b34–36), deren Fehlen ebenso die Gefahr entsprechender Rückschritte bergen kann. Die Natürlichkeit des natürlichen Rechts besteht daher genau in seiner Angemessenheit an die jeweils erreichte Entwicklungsstufe der Menschen, deren Gemeinschaft es ordnet. Daraus folgt aber keineswegs, dass die natürliche Zielvorgabe der Identität von Menschen- und Bürgertugend und die inhaltliche Priorität des natürlichen vor dem gesetzten Recht aufzugeben wäre. Denn gerade dieser Vorrang markiert ja die Grenze zwischen von Menschen geschaffenen und daher nicht natürlichen oder eben widernatürlichen Normen. Auch das von der besten Absicht getragene Bestreben, auf Teufel komm raus die Rechtsnormen des besten Staates in einer noch auf barbarischem Entwicklungsstand verharrenden Gemeinschaft zu implementieren, ist folglich genauso widernatürlich und widervernünftig wie der Versuch, eine Gemeinschaft tugendhafter Menschen unter barbarische Gesetze zu zwingen.

6. Universales vs. relatives Recht: Hellenismus

Von den drei Hauptströmungen der hellenistischen Philosophie, der Stoa, dem Epikureïsmus und der Skepsis, befassen sich im eigentlichen Sinne nur die beiden ersten mit dem Begriff des Rechts. Zwar entwickelt die Skepsis einschlägige Beispiele wie das Brett des Karneades, gebraucht diese aber weniger zur juristischen Diskussion etwa des Notrechts als vielmehr zur Widerlegung des epistemologischen Optimismus der konkurrierenden Schulen (Aichele 2003b). Diese schließen hinsichtlich des Rechtsbegriffs teils an Platons Gesetz der Natur bzw. der Vernunft an (Stoa), teils an den Relativismus der Sophistik (Epikur).

a) Das Naturgesetz Vernunft: Die Stoa

Die Stoa wurde benannt nach der bunt bemalten Wandelhalle (*stoá poikíle*) am nördlichen Rand der athenischen Agora, in der sich deren frühester Vertreter, Zenon von Kition (ca. 334–262 v. Chr.), mit seinen Schülern zum Unterricht traf. Ähnlich wie Platon und Aristoteles reagiert die Stoa auf die sophistische Herausforderung der Behauptung eines Gegensatzes von Nomos und Physis mit einer Angleichung des Nomos an die Physis als dessen normatives Kriterium. Die Stoa eliminiert allerdings das evolutionäre Element, mit dem Aristoteles die Bestheit der Rechtsordnung an den jeweils erreichten Entwicklungsstand des Menschenwesens anpasst. Sie treibt daher die Forderung nach der Naturgemäßheit des Gesetzes viel weiter als Aristoteles.

Denn für die Stoiker, wie insbesondere Chrysipp (281/76–208/04 v. Chr.) ausführt, gilt nun die Natur selbst als das Gesetz, dem gemäß der Mensch leben soll (SVF III, 4/16).[2] Das Gesetz der Natur bleibt unveränderlich und ausnahmslos jederzeit in Geltung, und wenn der Mensch ihm nicht folgt (*parà phýsin zên*), verfehlt er sein eigenes Wesen, benimmt sich also, als sei er weniger als ein Mensch. Es ist also nicht eigentlich die besondere Natur des Menschen, die ihm die Ordnung seines Lebens und damit auch das normative Kriterium für die Rechtsordnung vorgibt, unter der er leben soll. Dies tut vielmehr die göttliche und in ihrer Ordnung unveränderliche Allnatur (*heimarméne*; SVF II, 913), deren Teil der Mensch ist. Genau deswegen hängt freilich die

[2] Die folgende Darstellung orientiert sich an Forschner 1995.

Möglichkeit naturgemäßen Lebens für den Einzelnen nun gerade nicht mehr vom Bestand einer geeigneten staatlichen Rechtsordnung ab. Im Gegenteil ist ein Leben gemäß der Natur (*katà phýsin zên*), in dem zugleich alle dem Menschen mögliche Glückseligkeit (*eudaimonía*) überhaupt besteht, jederzeit und unter allen, auch widrigen Umständen – z. B. unter Folter – möglich. Denn solches Leben resultiert aus vernünftiger Einsicht in das gesetzmäßige Naturgeschehen (SVF III, 4), und diese ist jedem Menschen kraft seiner angeborenen Vernunft immer zugänglich (Forschner 1995, 110 ff.). Der Begriff des Gesetzes gewinnt so universale Bedeutung: „Das Gesetz ist Herrscher aller göttlichen und menschlichen Angelegenheiten. Es muss Vorsteher des Guten wie des Bösen sein, indem es herrscht und anleitet, und demgemäß Kriterium des Gerechten und des Ungerechten sein, indem es den Lebewesen, die von Natur aus in staatlicher Gemeinschaft leben, vorschreibt, was sie tun sollen, und verbietet, was sie nicht tun sollen." (SVF III, 325)

Das Recht des Nomos ist also, ohne dadurch in einen Gegensatz zum Gesetz der Physis zu treten, auf politische Gemeinschaften beschränkt, deren Ordnung es darstellt. Gleichwohl darf es nicht relativ zu solchen Gemeinschaften verstanden werden. Differenzen, die zwischen deren Rechtsordnungen bestehen, zeugen nicht von regionalen Eigenheiten o. ä., sondern ausschließlich davon, dass die Gesetzgebung noch nicht der einheitlichen Ordnung der Natur folgt, mithin defizitär ist. Das natürliche Ziel der Rechtsentwicklung ist daher ein einheitliches Recht für alle.

Den Zusammenhang zwischen Natur- und Rechtsordnung fasst ein durch Laktanz (ca. 250–ca. 320 n. Chr.) überliefertes Fragment von Ciceros (106–43 v. Chr.) *De re publica* zusammen. Dort referiert ein, nach einem realen Vorbild eingeführter Vertreter der Stoa namens Laelius die einschlägige Position (Resp. 3.33): Das wahre Gesetz (*lex vera*) ist die rechte Vernunft (*recta ratio*). Sie stimmt mit der Natur überein (*naturae congruens*), ist auf alle verteilt (*diffusa in omnis*), unwandelbar (*constans*), ewig (*sempiterna*) und hat verpflichtenden Charakter (*ad officium iubendo*). Diese Verpflichtung gilt zwar allgemein und unbedingt, jedoch folgen ihr nur die Tüchtigen (*probos*), nicht aber die Schlechten (*improbos*). Jenes Gesetz darf nicht verändert (*obrogari*) oder teilweise abgeschafft (*derogari*) werden, und es kann nicht zur Gänze aufgehoben (*abrogari*) werden. Keine staatliche oder vorstaatliche legislative Instanz kann von seiner verpflichtenden Gewalt entbinden, und es bedarf keines Spezialisten zu seiner Auslegung oder Anwendung (*neque [...] explanator aut interpres*). Es wird (*erit*) weder an verschiedenen Orten noch zu verschiedenen Zeiten andere Gesetze geben, sondern Ein Gesetz wird sowohl für alle Völker als auch alle Zeiten bestehen (*et omnes gentes et omni tempore una lex [...] continebit*). Sein Urheber (*inventor*), Richter (*disceptator*) und Prozessbevollmächtigter (*lator*) wird Gott sein, der alle lehrt und beherrscht (*magister et imperator*). Wer dem Gesetz aber nicht folgt, flieht vor sich selbst (*ipse se fugiet*) und verschmäht die menschliche Natur (*natura hominis asperantus*). Allein dadurch erleidet er schon die größten Strafen, auch wenn er den übrigen gesetzlichen Strafen (*supplicia*) entgehen sollte.

Aus der knappen Skizze des idealen zukünftigen Zustandes, die Laelius entwirft, erhellt der Charakter staatlichen Rechts. Allein Personen, die noch keine Einsicht in das allgemeine Gesetz der Natur gewonnen haben bzw. noch nicht zur rechten Vernunft gekommen sind, haben überhaupt rechtliche Verhaltensnormen in Form von Verboten oder Geboten nötig. Nur sie müssen durch Strafandrohung daran gehindert werden, sich widernatürlich zu verhalten, oder durch Unterweisung, Übung oder auch Belohnung dazu gebracht werden, sich der Natur gemäß zu verhalten. Denn weil das Gesetz nicht verschieden von der Vernunft ist, hat jeder Mensch jederzeit die Möglichkeit, ihm zu folgen. Daraus folgt die weitere Möglichkeit eines Zustandes allgemeiner Aufgeklärtheit der Menschen über die eigene Natur, die sich ja nicht von der Vernunft und dem allgemeinen Gesetz der Natur unterscheidet, und daher folgt weiterhin die Möglichkeit eines Zustandes der Menschheit, in dem die Erlassung und Durchsetzung staatlicher Rechtsnormen gänzlich überflüssig ist. Dann nämlich werden die universale Geltung des allgemeinen und einheitlichen Gesetzes der vernünftigen Allnatur und sein verpflichtender Charakter von allen ausnahmslos anerkannt sein.

Eine politische Gemeinschaft aller Menschen – und nur eine solche – stünde also allein unter der Herrschaft der natürlichen Ordnung. Sie stellte somit ein Naturrecht im eigentlichsten Sinne des Wortes dar. Solange aber dieser Zustand noch nicht erreicht ist, sind staatliche, d. h. von Menschen geschaffene, Rechtsordnungen unumgänglich. Deren Gestaltung muss den normativen Vorgaben des Naturrechts indes schon deswegen folgen, um die Menschen, die unter der jeweiligen Rechtsordnung stehen, überhaupt als Menschen zu behandeln. Daher ist jede Abweichung von den naturgesetzlichen Vorgaben bei der Einrichtung einer staatlichen Rechtsordnung von Übel und kann überhaupt nur aus mangelnder Einsicht erfolgen. Ein vollständiges Verfehlen der Vorgaben ist indes unmöglich. Denn dies wäre gleichbedeutend mit der vollständigen Aufgabe der Vernunft, die freilich per se keinem Menschen möglich ist. Eine jede menschliche Rechtsordnung kann infolgedessen hinsichtlich ihrer Übereinstimmung mit oder ihrer Distanz zu der natürlichen bzw. vernünftigen Ordnung beurteilt werden.

Nun setzt ein derartiges Urteil bereits die Einsicht in die natürliche Ordnung logisch voraus. Dies aber impliziert zugleich die Einsicht in deren verpflichtenden Charakter. Also müsste strenggenommen ebenso eine Pflicht zur Verbesserung der bestehenden Ordnung folgen, wenn ihre Beurteilung negativ ausfällt. Indes scheint hierzu keine unbedingte Pflicht zu bestehen: Denn auch ohne entsprechende Rechtsnormen erleidet derjenige, der dem Naturgesetz nicht folgt, die größte aller denkbaren Strafen. Denn er kann nicht zur Glückseligkeit gelangen, die das Ziel allen menschlichen Lebens darstellt. Das stoische Gesetz der vernünftigen Natur bildet daher eine universale Norm, die sowohl moralische als auch rechtliche Normen unter sich begreift und zugleich rechtliche Normen aufgrund ihrer schlussendlichen Verzichtbarkeit moralischen Normen unterordnet. Die Stoa bildet daher die klassische Quelle des neuzeitlichen Naturrechtsdenkens.

b) Epikur (ca. 341–271/0 v. Chr.): Das Analgetikum des Rechts

Epikur bestimmt demgegenüber in seinen Hauptlehren (*kýriai dóxai*: KD) das Wesen des Rechts im Sinne einer „konsequente(n) Vertragstheorie" (Hossenfelder 1991, 104): „Seiner Natur nach ist das Recht eine Vereinbarung über das, was zuträglich ist, um einander nicht zu schädigen noch geschädigt zu werden." (*Tò phýseos díkaion esti sýmbolon toû symphérontos eis tò mè bláttein allélous medè bláptesthai.* KD 31) Gerechtigkeit ist daher im Gegensatz zu platonischen Modellen nach Epikur nicht etwas, das den Umgang der Menschen miteinander transzendierte und davon unabhängig, „an sich" (*kath' heautèn*; KD 33) bestünde, so dass es dem Inhalt nach eines wäre. Vielmehr muss der Vertrag, der das Recht ist, „je und je" (*aeì*) an den verschiedenen Orten, wo Menschen miteinander verkehren, eigens geschlossen werden. Zwar steht so der Inhalt der Gesetze unter geographischen wie historischen und kulturellen Bedingungen und ist daher kontingent (KD 37/38). Daraus folgt jedoch keineswegs seine vollständige Beliebigkeit. Denn das Recht ist seiner Form nach allgemein. Daher bleibt es formal stets dasselbe, weil es immer derselben Funktion der Verhütung wechselseitiger Schädigung dient: „Im Bezug auf das Allgemeine (*katà mèn [tò] koinòn*) ist das Recht für alle dasselbe (*pâsi tò díkaion tò autó*); denn es ist ja etwas im gegenseitigen Umgang Zuträgliches. Im Bezug auf das Eigentümliche eines Landes und alle möglichen Bedingungen (*katà dè tò ídion chóras kaì hóson dépote aitíon*) gibt es nicht für alle dasselbe Recht." (KD 36)

Gemäß Epikurs negativem Hedonismus, demzufolge Glückseligkeit (*eudaimonía*) bereits im Freisein von Unlust bzw. Schmerz (*lýpe*) besteht, bildet also der relativ zu einer besonderen menschlichen Gemeinschaft verstandene allgemeine Schutz vor Schädigung den „objektiven Maßstab" des Rechts (Hossenfelder 1991, 106). Was diesen nicht gewährt, kann folglich kein Recht sein (KD 38). Epikur ist demnach „kein radikaler Positivist" (Hossenfelder 1991, 106). Er versteht bloß die Geltung verschiedener rechtlicher Normen an verschiedenen Orten und zu verschiedenen Zeiten positivistisch. Den formalen Zweck des Rechts begründet er hingegen universal aus der Natur menschlicher Gesellschaft bzw. der Natur menschlicher Glückseligkeit. Der rechtsbegründende Vertragsschluss bleibt allerdings trotzdem kontingent, da er die Erfahrung von Unlust durch wechselseitige Schädigung voraussetzt, wie dies der sich zum Epikureïsmus bekennende römische Dichter Lukrez (ca. 99–94–55–53 v. Chr.) schildert (De rer. nat. V, 1141–50). Demnach entspringt die Setzung von Recht menschlichem Eigeninteresse und Gesetzestreue der Furcht vor Entdeckung und Strafe, die den Seelenfrieden (*ataraxía*) stört und daher Unlust bringt (KD 34/35; Lukrez, De rer. nat. V, 1151–60). Weder zur Erkenntnis des formalen Begriffs des Rechts noch zu dessen legislativer Ausgestaltung ist es daher erforderlich, eine transzendente Quelle oder „göttliche(s) Walten" anzunehmen (Hossenfelder 1991, 107).

***

Die antike Diskussion des Rechtsbegriffs enthält in nuce bereits seine weiteren Entwicklungen bis in die Moderne. Dies gilt in systematischer Hinsicht insbesondere für die klassische Zweiteilung von naturrechtlichen und positivistischen Theorien der Rechtsbegründung. Sie lässt in der Antike zugleich Spielraum für Zwischenmodelle, welche die rigide Trennung von Moralität auf der einen und Legalität auf der anderen Seite unterlaufen. Sie erlauben zum einen ohne weiteres ebenso die Notwendigkeit positivrechtlicher Regelungen in moralneutralen Bereichen – etwa der Hafennutzung –, um Koordinationsprobleme beim Handeln in politischen Gemeinschaften zu beseitigen, wie sie zum anderen solche Normierungen in den Dienst durchaus moralisch bestimmter, dann allerdings kontingenter Zielvorstellungen stellen können. Gegenwärtig wird eine solche Position, in freilich ungleich elaborierterer Form, etwa von Joseph Raz vertreten.

Die unmittelbar größte Wirkung, die bis zum heutigen Tag anhält, entfalteten gewiss die Entwürfe des Aristoteles und der Stoa. Die aristotelische Unterscheidung zwischen distributiver und kommutativer Gerechtigkeit und die damit einhergehende Differenzierung zwischen dem Rechten und dem Billigen kann seither nicht mehr übergangen werden. Ebenso lässt sich die allgemeine Anerkennung der fundamentalen Bedeutung der drei Grundsätze – *Neminem laede. Suum cuique tribue. Honeste vive.* –, die der römische Jurist Ulpian zu den Prinzipien allen Rechts erklärt, kaum ohne ihre stoische Vorgeschichte verstehen.

II. Mittelalter

Insbesondere der *Römerbrief* des Apostels Paulus (ca. 5–ca. 64) prägt das Rechtsverständnis des Christentums, und zwar in zweierlei, auf den ersten Blick kaum vereinbare Weise. Einerseits nämlich gilt von Gottes Weisheit und Erkenntnis: „Wie gar unbegreiflich sind seine Gerichte und unerforschlich seine Wege!" (Röm. 11, 33) Eine adäquate Erkenntnis der göttlichen Gerechtigkeit durch die menschliche Vernunft ist demnach auch anhand des geoffenbarten Gesetzes, d. h. der Zehn Gebote, ausgeschlossen (Röm. 10, 2–8), so dass gerechtes Handeln allein „dem Glauben zugerechnet wird" (Phil. 3, 9). Der Gegensatz zur antiken Tradition ist augenfällig: Wenn man den göttlichen Willen nicht erkennen kann, kann man ihm weder den seinen noch irgendeine Rechtsordnung angleichen. Andererseits besteht für alle durch die menschliche Natur selbst eine Möglichkeit zu rechtem Handeln unabhängig von aller Offenbarung: „Denn so die Heiden, die das Gesetz nicht haben, doch von Natur tun des Gesetzes Werk, sind dieselben, dieweil sie das Gesetz nicht haben, sich selbst ein Gesetz,/ als die da beweisen, des Gesetzes Werk sei geschrieben in ihrem Herzen, sintemal ihr Gewissen ihnen zeugt." (Röm. 2, 14/15)

Bereits in der Spätantike indes versucht der christliche Neuplatoniker Clemens von Alexandria (ca. 150–ca. 215), den rationalen Naturalismus der Stoa mit dem auf die göttliche Gnade bezogenen paulinischen Voluntarismus zu versöhnen. Clemens setzt zum einen den Erlöser Christus, den der Prolog des *Johannes-Evangeliums* ja mit dem göttlichen *lógos* identifiziert (Joh. 1, 1), unter Berufung auf den Stoiker Chrysipp mit der kosmischen Vernunft gleich (Strom., VII.3, 16). Damit sorgt Clemens schon einmal für die Erkennbarkeit des göttlichen Willens, der naturgemäß vollständig rational verfährt und daher auch mit rationalen Mitteln eingesehen werden kann. Zum anderen schließt Clemens an die stoische Oikeiosis-Lehre an und betont sowohl die moralische Neutralität des Menschen bei seiner Geburt (Forschner 1995, 142 ff.) als auch seine natürliche, d. h. zugleich: gottgewollte, Anlage zu einem Leben in gerechten politischen Gesellschaften (Strom., I.6, 34).

Diese, bereits mit Paulus bestehende Spannung zwischen einem voluntaristisch, d. h. durch die freie Willensentscheidung eines allmächtigen Wesens, und einem naturalistisch, d. h. aus dem unveränderlichen

Wesen der Vernunft oder des Menschen, fundierten Rechtsbegriff begleitet die Diskussion des Mittelalters und markiert deren grundsätzliche Alternativen.

1. Augustin (354–430): Ewigkeit und Zeitlichkeit des Gesetzes

Der für die weitere kulturelle Entwicklung des Abendlands bis weit in die Reformation hinein zentrale Kirchenvater Augustin greift bei seiner Differenzierung des Gesetzesbegriffs auf die neuplatonische Aneignung stoischen Gedankenguts zurück. Bereits seit seiner außerordentlich einflussreichen Frühschrift über die Willensfreiheit, *De libero arbitrio*, unterscheidet er ein zeitliches (*lex temporalis*) und ein ewiges (*lex aeterna*) Gesetz (De lib. arb. I.5, 11–15/35). Beide, sowohl zeitliches als auch ewiges Gesetz, betrachtet Augustin prinzipiell aus der Perspektive des Strafrechts. Denn zunächst soll untersucht werden, „inwieweit böse Taten durch das Gesetz, das in Staaten herrscht, in diesem Leben bestraft werden"; sodann aber, „was der unvermeidlichen und verborgenen Strafe durch die göttliche Vorsehung überlassen bleibt" (ebd., I.6, 14).

Im Zuge der Behandlung dieser Frage entwickelt Augustin eine ganze Kette von Differenzierungen:

1. Die Geltung des zeitlichen bzw. staatlichen Rechts hängt von seiner – in der Regel schriftlichen – Veröffentlichung ab, während das ewige Gesetz unabhängig von seiner Bekanntmachung oder auch Kenntnis unbedingt gilt (ebd., 14/15).
2. Ausgestaltung, Anwendung und Wirkungsweise des staatlichen Rechts sind öffentlich. Sie bilden daher einen möglichen Gegenstand von Erkenntnis und Kritik, während das ewige Gesetz im Verborgenen wirkt und daher weder in seiner Wirkungsweise erkannt noch kritisiert werden kann.
3. Weil die Anwender und die Untertanen staatlichen Rechts fehlbar sind, können sowohl Verbrecher ihrer Strafe entgehen als auch Verbrechen nicht ausgeschlossen werden (ebd., I.5, 12), während das ewige Gesetz unfehlbar und unvermeidlich straft.
4. Das staatliche Recht darf und soll veränderten Umständen angepasst werden, die sich insbesondere im Grad der moralischen Korruptheit der Staatsangehörigen äußern, das ewige Gesetz hingegen kann gar nicht geändert werden (ebd., 14).
5. Das ewige Gesetz ist selbst höchste Vernunft (*ratio suprema*), während das staatliche Recht durch menschliche Vernunft geschaffen ist und daher fehlerhaft sein kann (ebd., 15).
6. Gehalt und Zweck des ewigen Gesetzes bestehen darin, dass „die Bösen ein unglückliches Leben und die Guten ein gesegnetes Le-

ben verdienen" (ebd.; I.14, 30), d. h. in der Gerechtigkeit selbst, während das staatliche Recht selbst auch durchaus ungerecht sein kann (ebd., I.5, 15/31/32).

7. Das ewige Gesetz fungiert als einziges Kriterium sowohl für die Gerechtigkeit als auch für die Legitimität des Geltungsanspruches des staatlichen Rechts: „Es gibt nichts Gerechtes oder Gerechtfertigtes im zeitlichen Gesetz außer dem, was die Menschen vom ewigen Gesetz übernehmen". (ebd., I.6, 15) Mit dieser kriteriellen Funktion des ewigen Gesetzes scheint Augustin also auch ein Recht auf Widerstand gegen die staatliche Gewalt hier zumindest anzudeuten (Flasch 1980, 171 f.).
8. Das staatliche Recht regelt den Umgang mit bzw. die Verteilung von irdischen Gütern, während das ewige Gesetz sich auf transzendente Güter, mithin auf das Seelenheil bzw. die Glückseligkeit bezieht (De lib. arb. I.14, 30–I.15, 32).
9. Das staatliche Recht wird aufgrund der Androhung von Zwangsmitteln befolgt, welche irdische Güter wie etwa Vermögen, Freiheit, Gesundheit oder Leben betreffen. Es herrscht daher durch Furcht vor Strafe und aufgrund verfehlter Liebe zu irdischen Gütern, worin zugleich der böse Wille besteht (ebd., I.15, 32). Das ewige Gesetz wird dagegen aus Glaubenseinsicht und Liebe zu den ewigen Gütern befolgt, worin der dem Menschen mögliche gute Wille selbst besteht (ebd., I.14, 30/I.15, 31).
10. Daraus folgt, dass das ewige Gesetz die Möglichkeit eines guten Willens zulässt, während das staatliche Recht bereits die Wirklichkeit des bösen Willens voraussetzt und sich ausschließlich auf diesen bezieht.
11. Dementsprechend verfolgt die Strafe im staatlichen Recht einen präventiven Zweck, während ewige Strafe oder Belohnung allein der Vergeltung dient (De civ. Dei XIX.16/ XXI.11).
12. Für diejenigen, die guten Willens sind, ist das staatliche Recht schlicht überflüssig (De lib. arb. I.15, 31).

Auch nach Augustin bleibt das ewige Gesetz, d. h. der göttliche Wille, der zugleich höchste Vernunft ist und alles Einzelne vollständig erfasst, dem menschlichen Verstand entzogen, der allein durch allgemeine Begriffe erkennt. Die Liebe zum ewigen Gesetz kann daher nicht aus bloßer rationaler Erkenntnis resultieren. Sie setzt vielmehr den Glauben an die christliche Offenbarung voraus, der selbst wiederum einem Gnadenakt Gottes entspringt. Die Möglichkeit dazu eröffnet erst Christi Erlösungstat. Sie stellt die seit dem Sündenfall korrumpierte menschliche Natur wieder her, indem sie die menschliche Natur zur Liebe zum ewigen Gesetz und so zu dessen Achtung disponiert (De civ. Dei, XVIII.41). Seine Idee ist damit dem menschlichen Bewusstsein eingeprägt (De lib. arb., I.6, 15/I.8, 18), das deswegen nicht mit der Vernunft allein identifiziert werden darf (ebd., I.9, 19). Diese menschliche Vorstellung des ewigen Gesetzes besteht in dem Gedanken, „dass alle Dinge in vollkommener Ordnung sein sollen" (ebd., I.6, 15).

Dies kosmische Gesetz ist indes rational fassbar und kann daher als von leiblichen bzw. irdischen Begierden unabhängiger Maßstab für die weise Einrichtung staatlichen Rechts bzw. die individuelle Lebensführung dienen (ebd., 15–21). Denn er enthält zum einen in weltlicher Hinsicht alle natürlichen Güter, welche für die Existenz des Menschen gemäß der geschaffenen Ordnung der Welt, d. h. einem Leben in äußerem Frieden bei leiblichem Wohlergehen in Gemeinschaft mit Artgenossen, notwendig sind, d. h. Nahrung, Kleidung, Wohnung und insbesondere intellektuelle Betätigung (De civ. Dei, XIX.13). Zum anderen ergeben sich aus dem geoffenbarten Gesetz, d. h. in erster Linie dem Liebesgebot Christi, aber auch den Zehn Geboten, die Regeln des rechten Gebrauchs dieser Güter, wie er dem ewigen Gesetz genügt. Der Begriff vollkommener Ordnung fungiert somit der Sache nach als rational erkennbare naturrechtliche Norm.

2. Al-Fârâbî (ca. 872–950): Die Metaphysik des Rechts

In konsequentem und vor allem höchst informiertem Rückgriff auf die Werke Platons und Aristoteles' arbeitet der islamische Denker Al-Fârâbî eine neuplatonistische Metaphysik von Staat und Regierung aus. So nimmt die auf Proklos' Emanationslehre von der Entfaltung aller Dinge aus dem begrifflich unfassbaren Einen jenseits des Seins zurückgehende theologische, psychologische und kosmologische Fundierung des Begriffs des besten Gemeinwesens und seiner weniger guten Varianten in seinem einschlägigen Hauptwerk *Die Prinzipien der Ansichten der Bewohner der vortrefflichen Stadt* (*Kitâb ârâ' ahl al-Madîna al-fâdhila*) gut drei Viertel des ganzen Buches ein.

Gemäß dieser, seinerzeit durchaus verbreiteten, dann aber schnell wieder zurückgedrängten rationalistischen Grundlage (Fakhry 2004) behauptet Al-Fârâbî wie manch anderer seiner Kollegen, insb. etwa Al-Rhâzi, die Priorität der Philosophie vor der Religion: Was die Philosophie durch methodische Prinzipienforschung und logischen Beweis erkennt, bringt die Religion in anschauliche Bilder und Gleichnisse, mit denen sie, freilich unter Verlust wissenschaftlicher Eindeutigkeit, diejenigen von der Wahrheit überzeugt, deren intellektuelle Fähigkeiten nicht zu philosophischer Einsicht zureichen (Taḥṣîl, § 55, 44 f.; Campagna 2010, Kap. 6). Da das Vorbild stets vor seinem Abbild gegeben sein muss, folgt hieraus ebenso die zeitliche Priorität der

Philosophie (Taḥṣîl, § 55, 45). Weil es weiterhin nur eine Wahrheit geben kann, welche die Philosophie erkennt, kann es nur eine Philosophie und daher auch nur eine Theologie, aber viele Religionen geben. Denn deren imaginative Ausgestaltung hängt stets vom geistigen Entwicklungsstand und den historischen und geographischen Lebensumständen der Gläubigen ab. Gleiches gilt für das in der Religion geoffenbarte Recht (*scharî'a*): Das Kriterium seiner Wahrheit und Geltung ist die philosophische Erkenntnis seiner Prinzipien.

Dem Neuplatonismus zufolge besteht eine strikte Hierarchie der Dinge gemäß ihres Seinsgrades, die vom sogenannten Einen bzw. Ersten, das jenseits des Seins steht und das Al-Fârâbî mit Gott identifiziert, über immaterielle und materielle Dinge bis zum Nicht-Seienden bloßer, ungeformter Materie reicht (al-Madîna, I.2, 13 ff.). Diese universale Ordnung repräsentiert einerseits die Gerechtigkeit, da jedes Ding in seiner Über- und Unterordnung von sich aus den Rang einnimmt, der ihm ontologisch zusteht. Zum anderen herrscht in ihr das Recht, weil jedes Ding, das entstehen und vergehen kann, also jedes materielle Ding, den gleichen Anspruch auf Existenz besitzt, der ihm gemäß seines Grades an metaphysischer Vortrefflichkeit durch die Gerechtigkeit zugeteilt wird (ebd., III.9.2/3, 48 f.). Das Universum bildet so ein vollkommenes Modell distributiver Gerechtigkeit und stellt damit das Vorbild des vollkommenen Staats dar: Die politische Ordnung hat also die kosmische Ordnung nachzuahmen (al-Milla, § 27, 110 ff.), da erst unter dieser Voraussetzung jeder einzelne Mensch und daher auch die Spezies im Ganzen den höchstmöglichen Grad an Vortrefflichkeit und somit Glückseligkeit erreichen kann.

Nun ist zwar die Bildung politischer Gemeinschaften für die Menschen überlebensnotwendig und natürlich. Das heißt jedoch nicht schon, dass jede davon mit Notwendigkeit die vollkommene Ordnung abbildete. Dies zeigt bereits Al-Fârâbîs ausführliche Typologie abweichender, mehr oder weniger missratener Staaten (al-Madîna, V.18, 110 ff.). Denn staatliche Ordnung bleibt stets Menschenwerk, und ihre Einrichtung erfolgt demnach nach Maßgabe von Einsicht und Willen ihrer Gründer, auch wenn sie im besten Fall philosophischer Erkenntnis entspricht. Daraus folgt, dass die Vortrefflichkeit jeder politischen Gemeinschaft unmittelbar von der Vortrefflichkeit ihres ersten Gesetzgebers abhängt. Im Idealfall vereinigt er, wie eine an einen Fürstenspiegel gemahnende Liste entsprechender Eigenschaften zeigt (ebd., V.15.12, 91 ff.), buchstäblich alle intellektuellen, ethischen und körperlichen Tugenden in sich und kann dann zurecht mit den synonymen Ausdrücken „Philosoph“, „oberster Herrscher“, „Fürst“, „Gesetzgeber“ oder „Imâm“ bezeichnet werden (Taḥṣîl, § 58, 47). Diese tradierte Verfassung (*sunna*) kann nur von Nachfolgern gleicher Qualität bzw.

sich in ihren Tugenden ergänzenden Gremien verändert, sonst aber allenfalls unter Beibehaltung der hergebrachten und wahr bleibenden Prinzipien sich wandelnden Umständen angepasst oder aufgrund neu auftretender legislativer Herausforderungen ergänzt werden (al-Madîna, V.15.13, 93 f.).

Aus der metaphysischen, d. h. auf die unwandelbaren, allein der Vernunft zugänglichen Prinzipien der Welt bezogenen, Fundierung politischer Gemeinschaft ergibt sich nun Al-Fârâbîs Bestimmung des Gesetzesbegriffs. Ihr zufolge sind Gesetze Verkörperungen von universalen Begriffen, die den menschlichen Willen zur Erreichung der Glückseligkeit anleiten, indem sie die Bedingungen ihrer Verwirklichung niederlegen (Taḥṣîl, § 56, 45; § 24, 26 f.). Die Gesetzgebung ist daher Gegenstand der praktischen Philosophie, die auf der Basis theoretischer Einsicht lehrt, wie die willentlichen Handlungen und Gesinnungen des Menschen sein sollen, um seine höchsten Existenzmöglichkeiten zu erfüllen (De scientiis, V.1, 187 ff.). Was überhaupt Recht sein kann, folgt daher aus der Natur des Menschen, während was tatsächlich Recht ist, gemäß der Einsicht in dieses universale Prinzip jeweils gesetzlich festgelegt wird. Das positive Recht muss daher streng systematischen Charakter haben, weil jede Norm stets auf die unveränderlichen Prinzipien des Rechts muss zurückgeführt werden können.

Die Rechtswissenschaft (*fiqh*) beschäftigt sich daher grundsätzlich mit der Rechtsanwendung, und zwar in doppelter Weise (ebd., V.2, 196 ff.): Zum einen leitet sie aus den wahren Prinzipien und den bereits bestehenden kodifizierten Regeln Gesetze für Handlungsweisen ab, deren Auftreten der erste Gesetzgeber noch nicht vorhergesehen und geregelt hat. Die Jurisprudenz passt auf diese Weise das Rechtssystem an die historische Entwicklung des Menschen in der Gesellschaft an (al-Milla, §§ 9/10, 66 f.). Zum anderen wendet die Jurisprudenz die bestehenden oder abgeleiteten, aber als solche immer universalen Normen auf einzelne Handlungen an und erklärt sie so erst zu Fällen eines Gesetzes (ebd., § 10, 72 f.). Die Rechtswissenschaft besitzt demnach nach Al-Fârâbî sowohl einen theoretischen Teil, der die systematischen Implikationen des bestehenden und geltenden Rechts klärt und bei Bedarf zu seiner kohärenten Ausgestaltung nutzt, als auch einen praktischen Teil, der in der Kunst der gerechten Anwendung der Gesetze auf einzelne Handlungen besteht.

3. Peter Abaelard (1079–1142): Heil und Verdammnis als Rechtsfolgen

In Abaelards Fragment gebliebenem, spätem *Dialogus inter Philosophum, Iudaeum et Christianum*, den sogenannten *Collationes*, befragt ein Philosoph zwei gelehrte Vertreter des Juden- und des Christentums nach Argumenten für die von beiden Religionen postulierte Notwendigkeit der Ergänzung der natürlichen und daher allein durch die Vernunft erkennbaren Moral durch geoffenbarte Gesetze. Im Zuge seiner Erörterung der Tugend der Gerechtigkeit (*iustitia*) behandelt der Philosoph auch den Begriff des Rechts. Er bezieht seine Definition der – offenkundig distributiv verstandenen – Gerechtigkeit dabei von vorneherein auf eine politische Gemeinschaft: „Gerechtigkeit ist daher die Tugend, die unter Wahrung des öffentlichen Nutzens (*communi utilitate servata*) jedermann das ihm Gebührende zuteilt (*suam cuique tribuens dignitatem*); sie ist diejenige Tugend, durch die wir wollen, dass jeder einzelne ebendas erhält, was er verdient, wenn dies keinen öffentlichen Schaden anrichtet." (Coll., 150 ff.)

Nachdem der Philosoph deutlich gemacht hat, dass alle drei anderen klassischen Tugenden, d. h. Klugheit, Tapferkeit und Mäßigung, der Gerechtigkeit untergeordnet sind, und deren Teilaspekte Achtung, Wohlwollen, Wahrhaftigkeit und Ahndung auseinandergelegt hat, unterscheidet er zwischen natürlichem (*ius naturale*) und positivem Recht (*ius positivum*). Beide gebietet die Gerechtigkeit zu achten. Zwar gelten so natürliches und positives Recht gleichermaßen, jedoch genießt ersteres unzweifelhaft Priorität. Denn es enthält nur, „was die Vernunft, die allen von Natur aus innewohnt, von sich aus durch die Tat zu erfüllen rät" (ebd., 164 f.). Die Beachtung des natürlichen Rechts ist daher notwendig (*observantia necessaria*; ebd.). Vom positiven Recht kann dies jedoch nicht in derselben Weise gesagt werden. Denn es ist zum Zweck des besseren Schutzes oder der Mehrung des Nutzens oder des Ehrbarkeit von Menschen eingerichtet worden (ebd.). Da die Geltungsgründe des positiven Rechts entweder in „reiner Gewohnheit" (*sola consuetudine*) oder Kodifizierung (*scripti auctoritate*) bestehen (ebd.), ist sein Inhalt kontingent und den Eigenheiten bestimmter Völker wie den jeweiligen Zeitumständen „angepasst" (*accomodata*; ebd., 166 f.). Es unterliegt deshalb der Veränderung und steht, schon um es überhaupt als Recht kenntlich zu machen, unter der formalen Bedingung distributiver Gerechtigkeit, deren universalen und unveränderlichen Inhalt das natürliche Recht angibt. All dies gilt ebenso für die göttlichen Gesetze (*leges divina*), die teils zum natürlichen, teils zum positiven Recht gehören (ebd.).

Da nun „das höchste Gut und das höchste Übel des Menschen die Ruhe des zukünftigen Lebens und die fortdauernde Strafe“ sind und beide nach Verdienst zugeteilt werden (*pro meritis redditas*; ebd., 172 f.), folgt die unbedingte Gutheit alles Gerechten (ebd., 174 f.). Also ist auch die Strafe, die ganz offenkundig kein Gut, sondern ein Übel zu sein scheint, dann gut, wenn sie gerecht ist (ebd.). Allerdings ist aber keine Handlung schon für sich genommen gut oder böse: Ein Tyrann kann das Schwert zum eigenen Vorteil und willkürlich ebenso führen wie ein gerechter Fürst zur Bestrafung rechtswidriger Akte, und trotzdem kann ein und derselbe Kopf rollen. Es ist daher die Absicht, die über die moralische Qualität einer Handlung entscheidet – gut zu handeln (*bene facere*) und irgendetwas Gutes zu tun (*bonum facere*) ist also nicht dasselbe (ebd., 240 ff.), und deswegen ist auch gerecht zu handeln und irgendein Recht anzuwenden nicht dasselbe. Die – womöglich hochverdiente – Enthauptung des Verbrechers, dessen Tun als Vorwand gebraucht wird, um sein Vermögen der Privatschatulle oder sein wohlgestaltes blondes Töchterlein dem Bette des Machthabers zuzuführen, bleibt ebenso ungerecht wie die Bestrafung eines Unschuldigen aufgrund eines Justizirrtums oder ungerechter Gesetze, auch wenn beides Mal nicht gegen positives Recht verstoßen wird.

Dann aber kann es genaugenommen auch nicht die Strafe oder die Belohnung als solche sein, die das höchste Übel oder Gut des Menschen darstellen. Denn beide sind ja gleichermaßen von Übel, wenn sie unverdient zugeteilt werden, d. h. ungerecht sind. Vielmehr muss es dasjenige sein, was Strafe oder Belohnung zu einer gerechten macht, und dies ist die jeweilige Schuld oder der jeweilige Verdienst des einzelnen Täters, der böse oder gut, mithin ungerecht oder gerecht gehandelt hat (ebd., 180 ff.). Strafe und Belohnung sind folglich nicht mehr und nicht weniger als notwendige Rechtsfolgen unter der Bedingung natürlichen oder positiven Rechts (ebd., 180 f.).

Da diese Rechtsfolgen ausschließlich aufgrund einzelner Handlungen eintreten können, die überdies frei sein müssen, weil es ohne freien Willen weder Verdienst noch Schuld geben kann (ebd., 188 ff.), gelangt Abaelard zu einer strikt handlungszentrierten Definition des Guten und Bösen. Sie setzt selbstredend zumindest das natürliche Recht voraus. Denn als höchstes Gut des Menschen erweist sich nun alles, das ihn der Belohnung würdig, d. h. besser, macht, wie sein größtes Übel in allem besteht, was ihn der Bestrafung würdig, d. h. schlechter, macht (ebd., 182 f.). Diese moralische Dominanz menschlichen Handelns erstreckt sich nämlich ebenfalls auf Dinge, die hinsichtlich ihrer Gebrauchsmöglichkeiten schlechthin Güter, Übel oder keines von beiden darstellen. Zwar ist ein schlechthinniges Gut (*bonum simpliciter*) eine Sache, deren Benutzung nicht die Güte einer anderen

Sache mit Notwendigkeit schädigt (ebd., 234 f.). Dies schließt aber nicht aus, dass sie kontingenterweise, also etwa willentlich so gebraucht werden kann, dass sie genau dies tut, und dasselbe gilt mutatis mutandis für schlechthin Übles oder Indifferentes: „Daher ist jeder beliebige Mensch, ebenso der gute wie der verdorbene, Ursache ebenso der guten wie der schlechten Dinge, und durch sie tritt ebenso Gutes wie Böses ein." (ebd., 240 f.)

4. Gratian (Ende 11.–Mitte 12. Jh.): Die Antike im Kirchenrecht

Mit den ersten Distinktionen von Gratians *Concordia discordantium canonum* – später schlicht *Decretum* genannt – findet die fundamentale Differenz von natürlichem und menschengemachtem Recht gleichsam ihre offizielle Aufnahme in die genuin christliche Jurisprudenz, d. h. das Kirchenrecht, und gewinnt von dort aus weitergreifende, staatsrechtliche Bedeutung (Pennington 1988). Gratian orientiert sich bei seinen einleitenden Bestimmungen v. a. an Isidor von Sevilla, aber auch Augustin. Von ersterem übernimmt er die Gleichsetzung von göttlichem und natürlichem Recht: „Alle Gesetze sind entweder göttlich oder menschlich. Die göttlichen Gesetze bestehen von Natur aus, die menschlichen durch die Sitten." (Decr. P. I, dist. I.1) Da diese Einteilung vollständig ist, wird das Menschengeschlecht (*genus humanum*) auch durch nichts anderes beherrscht (ebd., dist. I), d. h. sein Tun und Lassen steht immer unter dem Anspruch des Rechts. Dessen Begriff umfasst daher beide Arten von Gesetzen (ebd., dist. I.2). Sie sind streng hierarchisch geordnet. Denn das natürliche Recht besitzt ein universales inhaltliches Prinzip. Da jedes Gesetz und jede Sitte Recht genannt wird, „weil es (sie) gerecht ist" (ebd.), bildet dieses Prinzip zugleich das Prinzip der Gerechtigkeit. Es entspricht der Goldenen Regel: „Das natürliche Recht ist, was im Gesetz und im Evangelium enthalten ist, wodurch einem jeden geboten wird, dem anderen zu tun, was er will, dass ihm selbst geschehe, und verboten wird, anderen zuzufügen, was er nicht will, dass ihm selbst geschehe." (ebd., dist. I)

Gesetz und Sitte unterscheiden sich nun dadurch, dass ersteres in kodifizierter Form (*constitutio*) vorliegt (ebd., dist. I.3), während letztere „eine durch Alter erprobte Gewohnheit" darstellt (ebd., dist. I.4). Dass derartige Normen, zumal wenn sich viele Gesetze aus der Kodifikation von Sitten und Gebräuchen ergeben, sich relativ zu derjenigen Gemeinschaft verhalten, in der sie gelten, liegt auf der Hand. Ihre Geltung ist daher partikulär, während das natürliche Recht universal gilt, auch wenn es keineswegs aufgeschrieben sein muss: Es ist „allen Völkern gemeinsam, weil es überall durch den Antrieb (*instinc-*

tus) der Natur, nicht durch irgendeine Verfassung eingehalten wird", so dass „dies, oder wenn etwas ihm gleich ist, niemals für ungerecht, sondern sogar für von Natur aus billig gehalten wird" (ebd., dist. I.7).

Das natürliche Recht genießt daher unbedingten Vorrang vor Gewohnheit und kodifizierten Gesetzen: „Welche immer nämlich durch Sitten empfangen oder durch Schriften erfasst worden sind, sind, wenn sie dem natürlichen Recht entgegen wären, für null und nichtig zu halten." (ebd., dist. VIII.1) Gegen das natürliche Recht zu handeln ist demnach niemandem und niemals erlaubt (ebd., dist. VIII.2). Es duldet folglich – außer in dilemmatischen Situationen, in denen stets das kleinere Übel zu wählen ist (ebd., dist. XIII) – keine Ausnahmen und bricht positives Fürstenrecht (ebd., dist. IX), das seinerseits der Gewohnheit übergeordnet ist (ebd., dist. XI). Die Priorität des natürlichen Rechts begründet Gratian sowohl durch seine Würde als auch der Zeit nach: „Es beginnt nämlich mit dem Anfang des vernünftigen Geschöpfs und verändert sich nicht mit der Zeit, sondern bleibt unveränderlich." (ebd., dist. V) Das natürliche Recht ist also vernünftig und demzufolge nicht allein Sache der Offenbarung bzw. des Glaubens, sondern selbst möglicher Gegenstand vernünftiger Einsicht, wie die vorchristliche, mithin heidnische Philosophie – Gratian hebt hier Platon ausdrücklich hervor – beweist (ebd., dist. VIII). Daher besitzt das natürliche Recht trotz seiner normativen Funktion ebenso Wahrheit. Denn es repräsentiert die gottgeschaffene vernünftige Weltordnung (*fas*) (ebd., dist. I.1/VIII.9). Vernunft und eben deswegen von Offenbarung unabhängige Wahrheit bilden daher sowohl Quelle als auch Kriterium des natürlichen Rechts und damit auch der Geltung kodifizierter Gesetze und Gewohnheiten (ebd., dist., VIII.3–9).

Der Zweck aller Gesetze, die durch Menschen gemacht werden, besteht in der Einhegung der menschlichen Freiheit (*audacia*) und der Zähmung des Vermögens, anderen zu schaden (ebd., dist. IV). Der dadurch angestrebte Schutz der Unschuldigen begründet die Strafbewehrtheit der Gesetze, die durch ihre abschreckende Wirkung auf „die Verdorbenen", d. h. mögliche Täter, negativ generalpräventive Wirkung haben sollen (ebd., dist. IV.1). Ein Gesetz soll nun idealiter folgende Eigenschaften aufweisen: „ehrbar, gerecht, möglich, der Natur gemäß, der Gewohnheit des Vaterlands gemäß, Ort und Zeit angemessen, notwendig, nützlich, öffentlich" (ebd., dist. IV.2). Diese, wiederum von Isidor übernommene Liste zeigt einerseits die kriterielle Funktion des natürlichen für das positive Recht, insofern kein Gesetz gegen die natürliche Moral verstoßen darf (*honesta*), sondern vielmehr dem natürlichen Recht (*iusta*) und der Vernunft (*possibilis*) folgen und dem Wesen des Menschen bzw. der Wahrheit (*secundum naturam*) entsprechen muss. Andererseits erweist die Aufzählung ebenso die

Relativität allen positiven Rechts, das kulturellen Gegebenheiten (*secundum consuetudinem patriae*), historischen und geographischen Voraussetzungen (*loco temporique conveniens*), aber auch tatsächlich bestehenden Schwierigkeiten (*necessaria*) Rechnung tragen und die Situation der Rechtssubjekte verbessern (*utilis*) soll, und zwar aller gleichermaßen, weswegen es öffentlich zugänglich (*manifesta*) sein muss. All dies muss vor der Erlassung und allgemeinem Gebrauch eines Gesetzes beachtet werden, da seine Befolgung danach allgemein verpflichtend wird (ebd., dist. IV.3), so dass „man, wenn die Gesetze aufgestellt sein werden, nicht frei sein wird, über diese zu urteilen, sondern es sich ziemen wird, gemäß denselben zu urteilen." (ebd., dist. IV.2)

5. Johannes von Salisbury (ca. 1115–1180): Das Recht zum Tyrannenmord

In seinem *Policraticus* arbeitet Johannes von Salisbury, ausdrücklich im Anschluss sowohl an die gemäßigte erkenntnistheoretische Skepsis Ciceros als auch an die stoische Lehre von der umfassenden Vernunftordnung der Natur (Policr., VII), die erste umfassende Theorie weltlicher und kirchlicher Herrschaft des lateinischen Mittelalters aus. Seine Staatsphilosophie kreist um den Begriff der Gerechtigkeit, die er in aristotelischer Tradition sowohl distributiv wie kommutativ versteht (Nederman/Brückmann 1983).

Johannes bestimmt Gerechtigkeit vordringlich als Gleichheit und Billigkeit (Policr., IV.2, 30 f.). Das Mittel zu deren Herstellung und Aufrechterhaltung ist das Recht, dem alle Teile einer politischen Gemeinschaft gleichermaßen unterworfen sind. Gleichheit besteht demnach vor allem in der Gleichheit vor dem Gesetz. Obwohl der Fürst über dem von ihm selbst erlassenen, positiven Recht steht und insofern sich selbst Gesetz ist, gilt jene Gleichheit auch für ihn. Denn er ist dem göttlichen Recht unterworfen, so dass seine Gesetzgebung nicht seinem eigenen, privaten Willen folgen darf, sondern dem Willen Gottes. Der Fürst ist insofern das Abbild Gottes (VIII.17, 191). Das positive Recht fungiert demnach als Übersetzungsinstanz des göttlichen Rechts: Der Fürst hat die alleinige Aufgabe, es zu vollziehen und durch die weltliche Gesetzgebung den historischen Umständen bestmöglich anzupassen. Ziel und Zweck der Gesetzgebung bleiben daher ewig unverändert. Das Ziel alles weltlichen Rechts ist die Freiheit aller Bürger, nach Maßgabe ihrer individuellen Vermögen die klassischen Tugenden – Tapferkeit, Besonnenheit, Klugheit und Gerechtigkeit – zu erwerben und ihnen gemäß handeln zu können, ohne dadurch gegen geltendes – und dann freilich willkürliches, dem göttlichen Gesetz zuwiderlaufendes – Recht zu verstoßen. Dementsprechend gilt Johannes die Wirksamkeit der Tugend in einer politischen Gemeinschaft als Maß ihrer Freiheit (VIII.25, 175 f.). Freiheit in diesem Sinne des tugendhaften Lebens ist folglich nur unter der Herrschaft gerechter Gesetze, und das heißt: eines guten Fürsten, möglich.

Die Herrschaft des Rechts ist demnach nicht Selbstzweck, sondern dient allein dem öffentlichen Wohl, verstanden als Freiheit eines jeden, ein menschengemäßes und sonach gottgewolltes Leben zu führen. Hierzu muss das Recht zum einen einem jeden zuteilen und garantieren, was hierzu nötig und demzufolge sein eigen ist, und zum anderen unverdiente Nachteile in diesem Bereich und willkürliche Eingriffe in ihn, die stets die Folge individueller Laster sind, ausgleichen (IV.2, 30). Der Fürst hat demnach nicht nur die Pflicht, seinen Untertanen eine tugendhafte Lebensführung zu ermöglichen, sondern er hat sie auch dazu an- und von Lasterhaftigkeit abzuhalten, um das Gemeinwohl und die öffentliche Sicherheit zu gewährleisten. Er verfährt hierzu nach dem Vorbild eines Arztes: Erst wenn sich mildere Mittel als untauglich erwiesen haben, greift er zum Mittel der Strafe, die dann allerdings – je nach dem Grad der Gefährdung der öffentlichen Ordnung – durchaus hart und grausam ausfallen kann (IV.8, 50), insbesondere dann, wenn der Täter nicht aus Unwissen gehandelt hat, sondern wissentlich, d. h. aus Bosheit (V.11, 92). Davon ausgenommen sind jedoch Vergehen, die sich trotz des guten Willens des Täters nicht vermeiden lassen, weil sie seine Kräfte übersteigen (V.9, 83), aus natürlicher Notwendigkeit erfolgen (VIII.12, 185) oder in Notwehr geschehen (VI.1, 108).

Die Rechtsanwendung überlässt der Fürst ordentlichen Richtern, die hier wiederum als seine Stellvertreter fungieren (V.11, 91 ff.). Es ist daher nur konsequent, wenn Johannes an deren persönliche Eignung außerordentlich hohe Anforderungen stellt: Der Richter muss nicht nur das positive Recht kennen, sondern auch wissen, was Gerechtigkeit und Billigkeit ist, um diese in seinen Urteilen üben zu können; er muss guten Willens sein und das Recht als heilig erachten und niemals übertreten; er darf auch nicht den geringsten Anschein von Käuflichkeit erwecken, da das Recht keinen Preis hat; er darf niemals Gefühle zeigen oder sich von Affekten beherrschen und seine Urteile von Hass oder Mitleid trüben lassen (V.15, 96); und er muss ausgeprägte analytische Fähigkeiten besitzen, um vollständig neutral den Verlauf der Ereignisse zu zergliedern, die zu dem Sachverhalt führten, der ihm zur Entscheidung vorgelegt wird (V.6, 73).

Gilt das Recht nun als ‚Gabe Gottes, Ebenbild der Billigkeit, Regel der Gerechtigkeit, Abbild des göttlichen Willens, Wächter der Sicherheit, Einheit und Bestätigung eines Volks, Maßstab der Pflichten,

Ausgrenzer und Auslöscher der Laster und Strafe von Gewalt und aller Verletzungen' (VIII.17, 191), ergibt sich Johannes' berühmteste These von selbst: Da ein Tyrann aufgrund der allein auf das eigene, private Wohl bedachten und daher willkürlichen Herrschaft und Gesetzgebung all diese Funktionen des Rechts zu Schanden macht, ist es ebenso gerechtfertigt wie gerecht, Tyrannen – notfalls auch mit Mitteln der Täuschung – zu töten und deren ungerechte und dem Begriff des Rechts zuwiderlaufende Gesetze zu missachten (VIII.17–21, 190 ff.). Dies gilt indes nur für politische Gewaltherrscher. Johannes erkennt zwar ausdrücklich an, dass ebenso im privaten wie im kirchlichen Bereich Tyrannen existieren. Erstere aber fallen unter die Herrschaft des intakten Rechts, während letztere dem kirchlichen Recht unterliegen und niemand wegen desselben Vergehens zweimal bestraft werden darf (VIII.18, 205).

6. Moses Maimonides [Moshe ben Maimon, Rambam] (1135/38–1204): Das vollständige System des Naturrechts

Der sephardische Jurist, Philosoph und Arzt Moses Maimonides schließt an die neuplatonistische Aristoteles-Interpretation Al-Fârâbîs an (Davidson 2011, 51–172). Auf diesem Boden begründet Maimonides einen in der Geschichte der Auslegung der von ihm erstmals in 14 thematische Kategorien unterteilten und streng systematisierten 613 mosaïschen Gesetze der *Torah*, die das Korpus des jüdischen Rechts (*halacha*) bilden, (GoP, III.35, 535 ff.) revolutionären Intellektualismus. Er prägt sowohl sein juristisches als auch sein philosophisches Hauptwerk, d. h. die monumentale *Mishneh Torah* und den *Führer der Unschlüssigen* (*More Nevuchim*).

Der Anspruch, den Maimonides mit der *Mishneh Torah*, aber auch mit dem *Führer der Unschlüssigen* erhebt, klingt auf den ersten Blick viel weniger spektakulär, als er in Wahrheit ist: Sie soll nichts weiter als eine rationale, von jedermann einsehbare Begründung einer jeden Norm der *halacha* bieten (GoP, III.28, 513). Das heißt zunächst, dass sie keine Gebote enthält, die allein auf den bloßen, nicht weiter zu erklärenden, sondern einfach fraglos zu befolgenden Willen Gottes zurückgehen. Bedenkt man die oftmals äußerst elaborierten Vorschriften zu Ernährung, Kleidung und der baulichen wie kultischen Einrichtung der Gottesverehrung, stellt schon die Behauptung ihrer schlichten Zweckmäßigkeit und damit zugleich die Akzentuierung der Weisheit Gottes gegenüber seinem schieren Willen einen Bruch mit der Tradition dar (Halbertal 2014, 341 ff.). Diese Weisheit versteht Maimonides teleologisch: Ebenso wenig wie die Natur irgendetwas vergebens tut, so verfolgen auch die Gebote den alleinigen Zweck der Vervollkommnung des Menschen an Leib und Seele (GoP, III.27/28, 510 ff.). Das Recht bildet daher genauso wie die Natur ein vollständiges und daher unabänderliches System (Halbertal 2014, 223 ff.), dessen Einheit durch einen einzigen Zweck gewährleistet wird.

Dieser Zweck rechtfertigt erst seine Existenz. Maimonides' teleologische Begründung liefert zugleich ein eindeutiges und universales Kriterium für die Bestimmung der inhaltlichen Bedeutung einer jeden Norm, die ihrer Anwendung stets vorausgehen muss. Es besteht in der Kohärenz der Norm mit jenem obersten Prinzip des Rechts. Kann eine Interpretation diese nicht ausweisen, folgt ihre logische Unmöglichkeit und also ihre Verwerfung. Liegt nun aber einerseits ein Prinzip für die Systematisierung aller einzelnen Normen und ein Kriterium für die Unterscheidung möglicher und unmöglicher bzw. logisch wahrer und falscher Inhaltsbestimmungen vor, lässt sich auch über die Bedeutung jeder Einzelnorm endgültig entscheiden. Damit tritt nun der Anspruch der *Mischneh Torah* in seiner ganzen Pracht zutage: Maimonides verfolgt mit seinem juristischen Hauptwerk kein geringeres Ziel als die vollständige Systematisierung des gesamten geltenden Rechts samt der durch logischen Beweis gesicherten Bestimmung des Inhalts jeder einzelnen Norm. Deswegen verzichtet er auch mit gutem Grund auf jede Darstellung vorangegangener juristischer Diskussionen. Diesem Anspruch nach würde die *Mischneh Torah* den gesamten *Talmud*, d. h. die Sammlung der rabbinischen Auslegung der *Torah* und die dadurch begründenden Entscheidungen, ersetzen und folglich überflüssig machen (ebd., 181 ff.). Vergleichen könnte man dieses Unternehmen allenfalls mit einem endgültigen, logisch vollständig kohärenten Kommentar zum gesamten deutschen Recht aus der Feder einen einzigen Juristen.

Unabhängig davon, ob Maimonides' Unternehmen von Erfolg gekrönt war – naturgemäß ist diese Frage seit jeher heftig umstritten –, verlangt der sachlich angemessene und also von Verständnis geleitete Umgang mit einem solchen Rechtssystem umfassende Bildung – zumindest dann, wenn es im Einklang mit seinen Prinzipien und ohne irgendeiner anderen Norm zu widersprechen erweitert werden muss, um neuen Umständen, etwa technischen Entwicklungen, Rechnung zu tragen (ebd., 120 ff.). Letztlich erfordert ein solches Unterfangen, soll es nicht bloß in einer jederzeit disputablen, rabbinischen Konjektur resultieren, nämlich prophetische Qualitäten (GoP, III.45, 576). Dies schließt nun jedoch – mit der alleinigen und einmaligen Ausnahme der Offenbarung auf dem Sinaï – nicht schon eine unmittelbare Intervention Gottes ins Weltgeschehen ein, wodurch er etwa mehr oder weniger willkürlich ausgewählten Leuten persönlich gelegentlich irgendwelche Aufträge erteilte. Vielmehr besagt prophetische Begabung Maimonides zufolge nichts anderes als die höchste Stufe der Vollkommenheit, zu der sich der Mensch seinem eigenen Wesen gemäß in diesem Leben entwickeln kann (Halbertal 2014, 321 ff.). Er vereinigt dann in sich sowohl die besondere Fähigkeit des Politikers, d. h. des Staatslenkers oder -gründers, nämlich vollkommen ausgebildete Einbildungskraft, die ihm die präzise Vorstellung zukünftiger Zustände und die zu deren Erreichung nötigen Mittel erlaubt, als auch die besondere Fähigkeit des Philosophen, nämlich eine vollkommen ausgebildete Vernunft, die ihm jederzeit ermöglicht, zwischen Wahrem und Falschem bzw. Gutem und Bösem zu unterscheiden. Besitzt eine Person diese Eigenschaften, besitzt sie auch die Gabe der Prophetie, wenngleich sie diese Fähigkeit nicht notwendigerweise aktualisieren muss. Das Paradigma des Propheten als des „vollkommenen Menschen“ (ebd., 324) erklärt folglich auch den Begriff der Vollkommenheit, wie er als universales Ziel allen Handelns die Einheit des gesamten Rechtssystems gewährt.

Sowohl die an die Sinnlichkeit gebundene Einbildungskraft als auch der allein begrifflich operierende Intellekt sind seelische Vermögen. Die Vervollkommnung der Seele genießt daher Priorität vor der des Leibes (GoP, III.27, 510 f.). Weil jedoch körperliche Beschwerden ebenso wie existentielle Sorgen in der Daseinsbewältigung die Ausbildung geistiger Fähigkeiten behindern, bildet die Herstellung und Sicherung körperlichen Wohlbefindens eine notwendige Voraussetzung des Strebens nach seelischer Vollkommenheit. Die Sorge um den Leib hat also zeitliche Priorität. Da der körperliche Zustand weitestgehend von den äußeren Umständen der menschlichen Existenz abhängt, sind diese so einzurichten, dass alle mit ihr gegebenen Grundbedürfnisse – Nahrung, Kleidung, Wohnung – unschwer befriedigt werden können. Da ein Einzelner dies alleine nicht erreichen kann, ist, dies zu ermöglichen, die natürliche Aufgabe jeder politischen Gemeinschaft. Sie löst sie durch den Erlass praktischer Regeln, die den Bestand der Gemeinschaft und damit das Zusammenwirken zum wechselseitigen Nutzen aller sichern.

Diese Regeln, wie sie sich im mosaïschen Gesetz finden, sind zum einen ethischer Natur, insofern sie den Einzelnen zum Tugenderwerb anhalten und anleiten, und zum anderen im engeren Sinne rechtlicher Natur, indem sie durch strafbewehrte Verbote Unrecht und wechselseitige Schädigung beenden oder unterbinden sollen. Gemäß Maimonides' eigener Einteilung finden sich im *Buch der Delikte* (*Sepher neziqin*) die strafrechtlichen Bestimmungsnormen (GoP, III.40, 555 ff.). Sie verbieten unter der Bedingung ihrer Vermeidbarkeit jede Schädigung anderer bzw. ihres Eigentums durch eigene Handlungen oder mangelnde Sorgfalt beim Umgang mit dem eigenen Eigentum – insbesondere an Tieren und Sklaven. Delikte bestehen nach Maimonides ausdrücklich nur in äußeren Handlungen: Üble Gedanken oder Vorhaben als solche zu hegen steht nicht unter Strafe.

Das *Buch der Richter* (*Sepher Shophetim*) enthält demgegenüber die entsprechenden Bewertungsnormen und damit auch eine Theorie der Strafbegründung. Strafe verfolgt hier grundsätzlich den externen Zweck der Aufrechterhaltung staatlicher Ordnung (GoP, III.35, 536). Strafen dienen einerseits zum Ausgleich begangenen und bis zur seiner Bestrafung fortbestehenden Unrechts, stellen also die Rechtsordnung wieder her, und andererseits zur Abschreckung möglicher Übeltäter. Das Strafmaß richtet sich dabei nach der Talion (GoP, III.41, 558 ff.), d. h. der Bestrafung durch Zufügung des gleichen Übels. Die Talion muss aber nur bei Mord ausnahmslos angewendet werden. In Fällen körperlicher oder seelischer Verletzungen, die dem Täter nicht in derselben Weise zugefügt werden können, wird ein Bußgeld zum Schadensersatz verhängt. Ebenso werden Sachbeschädigungen und Eigentumsdelikte mit Vermögensstrafen geahndet. Allerdings wird auch hierbei gegen die Talion im strengsten Sinne verstoßen. Denn der Schadensersatz bzw. das Schmerzensgeld übersteigt in der Regel den Wert der beschädigten, zerstörten oder entwendeten Sache. Weiterhin werden leicht zu begehende und häufig vorkommende Delikte härter bestraft als solche, die selten vorkommen.

Die Gebote zur seelischen Vervollkommnung hingegen sind theoretischen Charakters und befördern bzw. vermitteln den Erwerb der rechten Auffassungen zu den Gegenständen der Physik – durch die Auslegung des Schöpfungsberichts (*ma'aseh bereshit*) – und Metaphysik – mit der Auslegung von Hesekiels Beschreibung des Thronwagens (*ma'aseh merkabah*).

Da dies und damit auch die Einsicht in die Gründe der theoretischen wie der praktischen Normen nach Maßgabe der jeweiligen intellektuellen Anlagen erfolgen muss, unterscheidet Maimonides zwischen wahren und nötigen Glaubenssätzen (GoP, III.28, 512 ff.). Letztere haben ihre Rechtfertigung in der zur seelischen Vervollkommnung unabdingbaren Aufrechterhaltung einer stabilen staatlichen Ordnung. Sie müssen daher auch nicht wahr sein (Halbertal 2014, 147/283 ff.), obwohl sie wiederum von den fortgeschrittensten Exemplaren der menschlichen Spezies, d. h. Politikern, Philosophen und Propheten, genauso befolgt werden müssen wie von allen anderen. Denn sie werden ihre theoretische Unbegründetheit bzw. Falschheit gerade so einsehen wie ihre praktische Notwendigkeit.

Die höchste Vollkommenheit, die einem Menschen in diesem Leben möglich ist, besteht nun in der Erkenntnis des absolut einfachen und vollständig abstrakten Wesens Gottes, das, ohne falsche Anthropomorphismen und demzufolge Götzenverehrung zu begehen, durch keine wie immer geartete positive Prädikation ausgesagt, also nicht definiert werden kann (ebd., 288 ff.). Solch negative Theologie setzt, sofern sie rational begründbar sein soll, das vollständige Studium der Philosophie von Logik über Physik zu Metaphysik voraus. Es gerät so zur religiösen Pflicht und also zur notwendigen Bedingung zur Erreichung von Vollkommenheit (ebd., 358 ff.). Dass dies ebenso und sogar umso mehr für die kompetente professionelle Beschäftigung mit dem Recht gilt, liegt auf der Hand, da Gegenstand der *halacha* nichts anderes als jene theoretischen und praktischen Normen des mosaïschen Gesetzes sind. Weiterhin ist leicht zu sehen, dass die Einsicht in die Rationalität dieser Normen zu einem guten Teil keineswegs den Glauben an die mosaïsche Offenbarung, mithin die Zugehörigkeit zum Judentum voraussetzt, wenngleich ihre Befolgung ebendiese Zugehörigkeit konstituiert. Denn Zweck und Gehalt des Rechts kann von jedem Menschen unabhängig von seiner Herkunft durch die Erkenntnis seines eigenen, universalen Wesensbegriffs mit den Mitteln der Vernunft eingesehen werden (ebd., 274 ff.). Die Beachtung des Gesetzes ist demnach kein Selbstzweck, sondern Mittel zur Erreichung menschenmöglicher Vollkommenheit. Maimonides tilgt damit zugunsten eines durchgängigen Rationalismus alle voluntaristischen Elemente aus dem Rechtsbegriff und schafft damit in Methode und Inhalt eine Art rationalistisches Naturrecht avant la lettre.

7. Thomas von Aquin O.P. (ca. 1225–1274): Vier Gesetze – ein Recht

Anders als seine Vorläufer im christlichen Abendland erwarb Thomas von Aquin bereits in seiner Studienzeit – insbesondere in Köln bei Albertus Magnus (ca. 1200–1280) – intime und v. a. umfassende Vertrautheit mit allen aristotelischen Schriften (Zimmermann 2000, 19 ff.), die erst im 13. Jahrhundert vollständig in lateinischen Übersetzungen, zunächst allerdings nur aus dem Arabischen, vorlagen und nun den Grundstock der akademischen Lehre bildeten. Thomas entfernt sich merklich von der voluntaristischen Erfassung des Rechtsbegriffs in der augustinischen Tradition zugunsten des aristotelischen Intellektualismus. So differenziert Thomas den Begriff des Rechts deutlicher als etwa Augustin, indem er vier hierarchisch gegliederte Gesetzesebenen unterscheidet, nämlich das göttliche Gesetz (*lex divina*), das ewige Gesetz (*lex aeterna*), das natürliche Gesetz (*lex naturalis*) und das menschliche oder positive Gesetz (*lex humana sive positiva*).

Die *lex divina* ist notwendig, weil natürliches und positives Recht schlicht nicht zur Anleitung des menschlichen Lebens zureichen (ST Ia IIae, q. XCI, a. 4). Thomas führt hierzu vier Gründe an: 1. Gesetze sind dazu da, um den Menschen zu Handlungen anzuleiten, die zur Erreichung seines Zieles angemessen sind. Das letzte Ziel seiner Handlungen ist überweltlich. Denn es besteht in ewiger Glückseligkeit. Dies transzendiert aber die natürlichen Fähigkeiten des Menschen. Daher kann er auch keine Gesetze schaffen, deren Befolgung ihn dieses Ziel zuverlässig erreichen lässt. Dies kann nur ein göttliches Gesetz. 2. Weil das moralische Urteil des Menschen fehlbar ist und daraus auch einander widersprechende Normen hervorgehen können, braucht er das göttliche Gesetz, um zweifelsfrei wissen zu können, was zu tun und zu lassen ist. 3. Der Mensch kann nur Gesetze über Gegenstände machen, über die er urteilen kann, also nur über äußere, aber nicht über innere bzw. mentale Handlungen wie etwa die Setzung von Strebenszielen oder Willensentschlüsse. Da aber auch innere Handlungen für die Gutheit des Menschen relevant sind, muss es ein göttliches Gesetz geben, dass sich auf diese bezieht. 4. Weil das menschliche Recht weder alle Verbrechen bestrafen noch verhindern kann, muss es ein göttliches Gesetz geben, demgemäß alle Vergehen geahndet werden.

Die *lex aeterna* ist demgegenüber der Begriff der universalen Weltordnung selbst (ebd., q. XCIII, a. 1). Wie der Begriff eines Artefakts gegeben sein muss, bevor es ins Werk gesetzt und physisch in der Welt verwirklicht werden kann, ist die Einrichtung des Universums die Verwirklichung der göttlichen Weisheit, die alle seine Teile zu einer vollkommenen Einheit zusammenordnet (ebd., q. XCI, a. 1.). Da diese Einheit aus ihrem in Gott präexistenten Begriff hervorgeht, ist jeder mögliche Zustand des Universums durch diesen bestimmt. Genau darin besteht die göttliche Vorsehung (ebd.). Die *lex aeterna* kann daher durch den Menschen weder ihrem Wesen gemäß noch vollständig eingesehen werden. Denn solche Erkenntnis müsste im umfassenden Wissen nicht nur über den gegenwärtigen, sondern auch über alle vergangenen und zukünftigen Weltzustände bestehen. Dennoch kann die *lex aeterna* zumindest hinsichtlich ihrer einzelnen Wirkungen durch alle rationalen Wesen nach Maßgabe ihrer Begabung erkannt werden (ebd., q. XCIII, a. 2). Demzufolge sind alle der *lex aeterna* untergeordneten, etwa menschlichen Gesetze, sofern sie nur der rechten Vernunft folgen, von jener ableitbar. Allein dadurch gewinnen sie ihre Legitimität (ebd., a. 3). Weil die *lex aeterna* weiterhin die Ordnung der Welt bestimmt, sind ihr alle Dinge und ihre Veränderungen unterworfen, da sie deren Natur festlegt (ebd., a. 4): Die *lex aeterna* entspricht in dieser Funktion dem neuzeitlichen Begriff eines umfassenden physikalischen Naturgesetzes, gleichsam der ‚Formel für alles'. Demnach gilt sie für rationale Wesen nicht absolut, insofern diese selbst Veränderungen bewirken bzw. Ursache ihres eigenen Handelns sein können, mithin frei sind (ebd., a. 5). Kraft ihrer Rationalität besitzen sie jedoch eine natürliche Neigung, ihrer Erkenntnis gemäß der *lex aeterna* zu folgen, wenngleich sie keineswegs dazu determiniert sind (ebd., a. 6).

Die *lex naturalis* besteht nun in nichts anderem als der ‚Teilhabe der vernünftigen Wesen am ewigen Gesetz' (ebd., q. XCI, a. 2). Da dies einerseits ihre Natur ausmacht und andererseits nicht alle derartigen Wesen jederzeit notwendigerweise über aktuale Einsicht in die *lex aeterna* verfügen, bildet die *lex naturalis* folglich ein natürliches Vermögen zur Einsicht in die universale Ordnung. Erst dadurch wird auch eine Lebensführung möglich, die der *lex aeterna* entspricht. Thomas nennt das natürliche Gesetz daher das ‚Licht der natürlichen Vernunft, durch welches wir zwischen Gut und Böse unterscheiden'. Weil dies Vermögen der göttlichen Vernunft entspricht, die wiederum das ewige Gesetz definiert, haben Vernunftwesen dadurch Teil an ihr. Das natürliche Gesetz erweist sich deswegen als ‚Eindruck des göttlichen Lichtes in uns'. Insofern dieses Vermögen den Menschen seinem Wesen nach bestimmt, kann es nicht wie eine spezielle Fähigkeit eigens erworben, jedoch so ausgebildet werden, dass das natürliche Gesetz immer mehr Handlungen bestimmt (ebd., q. XCIV, a. 1.). Diese können erst dann – nämlich aufgrund ihrer Rationalität – im eigentlichen Sinne menschlich genannt werden.

Die *lex naturalis* umfasst sowohl die theoretische, d. h. die erkennende, als auch die praktische, d. h. die weltverändernde bzw. handelnde, Vernunft (ebd., a. 2). Sie gibt der Vernunft daher zwei Begriffe vor, die keiner weiteren Analyse oder einer regelgerechten Definition zugänglich sind, nämlich das Seiende als Erkenntnisgrund und -ziel und das Gute als Handlungsgrund und -ziel. Aufgrund dieser Doppelfunktion sind die fundamentalen Prinzipien des Erkennens, der Satz vom Widerspruch, und des Handelns, das Gute als universales Strebensziel, nicht deduktiv mit logischen Mitteln beweisbar (ebd. u. q. XCI, a. 3). Aus beiden Prinzipien können allerdings mit ebendiesen Mitteln weitere Regeln abgeleitet werden, die deswegen ebenso zur *lex naturalis* gehören, weil sie in ihr impliziert sind. Solche Regeln sind im Bereich der praktischen Vernunft gemäß der Ordnung der natürlichen Neigungen hierarchisiert: Die Neigung des Menschen zum Guten in seinem Verkehr mit der Natur überhaupt geht auf die eigene Selbsterhaltung; seine Neigung zum Guten bezüglich seiner besonderen physischen, d. h. animalischen, Natur geht auf Arterhaltung; seine Neigung zum Guten bezüglich seiner Vernunftnatur geht auf die Erkenntnis der Wahrheit über Gott und auf das Leben in der Gesellschaft mit seinesgleichen. Entsprechen Normen also der natürlichen Neigung des Menschen zum Guten, gehören sie zur *lex naturalis*. Weil aber die Vernunft, die ja das Wesen des Menschen definiert, ein Vermögen ist, dessen Entwicklung aufgrund kontingenter Umstände mehr oder weniger fortgeschritten oder vernachlässigt sein kann, können bis auf die ersten Prinzipien des natürlichen Gesetzes die diesen nachgeordneten Regeln zu verschiedenen Zeiten und an verschiedenen Orten voneinander differieren (ebd., q. XCIV, a. 4). Solche sekundären Normen sind daher auch veränderbar (ebd., a. 5). Die Prinzipien, von denen sie abgeleitet werden, können jedoch niemals gänzlich aus dem Herzen des Menschen, d. h. dem Sitz seiner Seele, getilgt werden (ebd., a. 6). Denn er wäre dann kein Mensch mehr.

Weil die *lex naturalis* den Charakter eines Vermögens hat, ist der Grad ihrer Verwirklichung kontingent. Es ist daher ebenso möglich, sie zu vervollkommnen, d. h. der *lex aeterna* entsprechendes Handeln bzw. Erkennen durch die Entwicklung entsprechender Tugenden zu habitualisieren, wie das natürliche Gesetz zu verfehlen oder zu missachten und in die entgegengesetzten Laster zu verfallen. Um ersteres zu befördern und zweiteres zu verhindern bzw. zu ahnden, ist es notwendig, dass von den Menschen gemäß ihrem Entwicklungsstand eigene Gesetze aufgestellt werden (ebd., q. XCV, a. 1). Sie regeln zumindest den Zugang zu den irdischen Gütern, die zur Sicherung der artgemäßen Existenz unverzichtbar sind, sorgen so für gesellschaftlichen Frieden und sind mit Zwangsgewalt bewehrt. Diese begreift Thomas in erster Linie aus präventiver wie pädagogischer Perspektive: Die Furcht vor Gewaltanwendung bringt auch den zu tugendhaftem bzw. rechtlichem Verhalten, der sich von belehrenden und mahnenden Worten unbeeindruckt zeigt, und führt über Gewöhnung zur Tugend. Daher dient die *lex humana* sowohl dem Frieden als auch der Tugend und entspricht, sofern sie dies tut, der *lex naturalis.*

Das natürliche Gesetz fungiert daher sowohl als Grund als auch als Kriterium nicht nur für die Gerechtigkeit des positiven Rechts, sondern auch für dessen eigentlichen Gesetzescharakter, d. h. seine Geltung (ebd., a. 2): Die *lex humana* ist also genau dann gerecht und von verpflichtender Kraft, wenn sie aus der *lex naturalis* bzw. der rechten Vernunft abgeleitet ist und ihr eben deswegen entspricht. Diese Ableitung kann auf direktem Wege ähnlich wie in den Wissenschaften mit den Mitteln der Logik geschehen oder durch die Spezifikation allgemeiner Normen gemäß den Anforderungen bestimmter, historisch gewachsener Gemeinschaften. Denn die allgemeinen Normen sind zwar direkt oder indirekt durch die *lex naturalis* vorgegeben, nicht jedoch ihre konkrete Ausgestaltung wie etwa das Verhältnis von Verbrechen und Strafe o. ä. Dieser konkrete Teil kann aufgrund der Kontingenz der geschichtlichen und gesellschaftlichen Entwicklungen und Differenzierungen gar nicht anders als durch Setzung bestimmt werden. Er steht demzufolge auch der Veränderung gemäß dem Fortschritt in der Ausbildung der menschlichen Vernunft und hinsichtlich der Effizienz der jeweils geschaffenen Normen bezüglich des Gemeinwohls offen (ebd., q. XCVII, a. 1). Ein menschliches Gesetz freilich, das der *lex divina* zuwiderläuft, darf keinesfalls befolgt werden (ebd., XCVI, a. 4). Es besteht folglich ein lückenloser Zusammenhang der unterschiedlichen Gesetzesebenen.

Diesen Differenzierungen entsprechend unterscheidet Thomas zwischen natürlichem (*jus naturale*) und positivem Recht (*jus positivum*) (ST IIa IIae, q. LVII, a. 2). Da er das Recht bzw. die gerechte Handlung als Angemessenheit oder Billigkeit (*adaequalitas*) einer Verhaltensnorm bzw. einer einzelnen Handlung hinsichtlich eines anderen Menschen begreift (ebd., a. 1), sind zwei Kriterien für Angemessenheit anzusetzen: Es sind dies entweder die Natur der Sache selbst (*ex ipsa natura rei*), dergemäß einer ebenso viel gibt, wie er erhält, wie dies einerseits vorpositive bzw. zivilrechtliche Tauschgerechtigkeit, andererseits auch vorpositive bzw. strafrechtliche Vergeltung nach der lex talionis fundieren kann. Oder die Angemessenheit beruht auf Vereinbarung (*ex condicto*), die entweder durch einen Vertrag zwischen privaten Personen statthaben kann oder durch das ganze Volk bzw. durch den Herrscher getroffen wird, die gemeinsam beschließen, eine Sache einer anderen Sache als angemessen zu betrachten. Die Angemessenheit *ex ipsa natura rei* gilt Thomas als *jus naturale*, diejenige *ex condicto* als *jus positivum*. Strenggenommen setzt also erst das öffentlichrechtliche *jus positivum* eine staatliche Organisation der Rechtspartner voraus.

8. Johannes Duns Scotus O.F.M. (ca. 1266–1308): Das Gesetz des Willens

Johannes Duns Scotus verlegt demgegenüber wieder die Priorität von der thomistischen Verstandes- auf die augustinische Willensbestimmtheit. Er gibt die gemäß der *lex aeterna* grundsätzlich intellektualistische Fassung des Rechtsbegriffs zugunsten seiner voluntaristischen Fundierung sogar ganz auf.[3] Das bedeutet jedoch keinen Verzicht auf die rationale Legitimierbarkeit von Handlungsnormen.

Scotus versucht nämlich zu zeigen, dass nicht der Verstand (*intellectus*) es ist, der rationale Wesen von anderen Dingen unterscheidet, sondern der Wille (*voluntas*), und zwar aufgrund seiner freien Unbestimmtheit und seiner damit einhergehenden notwendigen Aktivität (OP VI, 681–83; OP IV, 677–699; Möhle 1995, 158–73). Der Wille bestimmt sich dann durch sich selbst und frei, d. h. sein Gegenstand

[3] Die folgende Darstellung orientiert sich an Honnefelder 2005, 113–131.

hängt weder von etwas ab, das von ihm selbst verschieden ist, noch kommt er ihm aus natürlicher Notwendigkeit zu. Daraus folgt offenkundig die vollständige Kontingenz jedes Willensaktes und a fortiori jeder Normensetzung und -geltung: Alles Gute in der Welt ist allein deswegen gut, weil es Gott will (Ord. III, d. 19, q. 1, n. 7). Nun ist Gottes Wille in den Grenzen des Satzes vom Widerspruch vollständig frei. Er ist daher zwar von sich aus negativ bestimmt, jedoch ist jede beliebige positive Bestimmung formal gleichermaßen gut (Ord. I, d. 39, q. 1/7). Also ist das Gute ebenso kontingent und scheint demzufolge durch den menschlichen Verstand nicht unter einen inhaltlich bestimmten Begriff oder eine Regel gebracht werden zu können.

Indes ist der Mensch in seinem für sich genommen kontingenten Wesen (Knuuttila 1981) ein Geschöpf Gottes und daher ohne Zweifel gerade so gewollt, wie er seiner Natur nach eben ist. Also ist auch der Mensch seinem Wesen nach gut, weil ebendies eine positive Bestimmung des göttlichen Willens darstellt. Strebt er also nach Vervollkommnung seiner eigenen Natur, strebt der Mensch jedenfalls zum Guten; strebt er nach dem durch seinen Willen möglichen Guten, d. h. zur Willenseinheit mit Gott in der Liebe zu ihm, strebt er zum überindividuellen Guten, das sein eigenes Wohlergehen transzendiert. Beides entspricht nach Scotus natürlichen Neigungen des Menschen, nämlich der *affectio commodi* und der *affectio iustitiae* (Ord. II, d. 6, q. 2 [Wolter, 462 ff.]), und beider Gegenstand kann durch menschliche Vernunft erkannt werden. Denn die Kontingenz der Weltordnung schließt zwar den Gedanken einer *lex aeterna* aus, enthält aber nur die Möglichkeit, dass sie auch in anderer Weise eingerichtet sein könnte, jedoch keineswegs die Notwendigkeit ihrer ständigen willkürlichen Veränderung durch Gott. Die endliche Vernunft kann daher das jeweils Gute in seiner positiven Bestimmtheit erkennen. Erst wenn ihm dies vom Verstand gezeigt wird, kann sich der Wille bewusst dafür oder dagegen entscheiden. Auch hier besteht also die Gutheit des einzelnen Willensaktes (*volitio*) wiederum in seiner Übereinstimmung mit der Vernunft (*recta ratio conveniens*) und letztlich mit dem Willen Gottes (ebd., d. 7 [Wolter, 218 ff.]).

Freilich übersteigt die notwendige Güte des göttlichen Willens die Erkenntnisfähigkeit der menschlichen Vernunft: Sie muss sich ja auf das durch den menschlichen Willen mögliche Gute in dieser Welt beschränken. Die Willenseinheit mit Gott entspringt deswegen der Liebe zu ihm, die einen Akt göttlicher Gnade bildet. Wenngleich also der göttliche Wille nicht von Fall zu Fall erkannt werden kann, lässt er – und damit auch das Gute, das zu wollen ist – sich doch seiner allgemeinen Form nach erkennen. Demnach kann die Vernunft zu einem obersten praktischen Prinzip gelangen. Es lautet: „Si est Deus, est amandus ut Deus solus.“ (Ord. III, d. 37 [Wolter, 276])

In diesem Prinzip allein besteht nach Scotus das Gesetz der Natur (*lex naturae*) im strengsten Sinne. Es kann auch in seiner Verbindlichkeit vollständig aus seinen Begriffen – und daher jederzeit durch die Vernunft – erkannt und niemals – auch nicht durch Gottes Wille (Ord. IV, d. 46 [Wolter, 240]) – verändert werden (Ord. III, d. 37 [Wolter, 276]). Aufgrund dieser logischen wie epistemischen, d. h. wissensbezogenen, Voraussetzungslosigkeit gilt dieselbe Erkennbarkeit und Unveränderlichkeit auch für Sätze, die notwendige Ableitungen aus diesem praktischen Prinzip bilden: Sie gehören ebenfalls zur *lex naturae*. Die *lex naturae* ist also deswegen der Kontingenz entzogen, weil sie unmittelbar dem Wesen Gottes entspringt, der zwar die Welt so oder anders ordnen, aber nie nicht gut sein kann – ebenso wenig wie irgendeine nach Gottes Willen geordnete Welt nicht gut sein könnte. Die *lex naturae* ist daher dasjenige an Gott, das der vernünftigen Erkenntnis notwendigerweise zugänglich ist (ebd. [Wolter, 278]). Da es als oberstes Prinzip einer jeden möglichen Welteinrichtung überhaupt fungiert, steht mit ihm eine vernünftige Begründung für die ersten beiden Gebote des Dekalogs und ihren unbedingt verpflichtenden Charakter zur Verfügung.

Allerdings gehören auch Normen zum Naturgesetz, die nicht aus dem obersten Prinzip ableitbar sind, sondern nur sehr mit ihm in Einklang stehen (*multum consona*), wobei diese Konsonanz von allen (*omnibus*) sogleich erkannt (*statim notum*) wird (Ord. IV, d. 17 [Wolter, 262]). Sie gelten infolgedessen nicht unbedingt und sind deswegen prinzipiell veränderbar bzw. verzichtbar. Derartige Normen des erweiterten Naturgesetzes fallen demnach unter die Kontingenz der Weltordnung (*ordinatio*) (Ord. III, d. 37 [Wolter, 278 ff.]; IV, d. 46 [Wolter, 248]). Sie folgen also nicht allein aus dem Wesen Gottes und stellen deswegen positives göttliches Recht (*de iure positivo divino*) dar (Ord. IV, d. 17 [Wolter, 264]). Es musste zwar aufgrund der durch den Sündenfall verdorbenen Natur des Menschen (*hominibus corruptis*) geoffenbart werden (Ord. III, d. 37 [Wolter, 286]), könnte aber prinzipiell auch allein durch die Vernunft erkannt werden (Ord. IV, d. 17 [Wolter, 266 ff.).

Gleichwohl ist auch das nicht-göttliche positive Recht (*ius positivum [...] ab aliquo qui non est auctor naturae*) nicht gänzlich von der *lex naturae* entkoppelt. Vielmehr steht auch das von Menschen gemachte positive Recht unter der Konsonanz-Forderung. Dies gilt zumindest ex negativo: Kein durch Menschen gesetztes positives Recht gilt im Widerspruch zum Naturgesetz (ebd., d. 36, q. 1 [Wolter, 526]), und zwar sowohl in seinem strengen wie auch konsonierenden Sinne.

Nun muss aber immer Konsonanz zwischen dem absoluten Prinzip und der gegebenen kontingenten Weltordnung bestehen. Daher reicht die bloße Widerspruchsfreiheit zwischen dem Naturgesetz im erweiterten Sinne bzw. dem Naturrecht und dem menschlichen positiven Recht nicht zu, um dessen Geltung zu legitimieren. Vielmehr müssen dessen einzelne Normen nach dem Vorbild der Weltordnung, in der sie gelten, selbst eine ebenso kohärente Ordnung formieren. Auch positivrechtliche Normen müssen folglich einer vernünftigen Begründung zugänglich sein (Ord. III, d. 37 [Wolter, 280]). Dies impliziert sowohl die Widerspruchsfreiheit der einzelnen positiven Normen untereinander als auch ihre Angemessenheit an ihren naturrechtlich vorgegebenen Zweck. Dessen Allgemeinheit, nämlich das friedliche Zusammenleben der Menschen in einer staatlichen Gemeinschaft (ebd.), erlaubt zwar einen großen Spielraum bei der Ausgestaltung des positiven Rechts. Jedoch steht diese, ebenso wie ihre Fortentwicklung, freilich wiederum unter dem Gebot größtmöglicher Konsonanz, wie Scotus etwa am Beispiel der Eigentumsordnung verdeutlicht (ebd.).

9. Marsilius von Padua (ca. 1275–ca. 1342): Die reine Positivität des Rechts

Der 1324 in Paris fertiggestellte *Defensor pacis* stellt nicht nur das Hauptwerk des zeitweiligen Rektors der dortigen Artistenfakultät und späteren Leibarztes Ludwig des Bayern, Marsilius von Padua, dar, sondern die bedeutendste Arbeit zur politischen Philosophie im Mittelalter überhaupt.[4] Erstmals untersucht hier ein Autor mit dem gesamten analytischen und begrifflichen Instrumentarium des nunmehr vollständig, d. h. insbesondere inklusive der *Politik* (Syros 2007), erschlossenen aristotelischen Gesamtwerks, aber auch mit den methodischen Mitteln medizinischer Diagnose (Aichele 2006) die politische Lage seiner Gegenwart, d. h. des beginnenden 14. Jahrhunderts. Dass deren Analyse auf der Basis der aristotelischen Diskussion der verschiedenen Arten der politischen Verfassungen und ihrer Verfallsformen nur deplorabel ausfallen kann (DP I.1.2/3, 3 ff.), liegt vor dem Hintergrund des Streits von Kaiser und Papst bzw. von weltlicher und geistlicher Macht, der damals die Christenheit zerriss, auf der Hand. Neu ist an Marsilius' Ansatz dabei die Einordnung der Kirche als sozialen Verband unter anderen in die Gesamtheit der politischen Ordnung, ohne ihr einen Sonderstatus einzuräumen (Miethke 2000, 212). Es ist dieser Zug, mit dem Marsilius auch die Verfassung und die Funktion der Kirche dem aristotelischen Modell unterwirft.

[4] Die folgende Darstellung orientiert sich an Miethke, 2000, 204 ff.

Dabei lässt sich eine grundlegende Akzentverschiebung beobachten: Ist bei Aristoteles der eigentliche Zweck politischer Organisation erst das gute Leben der Bürger betont Marsilius die wechselseitige Angewiesenheit der Menschen aufeinander, um erst einmal ihr Überleben zu sichern (DP I.4.3, 18), bevor überhaupt an ein gutes Leben zu denken ist. Dieses existentielle Bedürfnis nach friedlicher Koexistenz befriedigt der politische Zusammenschluss, und genau das ist sein primärer Zweck. Solche Selbstorganisation wird den Menschen nun zwar von den natürlichen Umständen seiner Existenz aufgenötigt, sie vollzieht sich aber nicht gleichsam von selbst aufgrund natürlicher Notwendigkeit. Vielmehr erfordert die Gründung eines politischen Verbandes einen gemeinschaftlichen Willensentschluss derer, die ihn bilden. Weil dieser nicht leer bleiben kann, sondern positiver Bestimmung bedarf, müssen in ihm Regeln festgelegt werden, welche die Stabilität der Gemeinschaft und die Erreichung ihres Zwecks, d. h. den Frieden als erste Überlebensvoraussetzung, gewährleisten.

Es ist also zuerst einmal festzusetzen, was in der Gemeinschaft als gerecht gelten soll (DP, I.4.4, 18). Dies ist die genuine Aufgabe der gesamten Bürgerschaft oder zumindest ihres gewichtigeren Teils, der das Ganze repräsentiert (DP, I.12.5, 65 f.). Entweder also muss die Gemeinschaft selber diese Regeln verabreden und beschließen und eine Instanz schaffen, die über ihre Einhaltung wacht, oder unter freiwilliger, ausdrücklicher und rückholbarer Delegierung ihrer legislatorischen Kompetenz eine Instanz einsetzen, die jene Regeln erlässt und für ihre Durchsetzung sorgt (DP, I.4.4, 18). Daraus folgt bereits, dass, was gerecht ist, stets relativ zur Gemeinschaft bestimmt ist, in der die entsprechenden Regeln gelten. Was gerecht ist, kann also von politischer Gemeinschaft zu politischer Gemeinschaft bzw. von Staat zu Staat differieren, muss dies aber nicht, obgleich der Inhalt jener Regeln stets kontingent bleibt. Da das einzige selbstevidente und ebenso universal wie notwendig gültige Prinzip darin besteht, dass überhaupt ein Staat sein muss, um den Menschen die Mittel zu ihrer Selbsterhaltung, mithin zu ihrem Überleben zu sichern, ist in Marsilius' Modell kein Raum für einen naturrechtlichen Kodex von Prinzipien, die als außer- bzw. überpositive Kriterien für die Gerechtigkeit einer politischen Organisation fungieren könnten (Hamilton-Bleakley, 2006).

Die Regeln des in einer politischen Gemeinschaft Gerechten nennt Marsilius nun ihre Gesetze. Ihre Gesetzlichkeit dependiert von ihrer zwingenden Kraft (*potentia coactiva*; DP. I.10.4, 50). Diese aber folgt nicht aus der Rationalität der Gesetze selbst, sondern aus der politischen Klugheit und Vernünftigkeit des Gesetzgebers, der demzufolge auch die Macht benötigt, die Befolgung der Gesetze zu erzwingen. Unabhängig also von der Rationalität seines Inhalts gewinnt eine Regel genau und nur Gesetzescharakter durch ihre Erzwingbarkeit: „Eine Anordnung über Gerechtes und Zuträgliches und dessen Gegenteil nach der politischen Einsicht, und zwar mit zwingender Kraft, d. h. eine Anordnung, zu deren Befolgung ein Befehl gegeben wird, den zu befolgen jemand gezwungen wird, oder eine Anordnung, die selbst als ein solcher Befehl formuliert wird, ist demnach ein Gesetz." (ebd., Übs. Miethke 2000, 215).

Weil schlussendlich der Gesetzgeber immer der gemeinschaftliche Wille der Gesamtheit aller Bürger oder ihres gewichtigeren Teils ist und niemand anderes über die Zwangsgewalt entscheidet, ist jede politische Gemeinschaft allein ihren eigenen Regeln unterworfen. Hat die gesetzliche Organisation aber keine andere Quelle und gehört folglich diese Selbstbindung essentiell zur Gesetzlichkeit der vereinbarten Regeln, ist jede Fremdbestimmung einer politischen Gemeinschaft, d. h. die Kontrolle durch etwas, das, wie etwa der Papst, nicht zugleich ihr Teil ist, – mit Ausnahme derjenigen freilich, die „ihrer defizitären Natur wegen, aus besonderer Bosheit oder Unwissenheit" (DP, I.12.5, 65; Übs. Miethke 2000, 217) von jenen Regeln abweichen – ausgeschlossen. Dieser nachgerade positivistisch anmutende Formalismus des Rechtsbegriffs führt zu einem erstaunlich hohen, moderne Entwicklungen durchaus vorwegnehmenden Maß an politischer Freiheit, wenngleich Marsilius weder Minderheiten- noch staatsinterne Widerstandsrechte diskutiert. Dennoch sieht er sowohl politische Freiheit als auch ihren vernünftigen, d. h. zweckmäßigen, Gebrauch für das Überleben jeder politischen Gemeinschaft als notwendig an: „Zum Großteil beruht auf richtig erlassenen Gesetzen ein befriedigendes Überleben der menschlichen Gemeinschaft, während unter ungerechten Gesetzen unerträgliche Knechtschaft, Unterdrückung und Elend der Bürger (anwachsen), woraus schließlich die Auflösung der staatlichen Ordnung hervorgehen muss." (DP, I.12.7, 68; Übs. Miethke 2000, 217 f.)

10. Wilhelm von Ockham O.F.M. (ca. 1287–1347): Das Eigentum als Schlüssel zum Recht

Es überrascht nicht, dass Marsilius' Mitexilant am Hofe Ludwig des Bayern, Wilhelm von Ockham, den weltlichen Machtanspruch des in Avignon residierenden Papstes ebenfalls strikt zurückweist. Er tut dies jedoch auf der Basis ganz anderer, nämlich naturrechtlicher Gründe. Zu ihnen gelangt er auf dem Weg einer Analyse des Eigentumsbegriffs. Dieser Zugang liegt deswegen nahe, weil der Logiker und Metaphysiker Ockham erst mit dem Aufbrechen des sog. ‚theoretischen Armutsstreits' (Miethke 1969, Kap. 3), der nicht bloß das Selbstverständnis, sondern die gesamte Existenz seines Franziskanerordens gefährdete, überhaupt Interesse für Fragen der politischen und damit auch der Rechtsphilosophie entwickelte. Allerdings beherrscht dieses Interesse nach seiner schockierten Erkenntnis des Ketzertums Johannes' XXII. Ockhams weiteres Denken und Arbeiten so gut wie ausschließlich: Sein monumentales, über seiner ständigen publizistischen Tätigkeit zu diesem Problemkreis unvollendet gebliebenes und immer noch nicht vollständig erschlossenes Hauptwerk, der *Dialogus*, stellt eine umfassende Untersuchung zur politischen Philosophie dar. Deren Grundzüge, insbesondere was den Rechtsbegriff angeht, finden sich indes bereits in seiner ersten, wesentlich kürzeren und methodisch ungleich leichter zugänglichen Streitschrift gegen den Papst, dem, wie der Name schon sagt, in nur drei Monaten verfassten *Opus nonaginta dierum* (OND).[5]

Ockham beginnt mit einer Analyse der Sachherrschaft (*dominium*), wie sie dem Menschen entweder im Stand der Unschuld nach natürlichem bzw. göttlichem Recht oder nach dem Sündenfall gemäß dem positiven bzw. durch Menschen gesetzten Recht zukommt (OND, c. 2, 308). Letzteres bezeichnet die vollständige Verfügungsfreiheit (*plenitudo dominii*) über eine zeitliche bzw. äußere Sache, von deren Gebrauch jeder andere ausgeschlossen werden kann, d. h. den strengsten Begriff des Eigentums (*proprietas*). Er bleibt allerdings einerseits prinzipiell durch naturrechtliche Verbote beschränkt und kann andererseits aus Vernunftgründen durch weitere positivrechtliche Regeln weiter eingeschränkt werden und wird dies in der Regel auch (ebd., 310). Da deswegen Ansprüche auf die ausschließende Verfügungsgewalt über eine Sache streitig sein können, besteht der weitere Sinn von Eigentum genau darin, dass ein solcher Anspruch vor Gericht verteidigt bzw. vindiziert werden kann (ebd., 308). Hat aber Eigentum allein den Status eines positiven Rechtstitels und wird positives Recht von Menschen gesetzt, kann aufgrund der prinzipiellen Veränderbarkeit positiven Rechts derartiges Eigentum weder einer bestimmten Person noch einer bestimmten Personengruppe noch einer bestimmten, ihrerseits rechtlich zu definierenden Instanz mit Notwendigkeit zukommen – also auch nicht der Kirche im Allgemeinen und ganz besonders nicht dem Papst.

Johannes XXII. war freilich gegenteiliger Auffassung: Da sich zum einen, wie sich an den Gütern des täglichen Verzehrs zeigt, zwischen dem Gebrauch (*usus*) einer Sache und dem Eigentum an ihr nicht vernünftig unterscheiden lasse und zum anderen Gott dem ersten

[5] Die Darstellung folgt im weiteren Verlauf dem Standardwerk von Miethke, Kap. 4, insb. 445 ff.

Menschen das dominium über die Erde übertragen habe, gehört das Eigentum „zur anthropologischen Grundbestimmung des Menschen schlechthin" (Miethke 1969, 468).

Ockham greift sowohl das begriffliche als auch das heilsgeschichtliche Argument des Papstes an. Zum einen impliziert der Begriff des Gebrauchs keineswegs einen Rechtsanspruch und begründet daher ebenso wenig automatisch Eigentum: Der rechtliche Gebrauch (*usus iuris*) des römischen Rechts, der allein fremde Sachen, also etwa die Dinge der Welt, die eigentlich Gott gehören, betrifft, ist vom tatsächlichen Gebrauch (*usus facti*), der „jede Gebrauchshandlung mit einem äußerlichen Ding" erfasst, zu unterscheiden (OND, c. 2, 302 f). So werden ja auch widerrechtlich, etwa durch Raub, erworbene Sachen in Gebrauch genommen. Allerdings besteht hier zweifellos kein Gebrauchsrecht (*ius utendi*). Dies ergibt sich vielmehr erst aus dem eigenen Eigentum an einer Sache, die ihr Eigentümer entweder selbst gebrauchen oder einem anderen im Rahmen einer rechtlich bindenden Vereinbarung zum Gebrauch zu Verfügung stellen kann. Darüber hinaus kann ein Eigentümer aber den Gebrauch einer Sache auch nur bis auf Widerruf nach Belieben erlauben (*licentia*). Dann folgt jedoch aus einem solchen erlaubten usus facti kein Rechtsanspruch auf den Gebrauch (c. 3, 324). Zum anderen erfasst dieser Begriff des lizenzierten usus facti präzise die Übertragung des dominium über die Erde an die Ureltern: Da deren umfassende Sachherrschaft allein auf vernünftiger Einsicht in die Natur der Dinge und ihrem dementsprechenden Gebrauch beruht, erfolgt sie repressionslos, d. h. ohne eigens Rechtsnormen einrichten zu müssen. Das menschliche dominium über die Erde besteht daher von vorneherein bloß in einem „Vermögen (*potestas*), zeitliche Dinge ohne deren gewaltsamen Widerstand, in vernünftiger Weise zu beherrschen und verwalten (*rationabiliter regendi et gubernandi*)" (c. 14, 432). Diese, der ursprünglichen Natur des Menschen entsprechende Herrschaft ist also wesentlich gerecht, weil sie stets der Natur aller Dinge, die unter ihr stehen, angemessen ist: Im Garten Eden braucht es keine Gerichte, die über strittige Eigentumsansprüche entscheiden.

Freilich ändert sich dieser paradiesische Zustand mit dem Sündenfall. Dies verändert jedoch nicht das Wesen des Menschen als solches, sondern vermindert nur seine Kompetenz zu vollständig vernünftiger Herrschaft (ebd., 436). Da nun nämlich die Sünde nicht nur stets möglich, sondern aufgrund der korrumpierten Vernunft sogar die Regel ist, rückt an die Stelle des umfassenden dominiums ein Vermögen zum Eigentumserwerb (*potestas appropriandi*) (ebd., 435), das der Mensch aktualisieren kann – aber, wie die Regel des Franziskanerordens zeigt, keineswegs muss –, um sich den Gebrauch der seiner Natur entsprechenden Güter unter Ausschluss anderer zu sichern. Weil aber aus einer Möglichkeit nicht schon ihre Verwirklichung folgt, gibt es Eigentum erst dann, wenn jene Vermögen realisiert wird. Daher ist ebenfalls erst dann eine positivrechtliche Eigentumsordnung erforderlich, während zugleich ein vorpositives, mithin naturrechtlich begründetes Gemeineigentum möglich bleibt (ebd., 439). Solange also kein Schutz gegen übelwollende Konkurrenten nötig ist oder gewünscht wird, genügt es daher, wenn die potestas appropriandi als eine „Aneignungsbefugnis" (Miethke, 1969, 476) zum rechten, naturgemäßen Gebrauch äußerer Güter fungiert, d. h. als eine bloße potestas utendi rebus temporalibus. Ihre kontingente Verwirklichung begründet folglich kein Eigentum, mithin keinen Rechtstitel. Der Besitz von Eigentum kann daher auch nicht essentieller Teil der menschlichen Natur sein.

Ohne einen Rechtstitel, der Eigentum begründet, ist nun aber nach päpstlicher Lehre, die Johannes XXII. in der Bulle *Quia vir reprobus* darlegt, gar kein gerechter Gebrauch äußerer Dinge möglich. Ockham antwortet zunächst mit einer dreifachen Differenzierung des Gerechtigkeitsbegriffs: Er kann sowohl die Kardinaltugend der *iustitia* bedeuten als auch die Eigenschaft der *iustitia legalis*, durch die rechtliche bzw. gesetzmäßige Handlungen dem gemeinen Wohl (*bonum commune*) entsprechen, als auch im Sinne der *iustitia propria* die Moralität schlechthin, dergemäß „jede erlaubte Handlung gerecht ist, weil sie gut ist und mit der wahren Vernunft übereinstimmt" (OND, c. 60, 557). Was gerecht ist, bemisst sich also am Kriterium der vernünftigen Einsicht, weswegen auch alle Handlungen vor dem Sündenfall gerecht waren. Danach gilt dies nicht mehr, und ebenso wenig müssen von Menschen gesetzte positive Rechtsnormen mit Notwendigkeit dieses Kriterium erfüllen. Es ist daher zwischen gerechten Handlungen und solchen, die rechtens (*iure*) sind, und damit auch zwischen natürlicher und positiver Rechtsordnung zu unterscheiden (c. 62, 567).

Ockham tut dies im Anschluss an Gratian in Gestalt der Unterscheidung zwischen *ius poli* und *ius fori*. Ersteres identifiziert Ockham mit der natürlichen Billigkeit (*aequitas naturalis*), „die ohne jede menschliche und auch rein positive göttliche Anordnung mit der rechten Vernunft übereinstimmt" (c. 65, 574). Das ius poli umfasst also sowohl das natürliche Recht (*ius naturale*), wie es jedem Menschen kraft seiner Vernunft einsichtig ist, als auch das göttliche Recht (*ius divinum*), das unter Voraussetzung des Glaubens an die Offenbarung der rechten Vernunft einsichtig ist (ebd., 574 f.). Das ius fori hingegen „wird durch Übereinkunft oder ausdrückliche menschliche oder göttliche Anordnung begründet" (ebd., 573 f.); es ist das positive Recht (ebd., 578). Erst auf dessen Basis gibt es vor Gericht einklagbare und entscheidbare Rechtsansprüche, die Ockham ganz auf das dominium fokussiert. Eigentum im Sinne der proprietas beruht also vollständig auf menschlicher Übereinkunft oder Setzung. Dementsprechend besitzt das positive Recht auch nur dadurch bedingte Geltung.

Diese endet aber in Situationen äußerster Not, mithin bei unmittelbarer Lebensgefahr (c. 3, 325). Im Notstand bricht die natürliche Aneignungsbefugnis die positive Eigentumsordnung (c. 61, 559). Dies gilt aber nur vorübergehend: Der Dieb oder Räuber aus rechter Not erwirbt mit seiner Aneignung kein Eigentum, und der rechtmäßige Eigentümer kann die entzogenen Güter zurückverlangen bzw. Ersatz fordern, so dass mit dem Ende der Notlage wieder das positive Recht greift. Es hat demnach nach Ockham ausschließlich eine restriktive Funktion hinsichtlich der allgemeinen, naturrechtlichen Befugnis zum Gebrauch aller äußeren Güter (c. 65, 577). Das positive Recht ist daher allein unter der Bedingung der durch den Sündenfall korrumpierten menschlichen Vernunft sinnvoll und nötig. Würden alle Menschen jederzeit alle Güter ihrer Natur gemäß nach der rechten Einsicht der natürlichen Vernunft gebrauchen, wäre das positive Recht schlicht überflüssig.

***

Der hohe Differenzierungsgrad des Rechtsbegriffs in der Diskussion des Mittelalters liegt der Ausbildung der verschiedenen Naturrechtslehren, aber auch – betrachtet man Marsilius – eher positivistisch argumentierender Vertragstheorien in der Neuzeit zugrunde. Es sind insbesondere folgende Punkte, welche die mittelalterlichen Naturrechtslehren prägen:

1. Die Welt bildet, weil sie Schöpfung ist, eine vernünftige Ordnung – sei diese nun notwendig aus der höchsten Vernunft Gottes oder kontingent gemäß des notwendigerweise guten Willens Gottes.
2. Die Weltordnung selbst und mit ihr der ihr zugrundeliegende Wille Gottes ist folglich der vernünftigen Erkenntnis des Menschen prinzipiell zugänglich, wenngleich dessen Erkenntnismöglichkeiten durch den Sündenfall eingeschränkt und stets gefährdet sind.
3. Der Mensch und sein Verhalten sind Teil dieser Weltordnung.
4. Da den Menschen sein Vermögen zu vernünftiger Erkenntnis bzw. zur willentlichen Entscheidung für die vernünftige Alternative von den anderen Geschöpfen unterscheidet, folgt der Mensch, indem er der *recta ratio* folgt, nur seiner eigenen Natur und damit zugleich der göttlichen Weltordnung.
5. Die menschlichen Verhaltensnormen müssen daher seiner Natur entsprechen bzw. dürfen ihr zumindest nicht zuwiderlaufen.
6. Im Widerspruchsfalle verlieren positive Normen ihre Geltung.

7. Inhalt und Geltungsgrund der göttlichen bzw. naturrechtlichen Gesetze sind zwar in ihrem Bestand rational einsehbar, jedoch darüber hinaus keinem rein rationalen, d. h. deduktiven, Beweis mehr zugänglich.
8. Die den naturrechtlichen Normen gemäße Bestimmung des menschlichen Einzelwillens erfordert daher aufgrund der Schwächung der menschlichen Natur durch den Sündenfall in jedem Fall einen gewissen Akt göttlicher Gnade.
9. Der in Anschlag gebrachte Rechtsbegriff entspricht dem des Strafrechts: Verbrechen oder entsprechende Willensbestimmungen, die unentdeckt bzw. ungestraft durch die menschliche Gerichtsbarkeit bleiben, werden notwendigerweise von Gott geahndet, so dass die naturrechtlich gegebene Ordnung in jedem Fall aufrechterhalten bleibt.
10. Die Annäherung bzw. Entsprechung des positiven Rechts zum Naturrecht bildet die Bedingung der Möglichkeit eines friedlichen Zusammenlebens der Menschen. Das Naturrecht bleibt das Vorbild jeder positiven Rechtsordnung.

III. Frühe Neuzeit

Der Rechtsbegriff der Frühen Neuzeit schließt, insbesondere vermittelt durch die außerordentlich ausführlichen und wirkmächtigen Abhandlungen der Spanischen Spätscholastik (v. a. Molina, Suárez, Vitoria), formal wie inhaltlich unmittelbar und eng an die mittelalterliche Tradition des Naturrechts an. Hauptbezugspunkt bleibt dabei Thomas von Aquin (Haakonssen 2003, 1317). Eine merkliche – wenn man so will: typisch neuzeitliche – Distanzierung zu jener, naturgemäß stets auf theologischem Boden stehenden Tradition bedeutet indes der Versuch, Inhalt und Geltung universaler Verhaltensnormen ohne Rückgriff auf geoffenbarte praktische Wahrheit bzw. Glaubenswahrheiten zu begründen. Freilich geht mit diesem säkularisierenden Zug keineswegs der radikale Verzicht auf eine transzendente Fundierung des Naturrechts einher. Denn die Betonung der Glaubensunabhängigkeit der Einsicht in dessen Bestand und der Anerkennung seiner Gültigkeit fällt nicht zusammen mit einer, weiterhin den Rechtgläubigen vorbehaltenen tieferen Erkenntnis der Ursachen der Existenz gerade dieser und keiner anderen universalen Normen.

Dennoch eröffnet diese säkulare Strategie die Möglichkeit der bewussten Teilhabe an einer universellen, die gesamte Menschheit umfassenden Rechtsgemeinschaft ohne gleichzeitige Zugehörigkeit zur christlichen Glaubensgemeinschaft bzw. ohne persönlichen Glauben, der eo ipso einen Akt göttlicher Gnade voraussetzt. Nicht aufgegeben wird damit allerdings die Annahme göttlicher und also alle Individuen betreffender Strafgerechtigkeit. Als unzulässig gilt vielmehr nur die alleinige Legitimation von Rechtsnormen durch Offenbarung bzw. ihre Übereinstimmung mit geoffenbarten Sätzen. Diese Emanzipation von der Theologie hat ihre Ursache sowohl im spätestens seit dem Humanismus steigenden Bewusstsein für die historische Gewordenheit und die Auslegungsbedürftigkeit der einschlägigen Texte (Kaufmann 2009, 107 ff.) als auch im methodischen Bewusstsein der entstehenden empirisch vorgehenden und sich ihrerseits vom Aristotelismus emanzipierenden Naturwissenschaften. Auch die Erkenntnis bzw. Formulierung naturrechtlicher Normen erfolgt so auf Grundlage der Beobachtung der Eigenschaften und des Verhaltens des Menschen. Sie geht daher aus epistemologischen Gründen zunächst vom Individuum aus, verfährt also grundsätzlich analytisch-induktiv, um dann die gewonnenen Resultate synthetisch zu einer systematischen Einheit zu bringen (Röd 1970).

1. Francisco Suárez S.J. (1548–1617): Die große Synthese

Im Mittelalter erschienen neben der Erörterung des Rechtsbegriffs in den üblichen akademischen Kommentarwerken zu Aristoteles, den *Sentenzen* des Petrus Lombardus und später der *Summa Theologiae* des Hlg. Thomas bis auf wenige Ausnahmen, die ihn indes im Rahmen der politischen Philosophie behandelten, zu diesem Thema kaum spezifische Untersuchungen zum Rechtsbegriff von philosophischer bzw. theologischer Seite. Im 16. Jahrhundert ändert sich diese Lage jedoch rasant. Eine Vielzahl von Autoren wie Luis de Molina (1535–1600) S.J. (*De justitia et jure*) oder Francisco de Vitoria (ca. 1483–1546) O.P. (*De indis recenter inventis et de jure belli hispanorum in barbaros*) befassten sich nun intensiv und systematisch mit rechtlichen Fragen. Dass das Interesse daran gerade in Spanien und Portugal rapide stieg, kann kaum verwundern: Die Entdeckung beider Amerikas und die schnell folgende Eroberung Mittel- und Südamerikas warf komplexe neuartige Probleme, angefangen vom Status der dortigen Gebiete, Bewohner und alten wie neuen Herrscher bis hin zum Umgang mit deren religiösen Überzeugungen und Bräuchen, auf, die dringend der Lösung verlangten. Ebenso wenig vergessen werden dürfen die politischen, juristischen und sozialen Verwerfungen durch die Reformation, welche die Alte Welt erschütterten und deren Bekämpfung schnell zur Hauptaufgabe des Jesuitenordens (gegr. 1534) wurde, dem viele jener Autoren angehörten.

Unter diesen ragt Francisco Suárez deswegen heraus, weil sein Hauptwerk zur praktischen Philosophie, *De legibus ac Deo legislatore* (1612), eine umfassende Synopse und Synthese der meisten zentralen, bislang in der Scholastik vertretenen und äußerst kontrovers diskutierten Positionen bietet (Haakonssen 2003, 1318). So sucht Suárez etwa, um nur die bedeutendsten Lehren zu nennen, einen Mittelweg zwischen thomistischem Intellektualismus und franziskanischem Voluntarismus wie auch zwischen dominikanischem Prädeterminismus und jesuitischer Willensfreiheit – naturgemäß freilich mit umstrittenem Erfolg. Darüber hinaus entwickelt er aus der bei Gratian und Thomas angelegten Unterscheidung von Natur-, Staats- und Völkerrecht jeweils eigene, gleichsam disziplinär getrennte Theorien, die Teile eines einheitlichen Rechtssystems bilden.[6]

a) Recht überhaupt: Die Funktion des Naturrechts

Suárez unterscheidet zunächst drei Bedeutungen von Recht. Zum einen bezeichnet der Ausdruck im klassischen Sinne eine vernünftige und damit gerechte Ordnung der Praxis, die jedem Teil einer Gemeinschaft das ihm Gebührende zuteilt und nötigenfalls für Ausgleich sorgt (DL I.2.4). Zum anderen erhält von dieser allgemein politischen Bedeutung die Fähigkeit eines jeden Menschen, genau dies zu tun und einen legitimen Anspruch auf eine Sache zu haben bzw. zu erheben, den Namen „Recht" (DL I.2.5), wie er noch das moderne Verständnis subjektiver Rechte begründet. Schließlich ist „Recht" dasjenige, was ein Gesetz erst zu einem Gesetz macht, weil es seinem Inhalt, der nicht durch sich selbst verpflichten kann, seine verpflichtende Kraft durch die Form des Befehls verleiht (DL I.2.6). Es ist diese letzte Bedeutung, die Suárez seiner Erörterung zugrunde legt.

Er definiert den Begriff des Gesetzes sodann wie folgt: „Ein Gesetz ist eine allgemeine, gerechte und beständige Vorschrift, die hinreichend öffentlich bekanntgemacht worden ist." (DL I.12.5) Seine Adressaten können nur vernünftige, mit einem freien Willen begabte Wesen sein, da nur diese des Gehorsams fähig sind (DL I.1.2) und die mit einem Gesetz auferlegte Verpflichtung erfüllen können – denn, um an Aristoteles zu erinnern: Was sich ohnehin mit Notwendigkeit ereignet, muss man nicht eigens vorschreiben. Diese Verpflichtung ergibt sich aber nicht aus dem Inhalt des Gesetzes selbst, mag dieser auch noch so vernünftig sein. Vielmehr bedarf es dazu (wie bei Marsilius von Padua) des Willens eines Gesetzgebers (DL I.4.8), der seine Vor-

---

[6] Die gesamte folgende Darstellung hält sich hierin und auch sonst an die ebenso sorgfältige wie ausführliche Analyse von Recknagel 2010.

schriften jederzeit durchzusetzen vermag, mithin über die entsprechenden Machtmittel verfügen muss (DL I.8.2). Weil aber jedes Gesetz definitionsgemäß gerecht und damit auch vernünftig sein muss, kann eine ungerechte Vorschrift nicht verpflichten, ist also eigentlich gar kein Gesetz und muss deswegen ebenso wenig befolgt werden (DL I.9.4).

Gerechtigkeit fungiert folglich als Kriterium für Gesetzlichkeit. Suárez versteht sie primär als *iustitia legalis*, „der es zukommt, das Gemeinwohl (*commune bonum*) anzustreben und demzufolge die der Gemeinschaft geschuldeten Rechte zu bewahren" (DL I.9.13). Das bonum commune erklärt Suárez nun im Wortsinne des gemeinsamen Guts, d. h. vom Begriff des Eigentums her. Er unterscheidet dabei zwei Arten von Eigentum: Zum einen an Gütern, die aufgrund ihrer intrinsischen Qualität gar nicht Privateigentum sein können, daher allen zum Gebrauch zur Verfügung stehen und folglich von Natur aus Gemeineigentum sind, und zum andern am Privateigentum, das insofern Gemeingut bleibt, weil einerseits dessen Nutzung in Notlagen der Gemeinschaft aufgrund ihres höheren Rechts (*ius quoddam altius*) freisteht und weil andererseits jedes Individuum, sofern es Teil der Gemeinschaft ist, mit seinem privaten Eigentum das Gemeingut mehrt, solange es damit nicht anderen schadet (DL I.7.7).

Vor dem Hintergrund seiner Definition bemüht sich Suárez nun, Thomas' vierfältigen Gesetzesbegriff einzuholen. Der Erfolg dieses Versuchs ist, v. a. was die lex aeterna angeht, eher zweifelhaft (Recknagel 2010, 35 ff.). Denn sie hat ihren Ort im Geist Gottes und besteht vor der Schöpfung, ist also weder Vorschrift – als Adressat käme in der Ewigkeit nur Gott selbst in Frage, und wer sollte Ihn zwingen? – noch mangels außerhalb von Gott existenter Adressaten äußerer Bekanntmachung zugänglich. Die lex aeterna erfüllt deswegen Suárez' Gesetzesdefinition strenggenommen erst unter Vermittlung eines anderen Gesetzes, das diesen Kriterien genügt, nämlich der zeitlichen und somit auf genau diese Schöpfung bezogenen lex divina (DL II.4.7). Da sie aber wiederum Vernunft bzw. Gerechtigkeit ihres Inhalts von der lex aeterna empfängt, bleibt die lex divina der lex aeterna subordiniert: Letztere macht jede mögliche Welt von vorneherein zu einer vernünftigen und – sobald freie Wesen in ihr wohnen (DL II.2.13) – gerechten Welt, während erstere die geschaffene, wirkliche Welt als derartige Ordnung bestimmt. Die lex aeterna ist folglich eine transzendentale Vorschrift, die für alle möglichen vernünftigen und freien Wesen mit Notwendigkeit gilt, und „befiehlt, die natürliche Ordnung zu wahren, und verbietet, sie zu verkehren" (DL II.3.3).

Worin die natürliche moralische bzw. rechtliche Ordnung nun besteht, ist in universaler Hinsicht Gegenstand der lex divina. Sie schreibt dem Menschen vor, in einer seinen vernünftigen und geselligen Anlagen angemessenen Gemeinschaft zu leben. In ihr gilt zunächst allein die aus der Natur des Menschen hervorgehende *lex naturalis*, vermittels derer die sich vergemeinschaftenden Individuen ihre verschiedenen Neigungen harmonisieren (DL II.8.4/5). Sie tun dies, indem sie ihre zu dieser Natur gehörige und also gottgewollte Fähigkeit gebrauchen, zwischen dem Ehrbaren (*honestum*) bzw. moralisch Guten und dem Verwerflichen (*turpe*) bzw. dem moralisch Bösen zu unterscheiden (DL I.3.9). Diese, praktische, Vernunft des Menschen erreicht Gesetzeskraft im Spruch des Gewissens (*conscientia*), der die Übereinstimmung mit oder die Abweichung des eigenen Wollens oder Handelns von der rechten Vernunft beurteilt, „auch wenn kein geschriebenes äußerliches Gesetz vorliegt. Also ist dieser Spruch das Naturgesetz" (DL II.5.9/10). Intakte Vernunft vorausgesetzt, muss daher jedes Gewissensurteil auf die obersten und allgemeinsten naturgesetzlichen Prinzipien zurückgeführt bzw. mit gültigen logischen Schlüssen von diesen abgeleitet werden können (DL II.13.3).

Nach Suárez endet jedoch die Reichweite des Naturgesetzes nicht bei den Geboten und Verboten des *ius naturale positivum*. Vielmehr eröffnet es mit dem *ius naturale negativum* zugleich den Bereich des naturgesetzlich weder Ge- noch Verbotenen, dessen Ausgestaltung durch eigene Übereinkunft bzw. positive Gesetzgebung dem Menschen freigestellt ist (DL II.14.6). Die lex naturalis setzt so der menschlichen Gesetzgebung einen Rahmen, der nicht überschritten werden darf. Zwar sind derart positivrechtliche Regelungen nicht aus den Prinzipien und Schlüssen des Naturrechts ableitbar, jedoch genießen sie dessen Schutz, solange sie nicht im Widerspruch zu ihm stehen. Ist dies allerdings der Fall, haben sie keine Gültigkeit (DL II.14.8).

b) Das staatliche Recht

Von der ursprünglichen Gemeinschaft ist die politische bzw. „vollkommene", d. h. von anderen unabhängige, Gemeinschaft (*communitas perfecta*) zu unterscheiden, weil diese erst „durch eine besondere Verbindung zu einer auf einheitliche Weise moralischen Vereinigung" durch den Willen ihrer Gründer in ihrer Eigenart als Rechtsgemeinschaft bestimmt wird (DL I.6.18–20). Dieser gemeinsame Willensakt konstituiert die Ein- und Ganzheit einer Staatsperson. Obzwar diese nur den Status einer moralischen (*persona moralis*) – oder um den modernen Terminus zu verwenden: einer juristischen – Person gewinnt, ist sie doch keineswegs eine bloße Fiktion; sie entsteht ja auch nicht durch eine wie immer geartete beliebige Erdichtung, sondern durch Abstraktion von der Individualität der Einzelwillen (Aichele

2010a). Die *persona mystica* des Staats ist deswegen zwar durchaus ein Artefakt, aber keineswegs handlungsunfähig. Weil nämlich alle Menschen in gleicher Weise frei geboren sind und folglich niemand von Natur aus die Herrschaft über einen anderen zukommt (DL III.2.3), ist die gemeinsame Staatsperson bzw. ihr Repräsentant, d. h. das regierende Organ, alleiniger Träger von Gesetzgebungs- und Zwangsgewalt, der sich die Individuen in ihrem konstitutiven Willensakt aus freien Stücken unterwerfen (DL III.2.4). Es ist allein dieser Konsens der späteren Untertanen bzw. Bürger, mithin ein Vertrag, und nicht etwa göttliche Anordnung, die jede Herrschaft legitimiert (DL III.2.10). Dieser Unterwerfungsvertrag bindet seine Subjekte absolut, solange die leitende Instanz gesetzgeberisch im Rahmen des Naturrechts agiert (Recknagel 2010, 133 f.).

Da das negative Naturrecht Eigentum nur erlaubt (DL I.16.7), sind alle Regelungen, die es und insbesondere das Privateigentum betreffen, rein positivrechtlicher Natur. Folglich obliegt der herrschenden Instanz letztlich auch die Zuteilung und Verwaltung aller Güter (DL I.17.11). Dies geschieht durch gesetzliche Bestimmungen. Weil diese zum einen stets das Gemeinwohl im Auge haben müssen und zum anderen eben aufgrund dieses höchsten Staatsziels revidiert werden können, wird das Privateigentum niemals ein absolutes Rechtsgut, sondern bleibt stets vorläufig. So hebt etwa die Wegnahme einer fremden Sache in äußerster Not deren Charakter als fremdes Eigentum gänzlich auf, weil in diesem Fall Gütergemeinschaft besteht und eine Verweigerung der Einwilligung zum Gebrauch nicht vernünftig ist (DL II.16.11). Die Wegnahme einer fremden Sache in einer Notlage ist also deswegen kein Diebstahl, weil dann kein Privateigentum mehr besteht.

Außerhalb solcher Ausnahmesituationen stellen derartige Übergriffe auf fremde Rechte freilich Verbrechen dar. Ihre Verfolgung und Bestrafung ist ausschließlich Sache der herrschenden Instanz. Wie der Hlg. Thomas versteht Suárez deren Strafgewalt in Analogie zu ihrem exklusiven Recht zum gerechten Krieg (DB II.1). Das Strafrecht tritt daher erst auf der Ebene der politischen Gemeinschaft auf: Es gibt kein natürliches Recht des Individuums zu strafen. Die Strafe selbst ist schlicht eine Rechtsfolge, die aus dem verpflichtenden Charakter des Gesetzes resultiert (DL I.14.7). Dies gilt sowohl für Verstöße gegen natürliche Gesetze, die sowieso immer allerspätestens im Jenseits zu ahndende Sünden darstellen (DL II.9.6), als auch für den Bruch positiven Rechts – egal, ob es nur das Naturgesetz wiederholt oder naturgesetzlich bloß erlaubte, rein positive Normen formuliert (DL I.14.7; III.21.10). Einer jeden staatlichen Bestrafung hienieden vorausgesetzt bleibt aber in jedem Fall ein positives Gesetz, das zugleich ein jeweils individuell zu spezifizierendes Strafmaß enthält (DL I.15.13).

Ebenfalls vom ius ad bellum aus begründet Suárez das Widerstandsrecht der politischen Gemeinschaft gegen ihre Regierung – allerdings ausschließlich dann, wenn diese tyrannisch herrscht (DB VIII.2/3). Jedoch rechtfertigt nicht jede Übertretung des Naturrechts schon einen Aufstand bzw. die Vertreibung oder gar Tötung des ohnehin illegitimen Usurpators oder des rechtmäßigen Herrschers, der seine Legitimität durch die Art seiner Regierung verspielt, indem er den Gesellschaftsvertrag verletzt (DF VI.4.1): Ist abzusehen, dass ein Aufstand schädlichere Folgen für das Gemeinwohl hätte, das ja der einzige Zweck politischer Ordnung ist, als die herrschende Tyrannei, ist diese zu erdulden (Recknagel 2010, 153). Weil es darüber hinaus keine naturrechtliche, mithin individuelle bzw. private Strafbefugnis gibt, ist jedes Vorgehen gegen einen Tyrannen zuvor durch die Gemeinschaft zu legitimieren und an bestimmte Personen zu delegieren. (DF VI.4.18, Recknagel 2010, 155 ff.). Eine Ausschaltung des Herrschers durch eine sich irgendwie in tyrannischer Weise unterdrückt fühlende Minderheit oder Einzelperson verstößt folglich gegen das Naturgesetz. Eine derartige Einzeltat ist vielmehr allein in einer regelrechten Notwehrsituation beim widerrechtlichen Angriff des Herrschers auf das Leben eines Bürgers gerechtfertigt – allerdings wiederum nur, solange dadurch das Gemeinwohl nicht nachhaltig geschädigt wird (DF VI.4.5).

c) Das Völkerrecht

Anders als seine Vorgänger, insbesondere Thomas von Aquin, unterscheidet Suárez scharf zwischen ius gentium und ius naturale. Da die Regelungen des Völkerrechts nicht vermittels eindeutiger logischer Verfahren aus naturgesetzlichen Prinzipien abgeleitet werden können, gewinnen sie keine Notwendigkeit: Das ius gentium gehört daher in seiner Gesamtheit zum positiven Recht und verbietet demzufolge „nicht Böses, weil es böse ist, sondern indem es verbietet, macht es, dass es böse ist" (DL II.19.2). Es ist wesentlich internationales Recht, das die Beziehungen verschiedener Staaten, d. h. vollkommener Gemeinschaften, untereinander unabhängig von ihrer inneren Rechtsverfassung regelt (DL II.19.8/9). Seine Geltung gewinnt das Völkerrecht sukzessive aus der Gewohnheit seiner Anwendung (Finnis, NL IX.3) und ist demnach – freilich stets im Rahmen des Naturgesetzes – ebenso sukzessive veränderbar (DL II.20.1–3).

Da kriegerische Auseinandersetzungen sowohl die größtmögliche Gefährdung des Gemeinwohls als auch die größtmögliche Störung der internationalen Ordnung darstellen, kann es nicht verwundern, dass das Kriegsrecht, und zwar vorrangig die Frage nach dem gerechten und damit gerechtfertigten Krieg, den bedeutendsten Teil des Völkerrechts bildet (Recknagel 2010, 235). Kriege sind immer zwischenstaatliche, äußere Kämpfe zwischen mindestens zwei politischen Gemeinschaften (DB proö.). Dabei handelt es sich stets entweder um einen Verteidigungskrieg (*bellum defensivum*), der aus dem natürlichen Recht zur Selbstverteidigung gegen die Zufügung von Unrecht „nicht nur erlaubt, sondern manchmal sogar vorgeschrieben ist“ (DB I.4), oder um einen Angriffskrieg (*bellum aggressivum*). Nur letzterer bedarf der besonderen Rechtfertigung. Sie liegt in der Bestrafung bzw. Wiedergutmachung erlittenen Unrechts (DB I.6), die aufgrund seiner Schwere und des Fehlens anderer Mittel oder auch einer mit Zwangsgewalt befugten, überstaatlichen Appellationsinstanz (Recknagel 2010, 258 ff.) nicht anders zu erreichen ist (DB IV.1/2). Lassen sich diese Ziele des Angriffskrieges – Schadensersatz, Bestrafung und zukünftiger Friede (DB IV.4) – jedoch mit friedlichen Mitteln erreichen, besitzt er keinen gerechten Grund (DB IV.5).

Wenngleich der Herrscher es ist, der in seiner Souveränität nach sorgfältiger, geradezu richterlicher Abwägung aller Gründe und Gegengründe den Krieg beschließt und erklärt und deshalb die Hauptverantwortung für dessen Aufnahme, Führung und Folgen trägt (DB VI.1/2), muss doch jeder Kriegsteilnehmer vom gemeinen Soldaten bis zum General zu einem eigenen Urteil über die Erlaubtheit des Krieges gelangt sein, bevor er in ihm kämpft (DB VI, proö.). Beteiligt er sich nämlich wissentlich an einem ungerechten Krieg, verstößt er gegen das Naturgesetz, begeht folglich eine schwere Sünde und lädt so persönliche Schuld auf sich (Recknagel 2010, 248). Diese wird nicht nur mit Gewissheit ihre gerechte Strafe im Jenseits finden, sondern kann auch weltliche Bestrafung nach sich ziehen – naturgemäß vor allem dann, wenn der Krieg verloren geht.

Wenn ein Krieg nun gerecht ist, gilt dies auch für Erreichung der Kriegsziele, woraus die Erlaubtheit aller zu deren Erreichung erforderlichen Mittel folgt: Weil in einem gerechten Krieg dem Feind gar kein Unrecht angetan werden kann und er deswegen auf jede erdenkliche Weise geschädigt werden darf, sind hier buchstäblich alle Mittel erlaubt – „mit Ausnahme des Todes Unschuldiger“ (DB VII.6). Jedoch gilt dieser Schutz der Unschuldigen, d. h. Frauen, Kinder, nicht waffenfähiger Männer, Gesandter und Geistlicher (DB VII.10), keineswegs absolut. Vielmehr sind Verluste an Unschuldigen – modern ausgedrückt: die Verursachung von Kollateralschäden – ausdrücklich erlaubt, „wenn sie zur Verfolgung des Sieges nötig sind“ (DB VII.15). Das Recht kommt also erst nach Beendigung des Krieges, inklusive der Bestrafung der ungerechten Kriegspartei (vermutlich vor allem, sofern es auch die unterlegene ist…) wieder vollumfänglich zur Anwendung (Recknagel 2010, 256 ff.).

2. Hugo Grotius (1583–1645): Der (Stief)Vater des modernen Naturrechts

Trotz der kaum übersehbaren Nähe vieler – um nicht zu sagen: der meisten – seiner Thesen zu Suárez (Recknagel 2010) gilt Hugo Grotius immer noch allgemein als Vater des modernen Naturrechts. Er entwickelt es in seinem Hauptwerk *De jure belli ac pacis* aus dem Jahre 1625 unter Gebrauch einer den Cartesianismus präfigurierenden Methode (Goyard-Fabre 2002, 82 f.). Die Modernität des grotianischen Ansatzes liegt in der vollständigen Säkularität seiner Argumentation: Im Gegensatz zum theologisch fundierten Naturrecht der Scholastik behauptet er – ohne freilich deswegen gleich Gott zu leugnen zu müssen – die Geltung und verpflichtende Kraft des Naturrechts, auch wenn es Gott nicht gäbe (*etiamsi daremus Deus non esset*; DJB Prol., § 11), und überbietet damit systematisch die These Gregors von Rimini von der säkularen Erkennbarkeit des Guten und Bösen (Haakonssen 2003, 1329).

Grotius beginnt seine Untersuchung mit der Unterscheidung drei verschiedener Bedeutungen des Ausdrucks ‚Recht' (*ius*) (DJB I.1, §§ 3, 4, 9; Haakonssen 2003, 1326 ff.): Zunächst bezeichnet ‚Recht' schlicht das Gerechte, allerdings ex negativo, d. h. eine Handlung ist dann gerecht, wenn sie nicht der Natur einer Gemeinschaft vernünftiger Wesen widerspricht und also ungerecht ist. Der Begriff des Gerechten schließt hier also bereits den Bereich des Erlaubten ein. Daraus ergibt sich die zweite Bedeutung von ‚Recht' als moralische Eigenschaft (*qualitas moralis*), die es Personen ermöglicht, etwas zu Recht zu haben oder zu tun. Diese Bedeutung ist abgeleitet aus der Natur des Menschen. Sie ist bestimmt sowohl durch den primären Trieb (*prima naturae*) zur Selbsterhaltung als auch durch die rechte Vernunft (*recta ratio*), die treffende Urteile über das Ehrbare (*honestum*) erlaubt und dadurch das Leben in der Gemeinschaft mit anderen Menschen ermöglicht, welchem ebenfalls ein natürlicher Trieb entspricht (DJB I.2, § 1).

Die Vereinigung beider Triebe führt sodann, drittens, zum Begriff eines Rechts im eigentlichen und strengen Sinne, der wiederum drei Bestandteile enthält (DJB I.1, § 5): Macht über uns selbst, d. h. Freiheit, oder über andere, d. h. Herrschaft; Eigentum; und die Fähigkeit, das Seine (*suum*) einzufordern, bzw. die korrespondierende Verpflichtung, Geschuldetes zu leisten. Damit ist bereits der Kernbereich des natürlichen Rechts (*ius naturale*) bestimmt. Er enthält die vollkommenen Rechte (*iura perfecta*) und macht die Gerechtigkeit im eigentlichen und strengen Sinne aus. Das natürliche Recht bildet so die „Minimalmoral" (Haakonssen 2003, 1327), die jeder menschlichen Gemeinschaft zugrunde liegen muss. Das vollkommene Recht ergibt sich allein aus der Natur des Menschen – glaubt man nun an seine Gottgeschaffenheit und Gottesebenbildlichkeit oder nicht. Das natürliche Recht fällt daher in die dritte und allgemeinste Bedeutung des Ausdrucks ‚Recht', der synonym mit ‚Gesetz' (*lex*) gebraucht wird. Er bezeichnet dann eine „Regel moralischer Handlungen, die zu dem, was recht ist, verpflichtet" (*regula actuum moralium obligans ad id quod rectum est*).

Die dritte Bedeutung von ‚Recht' umfasst demnach alle Gesetze insgesamt, also nicht nur die vollkommenen Rechte des Naturrechts, sondern auch diejenigen Rechte, die über die schiere Selbsterhaltung des Individuums und die bloße Aufrechterhaltung des gesellschaftlichen Lebens hinausgehen und die Verteilung der Güter regeln, auf die kein natürlicher Anspruch besteht. Grotius nennt sie „unvollkommene Rechte" (*iura imperfecta*) und weist sie dem positiven Recht zu, dessen Setzung Sache der Regierungen ist (DJB II.17, § 9). Weil nun im Begriff des Rechts bereits die Übereinstimmung mit dem natürlichen Recht bzw. der Gerechtigkeit enthalten ist, folgt daraus die negative Beschränkung des gesetzgeberischen Spielraums durch das Naturrecht. Die höchste Unterscheidung (*summa divisio*), die der grotianische Rechtsbegriff kennt, ist daher die zwischen natürlichem und willkürlichem Recht (*ius voluntarium*, DJB I.2, § 11).

Letzteres teilt Grotius wiederum in solches göttlichen (*ius voluntarium divinum*) und menschlichen (*ius gentium voluntarium*) Ursprungs ein (DJB I.1, §§ 14/15). Beide Rechtsarten sind gleichermaßen kontingent: Die Willkürlichkeit ihrer Setzung impliziert die Möglichkeit, dass sie auch anders sein könnten. Zugleich können sie aufgrund ihrer Rechtlichkeit nicht dem Naturrecht widersprechen, aber auch nicht aus ihm abgeleitet werden und dennoch zum natürlichen Recht im weiteren Sinne gehören. Es gibt also Rechtsnormen, die mit dem Naturrecht übereinstimmen, weil sie ihm nicht zuwiderlaufen und daher gerecht sind, aber ihre Geltung erst durch willkürliche Setzung gewinnen und damit Raum für religiös inspirierte Gesetzgebung geben. So folgen etwa die Verbote des Wuchers, des Konkubinats, der Polygamie und des Inzests in erster Linie aus göttlicher Offenbarung (DJG II.20, § 42; II.5, § 11). Sie entsprechen daher erst in zweiter Linie einer zweckmässigeren bzw. vernünftigeren Gesellschaftsordnung, indem sie deren inneren Frieden eher dienen als die durch das Naturrecht zweifelsohne ebenfalls erlaubten gegensätzlichen Regelungen.

Man sieht an dieser Argumentation leicht, dass Grotius die Priorität der positiven Ausgestaltung von Natur aus erlaubter Regelungen in der Aufrechterhaltung der öffentlichen Ordnung und des inneren Friedens sieht, die letztlich mit der Sicherung des Bestandes einer Gesellschaftsordnung überhaupt in eins fällt. Er lehnt deswegen trotz seiner natürlichen Erlaubtheit auch ein allgemeines Widerstandsrecht gegen ungerechte Gesetze ab, die per se positive, von Menschen erlassene Gesetze sein müssen, obwohl derartige Gesetze, eben weil sie ungerecht sind, überhaupt kein Recht darstellen (DJB I.3, § 8).

3. Thomas Hobbes (1588–1679): Vernunftrecht vs. Naturrecht

Im Gegensatz zu Grotius trennt Thomas Hobbes in den einschlägigen Kapiteln seines *Leviathan* von 1651 von vorneherein scharf zwischen Recht (*jus, right*) und Gesetz (*lex, law*):[7] So besteht ein Recht nach Hobbes „in der Freiheit zu tun oder zu unterlassen", während ein Gesetz entweder zu einem Tun oder einem Unterlassen verpflichtet, also gerade die Freiheit einschränkt. Demgemäß ist auch zwischen Naturrecht (*jus naturale, right of nature*) und Naturgesetz (*lex naturalis, law of nature*) zu unterscheiden. Das Naturrecht liegt in nichts anderem als in der Freiheit, nach seinem eigenen Willen gemäß seinem vernünftigen Urteil zum Zwecke der Erhaltung seiner eigenen Natur, d. h. seines Lebens, zu handeln und alles zu tun, was dazu nötig erscheint. Das Naturrecht besteht demzufolge in einem umfassenden „Recht eines jeden Menschen auf alles, auch auf den Körper eines anderen". Freiheit versteht Hobbes dabei schlicht als „Abwesenheit äußerer Hindernisse". Diese ebenso negative wie materialistische Interpretation erschöpft nach Hobbes die eigentliche Bedeutung des Freiheitsbegriffs.

Aus diesem Grund entspricht der Zustand der alleinigen Herrschaft des Naturrechts, d. h. der Naturzustand (*status naturalis, state of nature*), einem „Krieg aller gegen alle" (*bellum omnium contra omnes*). Das Naturgesetz ist dem Naturrecht folglich systematisch nachgeordnet. Denn das Naturgesetz bildet „eine durch die Vernunft aufgefundene Vorschrift oder allgemeine Regel", die dem Menschen dreierlei gebietet, genauer: verbietet: Sie verbietet zu tun, was zerstörerisch auf sein Leben wirkt; sie verbietet, ihm die Mittel zu seiner Selbsterhaltung zu nehmen; und sie verbietet zu unterlassen, was er für das Beste erachtet, um sein Leben zu erhalten.

Die Anwendung des Naturgesetzes auf den Naturzustand führt so zu „einer allgemeinen Regel der Vernunft". Sie besagt, „dass jedermann sich um Frieden zu bemühen hat, solange auf seine Erreichung Hoffnung besteht; und wenn er ihn nicht erreichen kann, darf er nach allen Hilfsmitteln und Vorteilen des Kriegs streben und sie benutzen". Daher ist das „fundamentale Naturgesetz", „nach Frieden zu streben und ihn zu achten". Es verhält sich komplementär zum „Inbegriff des Natur-

[7] Die folgende Darstellung bezieht sich auf Hobbes, Leviathan, I.14/15.

rechts", nämlich „uns mit allen möglichen Mitteln selbst zu verteidigen". Die Vernunft verpflichtet also den Menschen zum Zwecke der Selbsterhaltung, nach Frieden und dessen Aufrechterhaltung zu streben. Damit ist aber noch nicht gezeigt, auf welche Weise dies vonstatten gehen soll (Kersting 1999, 58). Jedoch folgt aus dem fundamentalen Naturgesetz unmittelbar ein zweites Naturgesetz. Es besagt, „dass ein Mensch, wenn sich andere ebenso verhalten, bereit sein soll, auf sein Recht auf alles zu verzichten, soweit er dies für den Frieden und die Erhaltung seiner selbst für notwendig hält; und mit so viel Freiheit gegen andere Menschen zufrieden sein soll, wie er anderen Menschen gegen sich selbst erlauben würde."

Dieser Freiheitsverzicht impliziert aufgrund seiner intendierten Wechselseitigkeit, die seinen Verpflichtungscharakter zur Folge hat und institutionalisierte Sanktionierungen erfordert, eine formelle Rechtsübertragung, d. h. einen Vertrag (*contract*). Das zweite Naturgesetz gebietet daher letztlich den allgemeinen Abschluss eines Friedensvertrags aller mit allen und die Übertragung des allgemeinen Rechtes auf alles an eine übergeordnete Instanz. Sie kann gerade deswegen nicht selbst Vertragspartner sein, sondern muss im Gegenteil absolute Sanktionsgewalt über alle Vertragsteilnehmer besitzen (Kersting 1999, 60 ff.). Daher folgt aus dem zweiten Naturgesetz ein drittes. Es bildet nach Hobbes „Quelle und Ursprung von Gerechtigkeit". Dieses dritte Naturgesetz besagt, „dass geschlossene Verträge einzuhalten sind". Dass die Gerechtigkeit vom Prinzip der Vertragstreue abhängt, ergibt sich aus folgender Argumentation: Weil unter der Voraussetzung des allgemeinen Rechts auf alles eine jede mögliche Handlung eine Ausübung dieses Rechts darstellt, ist eine Unterscheidung zwischen rechten und unrechten Handlungen erst unter der Bedingung des allgemeinen Friedensvertrags möglich, d. h. innerhalb einer staatlichen Ordnung. Ist infolgedessen staatliche Organisation die Bedingung der Unterscheidung zwischen Recht und Unrecht, kann staatlich verfasstes Recht niemals dem Naturrecht entsprechen. Es kann folglich auch nicht unter dem Gebot stehen, sich diesem anzunähern. Vielmehr gebietet das Naturgesetz gerade umgekehrt die Aufgabe des Naturrechts. Nun entspringt das Naturgesetz der Vernunft und ist verschieden vom Naturrecht. Das staatliche Recht, dessen Einrichtung das Naturgesetz gebietet, darf deswegen gerade nicht dem Naturrecht, sondern muss vielmehr der Vernunft entsprechen.

Anders als die gesamte Tradition vor ihm gelangt Hobbes so zu einer Entgegensetzung von Natur- und Vernunftrecht. Alles vernünftige Recht folgt auf den allgemeinen Vertrag und ist deshalb staatliches Recht. Widerrechtliche Lebens- bzw. Verhaltensweisen oder einzelne Handlungen sind daher ebensowohl ungerecht bzw. unrecht wie unvernünftig. Gleichwohl lässt Hobbes nicht allein positive Rechte im strengen Sinn der veröffentlichten und veränderlichen staatlichen Rechtsordnung, mithin im Sinne des jeweiligen Gesetzescorpus zu. Denn er entwickelt unmittelbar nach seiner Begründung des notwendigen Vernunftcharakters staatlichen Rechts noch weitere 19 Naturgesetze.

Sie betreffen allerdings die dispositionelle Verfassung von Personen und nicht ihre einzelnen Handlungen, die allein Gegenstand der staatlichen Rechtsprechung sein können. Diese allgemeinen Verhaltensweisen, die durchaus an traditionelle Tugendlehren anschließen und allesamt der Weiterentwicklung des allgemeinen Friedens dienen, folgen allesamt der Goldenen Regel – „Was Du nicht willst, dass man Dir tu', das füg' auch keinem and'ren zu!". Die Goldene Regel erweist sich damit als das oberste und auch dem „geringsten Verstande" zugängliche Kriterium für die Naturgesetzlichkeit und mithin die Vernünftigkeit aller Verhaltens- und Handlungsweisen. Diese, von der weitgehend beliebigen Gestalt des positiven Rechts unabhängigen Naturgesetze verbinden *in foro interno*, d. h. sie verpflichten das Gewissen, und sind wie alle anderen Naturgesetze „unveränderlich und ewig". Trotz des kaum übersehbaren Rechtspositivismus also, der das staatliche Recht beherrscht, knüpft auch Hobbes unter dem Titel des Naturgesetzes hinsichtlich seiner Vernunftkonformität und Moralität an die Naturrechtstradition an (Hüning 1998).

4. Samuel Pufendorf (1632–1694): Kein Recht ohne Gesetz

Samuel Pufendorf zufolge liegt der gottgeschaffenen Welt sowohl in der physischen als auch in der moralischen Sphäre eine stabile, naturgesetzliche Ordnung zugrunde, die vermittels wissenschaftlicher Methoden aufgedeckt werden kann. Wissenschaftsrang gewinnt die philosophische Beschäftigung mit den Normen menschlichen Handelns durch deren Ableit- und Beweisbarkeit aus der gottgewollten Natur des Menschen mit den Mitteln der Logik (JNG I.2). Auf dieser Basis verfährt die Moralwissenschaft ebenso deduktiv wie präskriptiv.

Die menschliche Natur nun zeichnet sich nach Pufendorf durch folgende Eigenschaften aus: Sorge um Selbsterhaltung, Bewusstsein der Unmöglichkeit autarker Sicherheit, ein gewisser Grad an Soziabilität und wechselseitige Einsicht in ebendiese Eigenschaften (JNG II.3, §§ 10–16). Es besteht daher eine natürliche Notwendigkeit zum Zusammenleben in politischen Gemeinschaften (*universitates*). Sie bildet das fundamentale Gesetz der Natur (Haakonssen 2003, 1338), dem auch die natürlichen Fähigkeiten des Menschen entsprechen. Ihre

Aktualisierung in einer angemessenen gesellschaftlichen Ordnung hängt indes von der Zuweisung moralischer Eigenschaften an Handlungsweisen und Sachen ab, die diese zu moralischen Gegenständen (*entia moralia*) macht (Aichele 2011a, 326 ff.). Diese Zuweisung erfolgt zwar willentlich und ist daher aufgrund der vollständigen Freiheit des menschlichen Willens (Aichele 2014) kontingent. Jedoch ist die Form jener entia moralia durch Gott vorgegeben, muss aber erst durch die vernünftige Einsicht in die ihnen entsprechenden Regeln und deren Anerkennung realisiert werden.

Daraus folgt zunächst die Priorität des Gesetzesbegriffs vor dem Begriff der Moralität, da ersterer den moralischen Prädikaten – „gut-böse/recht-unrecht" – sowohl metaphysisch als auch logisch vorausgesetzt ist (OHC I.2, §§ 11–13). Moralische Urteile haben nun aber nichts mehr als das Verhältnis von Einzelhandlung, Gesetz und positiver oder negativer Sanktion zum Gegenstand und sind deshalb allesamt Zurechnungsurteile (Aichele 2011a). Solche Urteile setzen indes nichts anderes voraus als die Erkenntnis des Gesetzes und der empirisch feststellbaren, vollzogenen Einzelhandlung (JNG I.3, § 4). Folglich bildet das Gesetz auch die einzige Voraussetzung des moralischen Urteilens. Genau umgekehrt wie bei Hobbes setzt also für Pufendorf jedes Recht – und damit auch das Naturrecht – ein Gesetz voraus. Pufendorf gelangt daher zu folgender Definition des Rechts (*ius*): „Ein Recht ist ein Vermögen zu handeln, das durch die Gesetze zugesprochen oder erlaubt ist." (JNG I.6, § 3)

Pufendorf versteht daher den Begriff des Rechts prinzipiell subjektiv, d. h. als Handlungsmöglichkeit einer Person. Demgemäß kann er vier Arten solcher Rechte unterscheiden: 1. Die Gewalt einer Person über die eigenen Handlungen bzw. Freiheit (*libertas*); 2. die Gewalt einer Person über Handlungen anderer Personen, d. h. Befehlsgewalt (*imperium*); 3. die Verfügungsgewalt einer Person über Gegenstände, die ihr zu eigen sind, d. h. Eigentum (*dominium*); und 4. die Verfügungsgewalt einer Person über das Eigentum anderer Personen bzw. Knechtschaft (*servitus*).

Es ist leicht zu sehen, dass *imperium*, *dominium* und *servitus* als subjektive Rechte *libertas* zum einen notwendig voraussetzen. Allerdings kann diese Voraussetzung nicht schon für den aktualen Besitz jener Rechte hinreichen. Denn sonst folgte daraus ein Recht aller auf alles, das dem Naturgesetz zum geselligen Leben geradewegs widerspräche. Das subjektive Recht auf Freiheit ist folglich negativ als Freiheit von naturgesetzwidriger bzw. ungesetzlicher Unterdrückung zu verstehen und gewinnt erst mit seiner gesetzlichen Regelung durch eine menschliche Gemeinschaft jeweils positiven Gehalt: Schon das Leben im sozialen Verbund schließt die Erfüllung von Pflichten und ihre Durchsetzung ein, deren verpflichtende Kraft sich aus vernünftiger Einsicht ergibt. Zugleich stellt negative Freiheit das einzige im strengen Sinne natürliche Recht des Menschen dar, mithin dasjenige, das überhaupt erst einem Gesetz unterworfen sein kann: Freiheit bildet so nur die materiale Bedingung des Gesetzes, das folglich seine moralische Priorität behält. Aus dem Verhältnis der Freiheit zu den anderen Arten subjektiver Rechte ergibt sich zum anderen deren Herkunft durch nicht-natürliche Festlegung und die ihnen entsprechende Verpflichtung. Diese Rechtsetzung ist freilich im Interesse des Naturgesetzes zu vollziehen, d. h. durch einen Vertrag zum Zwecke allgemeiner Sicherheit. Dieser muss aufgrund der natürlichen Rechtsgleichheit seiner Teilnehmer eine strikte Korrespondenz von Rechten und Pflichten – seien dies solche gegen Gott, gegen sich selbst oder gegen andere (Schmidt-Biggemann 1999, 123 ff.) – beachten: Wozu eine Pflicht besteht, dazu muss auch ein Recht als Handlungsermächtigung im Einklang mit dem Naturgesetz bestehen.

Dabei unterscheidet Pufendorf drei den sekundären Rechtsarten korrespondierende Bereiche von Pflichten (*officia*) und entwickelt aus ihr seine einflussreiche (Haakonssen 1996) Dreiteilung der Disziplinen des besonderen Naturrechts: Das Personenrecht behandelt die Pflichten, die aus der Bestimmung eines Wesens als Mensch selbst folgen, das Familienrecht diejenigen, die sich aus der Position eines Menschen innerhalb eines Familienverbundes im weiteren Sinne eines Haushalts (*oîkos*) ergeben, und das öffentliche Recht bestimmt die Pflichten, die einer Person als Glied einer politischen Gemeinschaft auferlegt sind. All diese Pflichten gehören indes schon aufgrund ihrer wissenschaftlichen Begründbarkeit aus Vernunft und Naturgesetz zum weiteren Begriff des Naturrechts.

***

Das Naturrechtsdenken der Frühen Neuzeit wirkt durch sein Streben nach Säkularisierung des Rechtsbegriffs unter dem grotianischen Prinzip des *Etiamsi daremus*, aber auch durch die weitgehende Positivierung des Rechtsbegriffs durch Hobbes bis in die Gegenwart fort. Der Verzicht auf theologische Begründung grundlegender Verhaltensnormen durch den Rückgang auf transzendente Gegenstände und Sachverhalte oder den Rückgriff auf geoffenbarte Glaubenswahrheiten erstreckt sich sowohl auf die epistemologische Ebene der Erkenntnismöglichkeit jener Normen als auch auf die praktische Seite ihrer verpflichtenden Geltung. Beider Legitimation fußt auf der Basis der allgemeinen Natur des Menschen bzw. der menschlichen Vernunft.

Das Naturrecht der Frühen Neuzeit erhebt damit – dies wird insbesondere an den intensiven Bemühungen um das Völkerrecht ersichtlich – ausdrücklich Anspruch auf universalmenschliche, mithin transkulturelle Geltung. Denn sowohl der Gehalt des Naturrechts als auch sein Verpflichtungscharakter steht explizit auch der Erkenntnis durch Nicht-Christen offen. Der christliche Glaube gilt folglich nicht mehr als notwendige Bedingung für rechtliches Verhalten und ebenso wenig für die Behandlung von Menschen als Rechtssubjekte, die spätestens mit dem Verhältnis der europäischen, vor allem spanischen und portugiesischen Eroberer zu den Ureinwohnern der neuweltlichen Kolonien ein akutes Problem bereits für die Spätscholastik geworden war. Die Trennung von Glauben und Rechtsstellung des Menschen führt zur Subjektivierung bzw. Personalisierung des Rechts, das nunmehr als eine besondere Eigenschaft gilt, die prinzipiell jedem Menschen als Menschen zugesprochen werden muss. Allerdings darf diese Säkularisierung keineswegs mit einer Laïsierung oder gar Atheisierung verwechselt werden: Das grundlegende Verständnis der Welt und des Menschen als Gottes Geschöpf und damit der Einklang des durch die Vernunft erkannten und mit wissenschaftlichen Mitteln ausgearbeiteten Naturrechts bleibt bestehen – ungeachtet der tiefen Differenzen bezüglich seines Umfangs, als deren paradigmatische Extrema die Positionen von Hobbes und Pufendorf verstanden werden können.

IV. Aufklärung

Die Fortentwicklung und Diskussion des Rechtsbegriffes in der Aufklärung vollzieht sich in weitgehend bruchlosem Anschluss an das Naturrechtsdenken der Frühen Neuzeit. Die säkulare Tendenz hin zu einem reinen Vernunftrecht, das *sine fide* sowohl in seinem Gehalt als auch in seiner verpflichtenden Kraft erkannt werden kann, verstärkt sich allerdings weiter bis zur Umkehr des hergebrachten Übereinstimmungsverhältnisses. Denn der Akzent liegt nun mehr und mehr auf den Vorgaben der Vernunft. Geoffenbarte bzw. religiös oder theologisch fundierte Verhaltensnormen werden nur noch insofern als verbindlich und allgemein verpflichtend akzeptiert, als sie auch durch vernünftiger Erkenntnis zugängliche Begründungen legitimiert werden können.

Dies führt nach dem durch den Newtonianismus geprägten Vorbild mathematischer Erkenntnis zu einer fortschreitenden Verwissenschaftlichung und Enthistorisierung des Rechtsbegriffes, die sich besonders in der deutschen Aufklärung an der Konstruktion naturrechtlicher Systeme mit deduktiven Mitteln zeigt. Dieses Erkenntnisideal führt in Verbindung mit dem gleichzeitigen Aufkommen des erkenntnistheoretischen Empirismus und dessen zunehmenden Einfluss zu einer nunmehr ausdrücklichen Trennung von Recht und Moral, d. h. der getrennten Beurteilung von äußeren und inneren Handlungen, wie sie bereits bei Hobbes, aber auch Pufendorf angelegt ist.

1. John Locke (1632–1704): Göttliches Gesetz und öffentliche Meinung

Ausgehend von seiner Ablehnung der cartesianischen Lehre von den angeborenen Ideen verortet John Locke den Ursprung wenn nicht vollständig aller (Aichele 2012), so doch jedenfalls aller moralischen Vorstellungen (*ideas*) in den Handlungen bzw. Interaktionen vernünftiger Wesen, deren begrifflicher Fassung mit den Mitteln von Induktion und Abstraktion und der Vergemeinschaftung dieser Begriffe durch die Sprache, d. h. durch Konventionalisierung. Handlungen sind dabei stets auf das natürlichen Streben nach Lust bzw. nach Vermeidung von Schmerz gegründet (E II.20, §§ 1–3, u. II.21, § 61; Specht 1989, 164 ff.). Locke vertritt also in der durch Gassendi vermittelten Tradition des Epikureismus eine prinzipiell hedonistische Position.

Mögliche Gegenstände moralischer Beurteilung sind allerdings nur solche Handlungen, die aufgrund eines bewussten Willensaktes vollzogen werden. Ein solcher beruht als Entschluss zum Verlassen des gegenwärtigen Zustandes stets auf einem Gefühl des Unbehagens (*uneasiness*; E II.21, §§ 31 ff.). Ein moralisches Urteil wird dann gefällt, wenn diese willentlichen Handlungen sich in Übereinstimmung oder Widerspruch zu einem Gesetz (*law*) befinden, dessen Befolgung oder Übertretung gemäß dem Willen und der Macht eines Gesetzgebers belohnt oder bestraft werden, d. h. entweder Lust oder Schmerz nach sich ziehen (E II.28, § 5).

Locke unterscheidet drei Arten solcher moralischer Regeln und dementsprechend drei Arten von Durchsetzungsmaßnahmen, die notwendig sind, um den freien Willen des Menschen im Sinne dieser Gesetze zu bestimmen. Diese Regeln können selbst keine natürliche Folge der jeweiligen Handlungen sein. In der willentlichen Gesetzheit der lust- oder schmerzvollen Folgen einer Handlung besteht vielmehr die „wahre Natur allen Gesetzes im eigentlichen Sinne“ (ebd., § 6). Unter diesen allgemeinen Begriff des Gesetzes fallen die folgenden drei Arten: Das göttliche Gesetz (*Divine Law* bzw. *Law of God*; ebd, § 13), demgemäß die Menschen beurteilen (*judge*), ob ihre Handlungen Sünde (*Sin*) oder Pflicht (*Duty*) sind; das bürgerliche Gesetz (*Civil Law* bzw. *Law of Politick Societies*; ebd.), demgemäß die Menschen beurteilen, ob ihre Handlungen verbrecherisch (*Criminal*) oder unschuldig (*Innocent*) sind; das Gesetz der öffentlichen Meinung (*Opini-*

on) oder des guten Rufs (*Reputation*), demgemäß die Menschen beurteilen, ob ihre Handlungen tugend- (*Vertues*) oder lasterhaft (*Vices*) sind (ebd., § 7). Alle Gesetze im eigentlichen Sinne fungieren also als Kriterien zur Handlungsbeurteilung, d. h. als Kriterien moralischer Urteile. Da diese Urteile durch den Menschen gefällt werden können müssen, müssen sie auch der bewussten Wahrnehmung (*perception*) seiner selbst (*reflection*) oder von seinem Geist verschiedener Dinge (*sensation*) zugänglich und folglich aussagbar sein.

Das göttliche Gesetz entspringt dem Willen Gottes und seine Durchsetzung erfolgt notwendig aus seiner Allmacht vermittels unendlicher Belohnung, d. h. ewiger Glückseligkeit (*happiness*), und Strafe, d. h. ewigem Jammer (*misery*), „in einem anderen Leben" (ebd., § 8). Es wird den Menschen bekanntgemacht (*promulgated*) durch die Vernunft (*light of Nature*) oder die „Stimme der Offenbarung". Die Erkenntnis des göttlichen Gesetzes und daher sowohl die Möglichkeit seiner Beachtung als auch die Anerkennung seiner verpflichtenden Kraft ist infolgedessen nicht abhängig vom Glauben an die Offenbarung, sondern im Gegenteil jedem Menschen, sofern er Vernunft besitzt, zugänglich. Locke bezeichnet es daher auch als „Gesetz der Natur" (*law of nature*; E I.3, § 6).

Seinen Inhalt präzisiert er im *Second Treatise of Government*: Er besteht in der Erhaltung der Menschheit sowohl in der eigenen Person als auch der der anderen (STG 2, § 7; Haakonssen 2003, 1348 f.). Weil aber jedes wahrhafte Gesetz ohne die Möglichkeit seiner Durchsetzung sinnlos (*vain*) ist, muss das Naturgesetz auch die Macht enthalten, es zu vollstrecken. Daraus folgt, dass jedermann von Natur aus dazu berechtigt ist, entsprechende Verstöße zu bestrafen (STG 2, §§ 7/13). Aufgrund der Identität von göttlichem und natürlichem Gesetz sind solche Verstöße aber gleichermaßen Gegenstand himmlischer Sanktionierung. Zum einen besitzen deshalb diesbezügliche menschliche Strafen ebenso wie ihr mögliches Ausbleiben bloß vorläufigen Charakter, so dass die Offenbarung des Gesetzes durch Christus die Motivation zu seiner Befolgung erheblich stärkt. Zum anderen aber wird so zugleich die Rolle der Offenbarung für die Anerkennung des natürlichen Gesetzes minimiert (Haakonssen 2003, 1349 f.). Jeder Mensch kann also – und soll deswegen auch – moralisch gut handeln, weil das göttliche Gesetz bzw. das Naturgesetz der „einzige wahre Prüfstein für moralische Rechtschaffenheit" ist. Das göttliche Gesetz ist daher auch die „Regel, dergemäß die Menschen sich selbst regieren sollen" (E II.28, § 8).

Das göttliche Gesetz bildet daher auch das Kriterium für die moralische Güte des bürgerlichen Gesetzes (STG 11, § 135). Dessen Urheber ist der Staat bzw. das Gemeinwesen (*commonwealth*; E II.28, § 9, u.

STG 10, § 133). Das bürgerliche Gesetz gilt allein für dessen Angehörige (STG 2, § 9) und hat den Zweck, Leben, Freiheit und Eigentum der gesetzestreuen Bürger zu schützen, indem es Verstöße durch den Entzug ebendieser Güter bestraft. Das bürgerliche Gesetz steht nicht in einem strengen Ableitungsverhältnis zum Naturgesetz, sondern ist, sofern es diesem negativen Kriterium genügt, frei festlegbar und in seiner Gültigkeit relativ und daher veränderlich. Der Gesetzgeber verfügt deswegen weder über absolute noch willkürliche Gewalt und ist aufgrund der natürlichen Zweckvorgabe jedes Gesetzes verpflichtet, Gesetze öffentlich bekanntzumachen und für Einrichtungen zur Durchsetzung des bürgerlichen Gesetzes zu sorgen (STG 11, § 137, u. 13, §§ 150 ff.).

Die dritte und letzte Art des Gesetzes, die Locke auszeichnet, steht in unmittelbarer Relation zum göttlichen Gesetz. Das Gesetz der öffentlichen Meinung bzw. des guten Rufs, das er in der Erstauflage des *Essay* noch als „philosophisches Gesetz" (*philosophical law*) bezeichnet, fällt nämlich schlicht mit dem göttlichen Gesetz zusammen (*coincident*; E II.28, § 10). Es wird daher nicht von Philosophen gemacht, sondern von ihnen nur untersucht und diskutiert. Es fungiert als Maßstab der Tugend- oder Lasterhaftigkeit von Einzelhandlungen, d. h. insofern diese für sich genommen und nicht in Relation zu ihren rechtlichen Folgen, also intrinsisch richtig oder falsch sind, und steht der Vernunfterkenntnis offen. Seine Differenz zum göttlichen Gesetz besteht trotz des prinzipiell und im Idealfall gleichen Gehalts in der Abhängigkeit der Begriffe von Tugend und Laster von ihrem Gebrauch in der jeweiligen Gesellschaft, die darüber urteilt. Beide Gesetze koinzidieren also nur, insofern die Begriffe von Tugend und Laster gemäß der per se einheitlichen vernünftigen Erkenntnis gebraucht werden.

Dies ist indes keineswegs notwendig, da die Bedeutung jener Begriffe, die den einschlägigen Urteilen zugrunde liegt, auf einer „geheimen und stillschweigenden Übereinkunft" (*secret and tacit consent*) beruht, die von Gesellschaft zu Gesellschaft und von Zeit zu Zeit variiert. Entsprechende Urteile gelten daher immer relativ zum sozialen Konsens und sind daher subjektiv. Ihre Übereinstimmung mit dem göttlichen Gesetz bleibt infolgedessen kontingent. Locke nennt das Gesetz der öffentlichen Meinung deshalb auch das der Mode oder der privaten Schätzung (*Law of Fashion, or private Censure*; ebd., § 13). Es sind demzufolge die Nichtöffentlichkeit der Urteilsgründe und das daraus folgende Fehlen der Zwangsbewehrtheit, die das Gesetz der Mode vom bürgerlichen Gesetz unterscheiden. In jedem Falle aber dependiert die Moralität oder Rechtlichkeit einer Verhaltensweise oder einer Einzelhandlung von ihrer Konformität mit einer Regel, deren

Kenntnis zumindest jedermann möglich sein muss. Der Begriff des Rechts hängt also stets von dem des Gesetzes ab.

2. Gottfried Wilhelm Leibniz (1646–1716): Die Harmonie des Rechts

Hinge die Bedeutung eines Autors allein von seiner Rezeption ab, hätte Gottfried Wilhelm Leibnizens Analyse des Rechtsbegriffs in einer Überblicksdarstellung wie dieser gewiss nichts zu suchen: Seine notorische Überlastung mit einer schier unglaublich vielgestaltigen Menge von Aufgaben und Projekten ließ ihm, dem studierten Juristen, trotz seiner bis kurz vor seinem Tod immer wieder erklärten Absicht schlicht keine Zeit, seine, seit seinen Jugend- und Studienjahren in ihren Grundlagen erstaunlich stabilen Überlegungen zum Naturrecht und zur allgemeinen Jurisprudenz in eine veröffentlichungsreife Form zu bringen.[8] Zwar erschienen in den 1660er Jahren einige akademische Zweckschriften zu juristischen Problemen und 1667 (anonym) ein Werk zur Reform der Rechtswissenschaft und des Jurastudiums (*Nova Methodus discendae docendaeque Jurisprudentiae*). Jedoch bleiben dort deren begriffliche Fundamente, mithin die sie begründende und eigenständige Theorie des Naturrechts noch wenig ausgeführt. Derlei systematische Überlegungen finden sich vielmehr in Leibnizens Nachlass, der immerhin 75.000 Manuskripte und 15.000 Briefe umfasst. Die einschlägigen Texte wurden erst 1926 bzw. 1930 ediert.

a) Das Naturrecht: Recht – billig – lieb

Bereits in der *Nova methodus* unterscheidet Leibniz drei Stufen des Naturrechts, nämlich – in aufsteigender Linie – das Strenge bzw. Bloße Recht (*jus strictum, jus merum*), die Billigkeit (*aequitas*) und das Pflichtbewusstsein (*pietas*) bzw. die Güte (*probitas*) (NM § 73, 79). Ihnen entsprechen auf positivrechtlicher Seite das Gemeinderecht (*jus municipale*), das Reichsrecht (*jus imperii universale recens*) und das selbst bereits zu einem guten Teil naturrechtlich formierte Römische Recht (*jus romanum*) (Busche 2003, LXIII ff.). All diese verschiedenen Rechtsarten bilden eine durchgängige Ordnung, die nach dem Kriterium der Vollkommenheit hierarchisiert ist (NM § 73, 79), so dass das jeweils vollkommenere Recht das jeweils weniger vollkommene „bestätigt und im Streitfalle seine Gültigkeit beschränkt" (ebd.). Dabei fungiert das Naturrecht generell als „Kompass" im unendlichen Meer der „täglich" auftauchenden und zu entscheidenden neuen Fälle (NM

[8] Hierzu und zur gesamten folgenden Darstellung s. Busche 2003 u. 2015.

§ 69, 71), „über die sich das Gesetz" – das positive Recht also – „nicht erklärt hat" (NM § 70, 71). Naturrechtswidrige positivrechtliche Regelungen sind damit ausgeschlossen. Da das Recht aufgrund der daraus folgenden Selbstwidersprüchlichkeit nicht ungerecht sein kann, verliert ein ungerechtes Gesetz, wie es durch Gewalt durchaus gegeben werden kann, seinen Rechtscharakter (NBJ, 155).

Auf der ersten bzw. untersten Stufe des Naturrechts steht das Strenge Recht. Es gehört nach der von Leibniz übernommenen aristotelischen Einteilung zur ausgleichenden Gerechtigkeit (*justitia commutativa*) und kann und muss im Rahmen des Privatrechts positiviert werden (Busche 2015, 33). Aus der damit einhergehenden Erzwingbarkeit erklärt sich auch seine Bezeichnung als „Strenges" Recht. Es umfasst zwei fundamentale Rechte, die einem jeden Individuum als solchem zukommen und ihm daher nicht genommen werden können. Sie bestehen zum einen in der Freiheit (*libertas*), die Leibniz im Sinne eines ursprünglichen Besitzes als das „Recht auf meinen Körper, dessen Träger ich gleichsam bin", bestimmt, und zum anderen in der Befugnis (*facultas*) als Recht auf eine Sache (*jus in/ad rem*), die niemandem sonst gehört (NM §§ 16/17, 49 ff.), also prinzipiell auf alles, solange es sich dabei nicht um einen anderen Menschen handelt.

Diesen beiden Grundrechten korrespondiert die generelle Verpflichtung (*obligatio*), keine Rechtsverletzung (*injuria*) zu begehen, die in der Behinderung (*impeditio*) der Freiheit, der Befugnis oder der Rechtsgewalt (*potestas*) eines anderen liegt (NM § 16, 49). Leibniz unterscheidet hier negative und positive Verpflichtungen. Erstere folgen unmittelbar aus den individuellen Rechten auf Freiheit und Aneignungsbefugnis und betreffen den Schutz von Leib und Leben. Die positiven Verpflichtungen hingegen setzen die Rechtsgewalt einer übergeordneten Instanz voraus, „durch die ich gehalten bin, etwas zu tun oder zu dulden" (ebd.), d. h. einer positivrechtlich geordneten staatlichen Organisation. Diese geht allerdings aus einer Übereinkunft (*conventio*) der Individuen hervor, die Rechtsgewalt und die damit verbundenen Entscheidungen einem Gesetzgeber zu übertragen (NM § 17, 51). Daher enthält der Begriff einer positiven naturrechtlichen Verpflichtung die Anerkennung staatlicher Gewalt und des durch diese gesetzten positiven Rechts, solange dies nicht gegen das Strenge Recht verstößt. Also wird auch hier die Ebene des Schutzes des privaten Wohls nicht verlassen, so dass Leibniz das bloße Naturrecht auf eine einzige Vorschrift bringen kann, nämlich Ulpians Gebot des *Neminem laedere* (NM § 73, 81).

Die zweite, nächsthöhere Stufe des Naturrechts ist die Billigkeit. Sie muss schon aufgrund der Verschiedenheit der Termini „recht" und „billig" vom Bloßen Recht unterschieden werden (El 3, 203). Leibniz orientiert sich hier ebenfalls am aristotelischen Modell der austeilenden Gerechtigkeit (*justitia distributiva*), erhebt es aber zu allgemeiner Bedeutung. Es geht ihm nicht mehr nur um gerechtigkeitsgeleitete Einzelfallkorrektur (Busche 2015, 37), sondern er erklärt die Billigkeit zum einheitsstiftenden und daher übergeordneten Prinzip im Gültigkeitsraum des Strengen Rechts: „Die Billigkeit oder Ausgewogenheit (*aequalitas*), d. h. die Verhältnismäßigkeit oder Proportion zwischen zwei oder mehreren Rechtsansprüchen, besteht in deren Harmonie oder Kongruenz.“ (NM § 74, 81) Zumindest zweierlei erhellt bereits aus dieser Definition: Zum einen kann der Zweck der Billigkeit nicht mehr im privaten Wohl liegen, da eine Harmonie oder Kongruenz verschiedener Rechtsansprüche deren Fortbestehen und also ebenso ihre Legitimität voraussetzt. Dies widerspricht bereits der einseitigen Durchsetzung des privaten Wohls in einem zivilrechtlichen Streitfall. Zum anderen lässt sich aufgrund der Rechtlichkeit der verschiedenen Ansprüche deren Mäßigung oder gar ein Verzicht nicht positivrechtlich erzwingen: Billigkeit ist daher nicht vor Gericht einklagbar (ebd.). Sie verlangt daher zunächst die Bereitschaft der Beteiligten, den Rechtsanspruch des jeweils anderen anzuerkennen und zu einem vernünftigen Ausgleich zu kommen, d. h. Billigkeit setzt ein freiwilliges Bemühen um Einigung im Sinne des gesellschaftlichen Friedens bzw. des öffentlichen Nutzens voraus. Eine solche Beachtung des Gemeinwohls ist aber jedem rationalen Individuum ohne weiteres zuzumuten (El 3, 201 ff.), da die Erfüllung der Pflichten der Billigkeit zumindest mittelbar jedem Teil der Gemeinschaft zu Gute kommt. Sie sollten auch bei der Gesetzgebung in Form von Hilfsgeboten bzw. Unterlassungsverboten Berücksichtigung finden und umfassen insbesondere die Gebote der Verhältnismäßigkeit in Rechtsstreitigkeiten, bei der Strafzumessung, bei der Verteilung öffentlicher Güter zum Zwecke sozialer Unterstützung und sonstiger Hilfspflichten, die ohne Beeinträchtigung des eigenen Wohls geleistet werden können (Busche 2003, LXXX ff.). Wie leicht zu sehen ist, geht es hierbei stets um situationsbedingte, mithin kontingente Einzelfallabwägungen. Leibniz räumt daher ein, dass, was billig ist, kaum allgemein definiert werden kann (El 3, 203). Die Auffindung des jeweils Billigen ergibt sich jedoch aus der Anwendung von dem Strengen Recht übergeordneten und leicht rational einsehbaren Prinzipien, nämlich der Goldenen Regel und dem ulpianischen Grundsatz des *Suum cuique tribuere* (NM § 74, 81).

Dass die dritte und höchste Stufe des Naturrechts sich durch das letzte Prinzip Ulpians – *Honeste vivere.* – zusammenfassen lässt (NM § 75, 83), kann kaum überraschen. Wie bereits Leibnizens alternative, aber nicht synonyme Bezeichnungen, Pflichtbewusstsein und Güte, zeigen, ist diese Naturrechtsart gänzlich in den Geist des vernünftigen und freien Individuums verlegt. Ihre Befolgung bzw. Anwendung kann nicht äußerlich erzwungen oder durch externe Eingriffe gewahrt werden, sondern obliegt allein dem Inneren Gerichtshof (*forum internum*), d. h. dem Gewissen (*conscientia*) (Busche 2015, 40). Es ist also die Moral, die den Abschluss von Leibnizens Naturrechtslehre bildet. Nun ist die Moralität von Entscheidungen bzw. Handlungen zwar eine durchaus private Angelegenheit. Daraus folgt jedoch keineswegs, dass sie eine Sache der individuellen Gefühlslage, mithin beliebig und letztlich irrational wäre. Denn die Moral begreift ja die beiden anderen Stufen des Naturrechts, das Strenge Recht und die Billigkeit, unter sich. Diese Position ermöglicht vielmehr erst ihre vollständige Rationalität, die sie zugleich zum natürlichen Willen Gottes macht (NM § 75, 83), der gar nicht anders als vollständig rational sein kann.

Gerade aufgrund dieser Natürlichkeit verfolgt Leibniz auch kein theonomes Konzept, das ausschließlich Gott als den alleinigen Gesetzgeber zuließe. Um zu erkennen, was gut oder böse bzw. gerecht oder ungerecht ist, bedarf es keineswegs göttlicher Offenbarung und des entsprechenden Glaubens, sondern nur des Gebrauchs der Vernunft, die allen Menschen ganz unabhängig von ihrer Religion gleichermaßen gegeben ist. Um moralisch und damit zugleich naturrechtskonform zu handeln, genügt es demzufolge, den Willen gänzlich unter die Leitung der Vernunft zu stellen. Daher entsprechen der Güte und dem Pflichtbewusstsein ein Recht und eine Pflicht. Zum einen hat jedes Individuum jederzeit das Recht auf eine freie Entscheidung gemäß seinem Gewissen, und zum anderen die Pflicht, der moralischen Erkenntnis des Gewissens auch zu folgen und dementsprechend das als gut Erkannte zu tun und das als böse Erkannte zu unterlassen (Busche 2015, 40). Atheisten, Agnostiker und Skeptiker unterscheiden sich so von den Gläubigen hinsichtlich ihrer Moralität letztlich bloß durch ihre motivationale Lage. Letzteren mag es nämlich aufgrund ihres Glaubens an ein göttliches Gericht und die damit einhergehenden jenseitigen Folgen ihrer Handlungen leichter fallen, stets das natürliche Recht zu achten.

Erst von diesem Durchgang durch die Stufen des Naturrechts aus erhellt auch Leibnizens abschließende Bestimmung der universalen Gerechtigkeit (*justitia universalis*) als „Liebe des Weisen" (*caritas sapientis*) (ebd., 42). Er versteht sie indes keineswegs als unbedingten Altruismus. Gerechtigkeit verlangt nicht die Aufgabe des eigenen natürlichen Rechts. Ganz im Gegenteil – und durchaus im Sinne des christlichen Liebesgebots, das eben nicht zur Unterordnung des eigenen Wohls unter das des Nächsten, sondern zur Gleichsetzung beider auffordert – verteidigt Leibniz gegen die stoischen „Luftschiffer und Wolkenflieger" (El 4, 239) den theoretischen Hedonismus, wonach es zum einen „niemanden gibt, der irgendetwas absichtlich aus einem anderen Grunde täte als um seines Wohles willen“ (ebd., 225), und zum anderen jedes Wohl stets als Erfreuliches (*jucundum*) bestimmt wird (ebd., 237 ff.).

Ist nun die natürliche Selbstliebe des Menschen die Wurzel der Gerechtigkeit bzw. gerechten Handelns, kann „niemand zu seinem eigenen Unglück verpflichtet sein“, sondern zuallererst nur seinem eigenen Wohl (ebd., 227). Da die rücksichtslose Verfolgung des eigenen Wohls aber zu Widersprüchen führt, weil dann das natürliche Recht verschiedener Individuen nicht zusammen bestehen könnte, so dass das Gerechte zugleich das Ungerechte wäre, muss der Begriff der Gerechtigkeit auch das fremde Wohl enthalten (ebd. ff.). Deswegen gebietet die praktische Vernunft, mithin die Klugheit (*prudentia*) (ebd., 225), eigens die Nächstenliebe (*caritas*), denn die Liebe selbst besteht in nichts anderem, als sich an fremdem Wohlergehen zu erfreuen und dies aufgrund vernünftiger Einsicht um dessentwillen zu erstreben (ebd., 241). Leibnizens ein wenig an viel spätere utilitaristische Überlegungen erinnernde Definition der Gerechtigkeit lautet daher: „Gerechtigkeit wird folglich die zur Gewohnheit verfestigte innere Haltung (*habitus*) sein, andere zu lieben (d. h. das Wohl anderer als solches zu erstreben oder am Wohl anderer sich zu freuen), solange es durch Klugheit geschehen kann (d. h. solange es nicht Ursache für größeren Schmerz ist).“ (ebd.) Ein gerechter Weltzustand besteht deswegen im proportionalen Verhältnis von je eigenem und fremdem Wohl, wie es das Naturrecht fordert, um jedermann seine natürlichen Rechte zu gewährleisten.

b) Die Entdeckung der deontischen Logik

Leibniz hat zeitlebens an der Wissenschaftsfähigkeit der Jurisprudenz, d. h. an der rationalen Beweisbarkeit ihrer Sätze und Schlüsse, festgehalten (Busche 2003, CIX ff.): „Jurisprudenz ist die Wissenschaft vom Gerechten (*scientia justi*), d. h. die Wissenschaft von der Freiheit und den Pflichten oder auch die Wissenschaft vom Recht (*scientia juris*), bezogen auf einen vorliegenden Fall oder Sachverhalt.“ (El 5, 249) Um die Jurisprudenz auf diesen Stand zu bringen, entwickelt er – vermutlich als erster (Kalinowski 1973, 19 ff.)[9] – die Grundsätze einer ihr angemessenen, eigenen deontischen, d. h. auf Sollens- bzw. Erlaubnissätze bezogenen, (Modal)Logik. Sie lassen sich

---

[9] Nach Leibniz findet sich ein ausgearbeitetes und vor allem öffentlich zugängliches Modell einer deontischen Logik schon bei Gottfried Achenwall (1719–1772): Hruschka 1986.

samt und sonders aus der höchsten Stufe des Naturrechts ableiten, d. h. der Definition des „guten Menschen“ (*vir bonus*) als dem, der alle liebt (El 5, 271). Zwar ergeben sich nach den Regeln der Kombinatorik allein aus diesen Grundsätzen knapp 1,5 Millionen Theoreme (ebd., 293) – und damit wohl ein einigermaßen solides Repertoire an formalen Regeln für Einzelfallentscheidungen –, doch lassen sich deren elementarste Prinzipien leicht überblicken.

Ihren modalen Grundgedanken – und damit den der deontischen Logik – erklärt Leibniz in aller Knappheit: „Eine Wissenschaft vom Gerechten, d. h. von dem, was einem guten Menschen möglich ist, nenne ich sie (sc. die Jurisprudenz), weil in ihr im gleichen Atemzug sowohl all dasjenige deutlich wird, was ihm möglich ist nicht zu tun, als auch all dasjenige, was ihm möglich ist nicht zu unterlassen. Eine Wissenschaft von den Pflichten nenne ich sie, d. h. von demjenigen, was einem guten Menschen unmöglich bzw. notwendig, d. h. zu unterlassen unmöglich ist, weil alles übrige, das hier nicht eigens aufgenommen wird, unter das Gerechte und Freigestellte fällt, d. h. unter das Mögliche und das Zufällige.“ (ebd., 249 ff.)

Daraus ergeben sich in genauer Entsprechung zu den Modalbegriffen der aristotelischen Tradition (El 6, 303) die folgenden fundamentalen Bestimmungen juridischer bzw. ethischer Modalitäten (ebd., 301):

1. Gerecht bzw. erlaubt ist alles, was möglicherweise von einem guten Menschen getan wird.
2. Ungerecht bzw. unerlaubt ist alles, was unmöglicherweise von einem guten Menschen getan wird.
3. Billig bzw. geboten ist alles, was notwendigerweise von einem guten Menschen getan wird.
4. Freigestellt ist alles, was zufälligerweise von einem guten Menschen getan wird.

Da nun eine Berechtigung (*ius*) die Möglichkeit und eine Verpflichtung die Notwendigkeit für einen guten Menschen aussagt (ebd.), ist leicht zu sehen, dass:

- auf alles Gerechte bzw. Erlaubte ein Recht besteht;
- für alles Ungerechte bzw. Unerlaubte eine Pflicht zu dessen Unterlassung besteht;
- für alles Billige bzw. Gebotene eine Pflicht zu dessen Vollzug besteht;
- alles Freigestellte ebenso gut vollzogen wie unterlassen werden kann, weswegen weder sein Vollzug noch seine Unterlassung Rechtsfolgen zeitigt.

3. Christian Thomasius (1655–1728): Legalität ohne Moralität

Zwar kann Christian Thomasius keineswegs als erkenntnistheoretischer Empirist wie Locke bezeichnet werden (Engfer 1996, 256 ff.). Seine strikte Trennung zwischen Recht und Moral, wie er sie in den *Fundamenta juris naturae et gentium* von 1705 durchführt, schließt dennoch systematisch durchaus an Lockes Differenzierungen aus dem *Essay* an (Widmaier 1989, 95 ff.). Ausdrücklich verwirft er Grotius' und Pufendorfs mehrdeutigen (*maxime ambigua*) Gebrauch des Gesetzesbegriffs, der im eigentlichen und strengen Sinne nur für das positive Gesetz, nicht aber für das göttliche Gesetz gelte (FJN Proö., §§ 8/9).

Der Begriff des Gesetzes fällt dabei unter den des Rechts: Darunter nämlich ist entweder eine Handlungsnorm (*norma actionis*) oder Handlungsmacht im Verhältnis zu jener Norm (*potentia agendi in relatione ad illam norman*) zu verstehen (FJN I.5, § 1). „Moralische Handlungsnorm" und „Gesetz" aber sind synonym. (ebd., § 2). Es ist daher eine strenge von einer weiten Bedeutung der Rede von Gesetz zu unterscheiden. Letztere umfasst offensichtlich das göttliche Recht genauso wie dogmatische Vorschriften, Ratschläge an den Herrscher, väterliche Ermahnungen, bedingte Übereinkünfte und Verträge. Gesetze im strengen Sinne hingegen stellen Verwaltungsvorschriften für die Herrschenden, im strengsten Sinne indes allgemeine Gesetze für den ganzen Staat dar. Beides ist Ratschlägen und Verträgen entgegengesetzt, genauer: übergeordnet (ebd., §§ 2/3). Während zur Durchsetzung von Gesetzen im weiten Sinn eine Vielzahl von Mitteln von der Überzeugung bis zum Zwang gebraucht werden können, erfolgt sie bei Gesetzen im strengen Sinne unmittelbar durch Gebot oder Verbot und mittelbar als deren Rechtsfolge durch öffentliche Strafe, gerichtlichen Zwang und Aufhebung gesetzeswidriger Handlungen (ebd., $ 4).

Beide Gesetzestypen intendieren demzufolge eine Verpflichtung (*obligatio*). In deren Art liegt nun auch ihr Unterscheidungsgrund: Gesetze im weiteren Sinne verpflichten nur innerlich, während solche im strikten Sinne äußerlich verpflichten und demzufolge keinerlei Spielraum bei ihrer Befolgung lassen (ebd., § 8). Gesetzlichkeit überhaupt bedeutet also zunächst nichts anderes als Normativität, d. h. Verpflichtungscharakter. Dies ist jedoch noch nicht gleichbedeutend mit ihrem Rechtscharakter. Er wird nämlich erst durch eine strikte Entsprechung von Handlungsnorm und -verpflichtung hergestellt und eliminiert dadurch die Handlungsmacht des Verpflichteten hinsichtlich der Norm (ebd., § 10). Die Subsumtion des Gesetzes- unter den Rechtsbegriff gilt folglich nur für Gesetze im strengen Sinn.

Dies schränkt zugleich den eingangs noch weit gefassten Rechtsbegriff ein. Seine Doppelung erklärt Thomasius nun wiederum vom Gesetzesbegriff her. Denn entweder kann von Recht in abstracto als dem Menschen angeborene (*connatum*) und demzufolge natürliche Willensfreiheit im vorgesellschaftlichen Zustand gesprochen werden oder in concreto als Resultat menschlicher Rechtssetzung bzw. eines Vertrags und demzufolge als erworbenes (*acquisitum*) Recht, wie es Herrschaft und Eigentum begründet (ebd., §§ 11/12). Demnach gibt es Pflichten, die zwar angeboren sind, jedoch keineswegs dem Willen des Verpflichteten unterliegen, was umgekehrt freilich für erworbene Pflichten aufgrund ihres vertraglichen Ursprungs gilt (ebd., §§ 13/14). Von Natur aus besteht deshalb zwischen Rechten und Pflichten keine strikte Entsprechung. Folglich darf von einem natürlichen Recht bzw. Gesetz im eigentlichen Sinne nicht gesprochen werden. Vielmehr setzt die Rede von Recht und Gesetz im eigentlichen Sinne stets einen politischen Zustand voraus, so dass auch niemandem für sich genommen ein Recht zukommen kann (*nemo habet proprie jus in se ipsum*) (ebd., § 16). Alles Recht ist daher äußerlich (*jus omne externum est*) und verpflichtet ebenso nur äußerlich (ebd., § 17).

Damit fällt zugleich Grotius' Unterscheidung zwischen vollkommenem und unvollkommenem Recht und den entsprechenden Verpflichtungen weg. Denn alles Recht betrifft dann nur noch die Beziehungen zu anderen und ist hinsichtlich seiner Normativität und Rechtlichkeit gleich vollkommen (ebd., §§ 23/24). Damit wird allerdings der verpflichtende Charakter nicht im strengen Sinne rechtlicher Normen keineswegs eliminiert: Die Normen des *honestum*, d. h. der Moralität, und des *decorum*, d. h. der sozialen Verträglichkeit bzw. Opportunität, verpflichten zwar allein innerlich,[10] aber dann tatsächlich ausschließlich im Interesse des sich selbst Verpflichtenden: Entweder im Hinblick auf sein Seelenheil oder auf sein gesellschaftliches Fortkommen. Ihre Befolgung kann deswegen weder mit äußerlichen Mitteln erzwungen noch durch Rechtsnormen geboten werden, wenngleich ihre Missachtung persönliche Geringschätzung oder gesellschaftliche Ächtung nach sich ziehen wird.

Trotz dieser Reduktion der Begriffe von Recht und Gesetz auf äusserlich verpflichtende und durch äußerliche Mittel erzwingbare, d. h. sanktionsbewehrte, Gebots- und Verbotsnormen innerhalb einer politischen Gemeinschaft, spricht Thomasius weiter von einem Naturrecht (*jus naturae/naturale*), das er vom positiven Recht (*jus positivum*) unterscheidet, obwohl dies doch alles Recht im eigentlichen Sinne zu umfassen scheint. Jedoch kann es nur ein strenges Naturrecht

[10] Die folgende Darstellung richtet sich nach Aichele 2010b.

im Sinne einer natürlichen Korrespondenz von Rechten und Pflichten nicht geben. Allein aus dieser Perspektive des Verpflichtungsprinzips (*principium obligationis*) ist auch die Rede von einem Naturrecht, dem gleichsam ein Naturgesetz korrespondierte, zu verwerfen. Dies gilt jedoch nicht aus der Perspektive des Erkenntnisprinzips (*principium cognoscendi*): Der Unterscheidungsgrund zwischen Naturrecht und positivem Recht liegt genau darin, dass ersteres allein durch die Vernunft erkannt werden kann, sofern diese nicht durch Affekte getrübt ist, während zweiteres der Offenbarung oder Veröffentlichung bedarf. (ebd., §§ 29/40). Daher umfasst das Naturrecht alle moralischen Normen, die von seinem obersten Prinzip abgeleitet werden können (ebd., § 30). Dieses Prinzip lautet: „Es ist zu tun, was das Leben der Menschen am längsten und glücklichsten macht, und zu unterlassen, was das Leben unglücklich macht und den Tod beschleunigt." (FJN I.6, § 21)

Zu strengen Gesetzen, deren Zwangscharakter der Verderbtheit der menschlichen Vernunft durch sinnliche Begierde nach dem Sündenfall Rechnung trägt (FJN I.5, § 56), werden die naturrechtlichen Normen erst durch ihre Positivierung. Sie stellen daher gleichsam den unwandelbaren Kern des ansonsten veränderlichen positiven Rechts dar (ebd., §§ 53–55 u. 60–64). Sie dienen dazu, den äußeren Frieden zu schützen (FJN I.6, § 35) und fallen unter das Prinzip des *justum*, der Goldenen Regel (*Quod tibi non vis fieri, alteri ne feceris.*) (ebd., § 42). Werden dieses Prinzip und die in seinem Dienste stehenden Normen des positiven Rechts befolgt, handelt also ein Bürger legal, haben der Staat bzw. die Justiz ihr Recht verloren: Es ist daher ohne weiteres möglich, legal zu handeln, ohne sich moralisch, d. h. dem Prinzip des *honestum* gemäß, zu verhalten. Denn dessen Befolgung besteht ja nur in inneren Handlungen, während jedes rechtlich relevante Tun äußerliche Handlungen erfordert (ebd., §§ 35/40). Der eigentliche Bereich des Rechts beschränkt sich damit auf das positive Recht, das keine Rücksicht auf die Moralität von Handlungen zu nehmen hat.

4. Christian Wolff (1679–1754): Deduktives Naturrecht bis zum Letzten

Den geradezu entgegengesetzten Weg beschreitet Christian Wolff,[11] der eine deutsche Terminologie entwickelt, welche die Sprache des Rechts bis heute prägt. In seiner Theorie des Naturrechts fungiert das Gesetz der Natur nicht nur als systematischer Angelpunkt, sondern Wolff erklärt auch noch seine Existenz wie seine Geltung für absolut.

[11] Die Darstellung folgt Aichele 2017.

Da es nämlich ewig und notwendig ist (DE I. §§ 25/26, 19), gehört es zur unwandelbaren Essenz Gottes und ist daher nicht einmal durch Seinen Willen bedingt. Gott ist folglich selbst an das Gesetz der Natur gebunden und außerstande, dem Menschen ein anderes zu geben (ebd., § 29, 21). Es ist also vollständig und gilt ausnahmslos, und zwar für alle mentalen und physischen Veränderungen, die von Menschen willentlich vollzogen werden, d. h. für freie Handlungen (ebd., §§ 1/2, 1 ff.).

Solche selbstverursachten Veränderungen können mit der menschlichen Natur, die aufgrund ihrer Rationalität und Freiheit bei der Entstehung eines jeden Individuums zunächst wesentlich gut ist, entweder übereinstimmen oder ihr zuwiderlaufen. Im ersten Fall spricht Wolff von Vollkommenheit, im zweiten von Unvollkommenheit (ebd., § 2, 5). Da sich die Identität eines einzelnen Menschen vermittels seiner kontinuierlichen Selbstveränderungen sukzessive bildet und jede Handlung entweder seine Vollkommenheit oder seine Unvollkommenheit befördert (ebd.), seine natürliche Gutheit also entweder vermehrt oder vermindert, fungiert der Begriff der Vollkommenheit als intrinsisches, weil kausales Kriterium moralischer Qualität (ebd., § 5, 6 f.): Jede Handlung, die Vollkommenheit befördert, ist gut; jede Handlung, die dies nicht tut bzw. Unvollkommenheit befördert, ist böse (ebd., § 3, 5). Die Erkenntnis des Guten oder Bösen hängt daher weder von Gottes Willen noch seiner Offenbarung ab, da sie bloß die rationale Einsicht in Kausalität voraussetzt (ebd., § 23, 18). Weil diese Einsicht wegen der durch die menschliche Willensfreiheit gegebenen Abweichungsmöglichkeiten nicht von selbst bzw. notwendigerweise zu entsprechenden, naturgemäßen Handlungen führt, fungiert sie zugleich als Verpflichtungsgrund (ebd., § 9, 9 f.). Es gibt daher genau ein universales, weil für alle möglichen freien Handlungen gültiges Gesetz der Natur, das deswegen den zureichenden Grund für jedes weitere natürliche – aber letztendlich auch positive – Gesetz bilden muss (ebd., § 19, 16). Jenes Gesetz der Natur lautet nach Wolff: „Thue was dich und deinen oder anderer Zustand vollkommener machet; unterlaß, was ihn unvollkommener machet.“ (ebd., § 12, 12)

Das Gesetz der Natur bildet also das alleinige Fundament des Naturrechts. Es beantwortet die Frage, „wie der Mensch seine freien Handlungen zu bestimmen gehalten ist, damit er das Leben eines Menschen lebe“ (JN Prol., § 1, 1). Aufgrund der Universalität und Vollständigkeit des Gesetzes der Natur erfährt das Naturrecht bei Wolff eine radikale Ausweitung: Da jede mögliche freie Handlung auf den Vollkommenheitszustand ihres Subjekts wirkt, kann es keine moralisch indifferenten Handlungen, sondern nur entweder gute oder böse geben (DE I, § 27, 19 f.). Folglich steht auch jede freie Handlung unter einer Verpflichtung, sie entweder zu vollziehen oder zu unterlassen. Dementsprechend sind alle freien Handlungen entweder Begehungs- (*factum commissionis*) oder Unterlassungstaten (*factum omissionis*) (NV I.1, § 2, 38).

Weil nicht alle Handlungen des Menschen frei sind, braucht es ein Mittel, um diese als Taten auszuzeichnen. Dies ist die Zurechnung (*imputatio*): „Das Urtheil, wodurch man erklärt, die freye Ursache sey entweder die handlende Person von der Handlung selbst, oder desjenigen, was aus der Handlung erfolgt, es sey gut, oder böse, wird die *Zurechnung* genannt." (ebd., § 3, 39) Dabei entscheidet der Grad der Freiheit des Handelnden über den Zurechnungsgrad. So werden Handlungen aus gewaltsamen äußerem Zwang, die den Handelnden zum Werkzeug (*instrumentum*) machen, diesem gar nicht zugerechnet, solange er sie nicht noch nachträglich billigt (ebd., § 40, 39 f.). Demgegenüber erfolgt bei Handlungen „wieder Willen" (*actio invita*), die „durch Furcht oder Gewalt" aufgenötigt werden, durchaus eine Zurechnung, jedoch in geringerem Maße als bei einer „freywilligen Handlung" (*actio voluntaria*) (ebd., § 5, 40). Diese kann entweder mit oder ohne Überlegung vollzogen werden. Da mit der Intensität der Überlegung der Freiheitsgrad der Handlung steigt, steigt auch der Zurechnungs- mit dem Reflektiertheitsgrad (ebd., § 6, 41). Dasselbe gilt für die Vermeidbarkeit: Eine unvermeidliche (*invincibile*) Handlung wird nicht zugerechnet, während ein durch den Gebrauch des Verstandes vermeidbares Versehen (*vincibile culpa*) zwar zugerechnet wird, aber in geringerem Maße als eine Tat aus „Boßheit" oder „Vorsatz" (*dolus*) (ebd., § 17, 47 f.). All dies gilt gleichermaßen für die Teilnahme an fremden Handlungen (ebd., §§ 26–32, 53 ff.).

Nun besteht durch das Gesetz der Natur bereits eine universale Verpflichtung zur Vollkommenheitsbeförderung bzw. Unvollkommenheitsvermeidung. Sie ist zwar unveränderlich, lässt sich jedoch gemäß der jeweils gegebenen und veränderlichen Lebensumstände der Menschen weiter spezifizieren. Dies geschieht durch Gesetze, die solche besondere Verpflichtungen ausdrücken: „Ein Gesetz nennt man die Vorschrift, nach welcher wir unsere Handlungen einzurichten verbunden sind." (NV I.2, § 39, 62) Gesetze bestehen entweder von Natur aus und lassen sich demnach durch den Gebrauch des Verstandes erkennen oder sie werden von einem vernünftigen Wesen willkürlich erlassen. Solche positiven Gesetze müssen dann freilich erst öffentlich bekanntgemacht werden, um Geltung zu gewinnen und zu verpflichten (ebd., § 67, 78 f.).

Sowohl natürliche als auch positive Gesetze lassen sich in Gebote (*lex praescriptiva*), Verbote (*lex prohibitiva*) und Erlaubnisse (*lex permissiva*) einteilen (ebd., § 47, 66 f.), so dass die entsprechenden

Handlungen entweder geboten (*debitum*), unerlaubt (*illicitum*) oder erlaubt (*licitum*) sind (ebd., § 49, 67 f.). Jedem Gesetz entspricht auch ein Recht. Daher kann es umgekehrt kein Recht ohne gesetzliche Verpflichtung geben (ebd., § 46, 66). Weil aber das Gesetz der Natur und die unmittelbar daraus ableitbaren natürlichen Gesetze universal gelten und verpflichten, besteht auch ein entsprechendes Recht eines jeden einzelnen, sich gegen die von Natur aus verbotene Behinderung seines Rechtsgebrauchs zu wehren (ebd., § 50, 68 f.). Umgekehrt besteht auch eine Pflicht (*officium*) zu jeder Handlung, die unter ein Gesetz fällt, und zwar entweder gegen sich selbst, gegen andere oder gegen Gott (ebd., § 57, 72 f.). Etwaige Pflichtenkollisionen können jederzeit nach den Regeln der deontischen Logik unter Rückgriff auf das Gesetz der Natur aufgelöst werden (ebd., §§ 63/64, 76 f.).

Weil alle natürlichen Verpflichtungen und Rechte jedem Menschen, „in so fern als er ein Mensch ist" (NV I.3, § 68, 79 f.), zukommen, gilt: „Jm moralischen Verstande sind die Menschen einander gleich (*homines aequales*)." (ebd., § 70, 80) Alles, was daher einem Menschen von Natur aus erlaubt ist, ist auch allen anderen erlaubt, und alles, was einer dem anderen schuldet, schuldet dieser ihm ebenso (ebd., § 72, 81). Aus dieser vollständigen Abwesenheit natürlicher Prärogative (ebd., § 71, 81) ergibt sich die Goldene Regel, die den gesamten Inhalt des wolffschen Naturrechts in kürzest möglicher Form zusammenfasst: „[D]as, was man rechtmäßiger Weise nicht will, daß es uns von andern geschehe, das muß man einem andern auch nicht thun; und was man rechtmäßiger Weise will, daß es geschehen soll, das muß man auch gegen andere ausüben." (ebd., § 73, 81)

Aus der Gleichheit der natürlichen Verpflichtungen und der diesen korrespondierenden – und daher unveräußerlichen (ebd., § 74, 82) – Rechte folgt die äußere Freiheit aller Menschen: „Es sind also von Natur die Handlungen des Menschen gar nicht dem Willen eines andern, er sey wer er wolle, unterworffen; und er darf in seinen Handlungen niemanden als sich selbst folgen, Und diese Unabhänglichkeit bey den Handlungen von dem Willen eines andern, oder die Einrichtung (*dependentia*) seiner Handlungen, nach seinen eigenen Willen wird die Freyheit (*libertas*) genannt. Von Natur sind also alle Menschen frey." (ebd., § 77, 83 f.) Es ist daher jedem Menschen erlaubt, „bey der Bestimmung seiner Handlungen seinem Urtheil" zu folgen, ohne sich dafür eigens rechtfertigen zu müssen, solange er nicht die Rechte eines anderen beeinträchtigt (ebd., § 78, 84). Dies zu unterlassen, besteht eine vollkommene Verbindlichkeit, aus der wiederum ein vollkommenes Recht (*jus perfectum*) folgt, das sich vom *jus imperfectum* durch seine Erzwingbarkeit unterscheidet (ebd., § 80, 85 f.). Gemäß dieser Unterscheidung definiert Wolff Gerechtigkeit und Billigkeit: „Gerecht (*justum*) nennt man dasjenige, was dem vollkommenen Rechte des andern gemäß geschieht: Billig (*aequum*) aber dasjenige, was dem unvollkommenen Recht des andern gemäß geschieht." (ebd., § 83, 88)

Das Unrecht (*injuria*) ist von Natur aus unerlaubt (ebd., § 87, 90) und besteht stets in der Verletzung (*laesio)* eines vollkommenen Rechts. Wenngleich Wolff zwischen personenbezogener Beleidigung, die immer Unrecht ist, und Rechtsverletzung unterscheidet, die ohne jede Ansehung der Person eine „an sich unerlaubte" Handlung darstellt (ebd., § 88, 91), besitzt jeder Mensch ein natürliches Recht, „denjenigen zu strafen, welcher ihn beleidiget hat" (ebd., § 93, 94). Weil ein natürliches Recht auf die Unverletztheit eigener vollkommener Rechte besteht (*jus securitatis*) (ebd., § 89, 92), folgt daraus ein ebensolches Recht, sich gegen deren Verletzung zu wehren (*jus defensionis*) (ebd., § 90, 93). Die Straferlaubnis dient dazu, mögliche Beleidiger von zukünftigen Taten abzuhalten (ebd., § 92, 93 f.).

Wolff vertritt demnach eine spezial- bzw. generalpräventive Theorie der Strafe, die gemäß des Naturrechtsprinzips zugleich zur Besserung des Täters führen soll: „Ein natürliches übel (*malum physicum*), welches einem wegen eines sittlichen Uebels von dem zugefügt wird, der das Recht einen zu verbinden hat, nennt man die Strafe (*poenam*). Dem Menschen kömmt also von Natur das Recht zu denjenigen zu strafen, welcher ihn beleidiget hat. Und in so weit die Strafe die Absicht hat, das Gemüthe der beleidigenden Person zu ändern, wird sie eine bessernde Strafe (*poena emendatrix*) genennet; in so fern sie aber andere von Beleidigungen abschrecken soll, heist sie eine exemplarische (*exemplaris*). Da nun die Besserung des Gemüths desjenigen, der einen andern beleidiget, und die Furcht bey denen zu erwecken, welche der Muthwille zu Beleidigungen reitzen könnte, die Absicht des Strafenden sind ; die Strafe aber als ein Mittel anzusehen ist, wodurch man diese Absicht erhält; so muß man die Grösse der Strafe aus den vorkommenden Umständen bestimmen (§ 46)." (ebd., § 93, 94)

Dass es Eigentum (*dominium*) nach Wolff ausschließlich an Sachen geben kann, liegt auf der Hand. Da „Sache" ein Rechtsbegriff ist, definiert ihn Wolff ebenfalls im Hinblick auf das Gesetz der Natur: „Eine Sache (*res*) nennen wir ein jedes Ding (*ens omne*), welches uns nützlich seyn kann ; nämlich um das Leben zu erhalten und bequem und vergnüglich zu leben ; entweder die Vollkommenheit des Leibes und der Seele auf alle Art und Weise zu befördern, oder die Unvollkommenheit abzuwenden." (NV I.4, § 121, 114) Sachen lassen sich nun sowohl gemäß ihrer Bedeutung für die Lebensführung als auch ihrer Herkunft einteilen. Im ersten Sinne sind sie entweder zur „Erhaltung des Lebens und der Gesundheit, und um die Seele vollkommen zu machen", notwendig (*res necessaria*); oder sie sind zur Bequemlichkeit und Lebenserleichterung nützlich (*res utile*); oder sie dienen zum Vergnügen (*res voluptaria*) (ebd.). In zweiter Hinsicht sind Sachen entweder „blos natürliche (*res pure naturales*), welche die Natur von sich selbst hervorbringt"; oder die Natur wird unter Einsatz von Fleiß dazu gebracht, sie hervorzubringen (*res industriales*); oder sie werden durch Bearbeitung hergestellt (*res artificiales*) (ebd., 114 f.).

Von Natur aus besteht ein gemeinschaftliches Recht (*jus commune*) zum Gebrauch aller natürlichen Sachen (NV II.1, §§ 183/186, 152 ff.). Dem jus commune gegenüber steht „das eigene Recht (*jus proprium*) (…), welches einer allein oder mehrere zusammengenommen mit Ausschliessung der übrigen haben" (ebd., § 191, 157). Von Natur aus gibt es daher nur Sachen, „auf die niemand ein besonderes Recht" hat (*res nullius*), und überhaupt keine „eigenen Sachen" (*res singulares, vel singulorum*) (ebd.). Daher ist es auch von Natur aus nicht erlaubt, einem Menschen Sachen wegzunehmen, wenn er sie gebraucht oder zu zukünftigem Gebrauch aufbewahrt (ebd., § 185, 153). Weil aber nicht zu erwarten ist, dass alle jederzeit ihre „Pflichten gegen sich selbst und andere auf das genaueste erfüllen", fordert das jus securitatis, dass „das, was keinem zugehöret, einzelen eigen werden muß" (ebd., § 194, 159). Das ursprüngliche jus commune ist damit mit einer naturrechtlichen Begründung zugunsten des jus proprium aufgehoben (ebd.). Erst mit dessen Ausschlussfunktion entsteht Eigentum. Denn „so erhält ein jeder, wenn die Sachen einem eigenen Rechte unterworffen werden, ein Recht mit allen dem, was seinem Rechte unterworfen ist, anzufangen, was er will. Und dieses eigene Recht mit einer Sache vorzunehmen, was man will oder nach seinem Gutdüncken, wird das Eigenthum (*dominium*) genannt" (ebd., § 195, 160). Der Eigentumsbegriff findet seine Grenzen erst im Notrecht (*jus necessitatis*), welches das jus commune wieder in Kraft setzt (NV II.4, § 308, 226 f., u. § 305, 224 f.).

Um über konkurrierende Eigentumsansprüche zu entscheiden, entwickelt Wolff das bis heute angewendete Verfahren der juristischen Deduktion: „Der Beweis, daß irgendjemand ein erworbenes Recht zusteht, pflegt Deduktion genannt zu werden: so daß sein oder eines anderen Recht zu deduzieren dasselbe ist wie zu beweisen, daß ihm selbst oder einem anderen dies Recht zusteht, oder, weil hier von erworbenem Recht die Rede ist, daß durch diese Handlung er selbst oder ein anderer dieses Recht erworben hat." (JN III.4, § 445, 298 ff.) Der Zweck der juristischen Deduktion ist der Beweis der Gewissheit eines Rechtsanspruchs, d. h. die Beantwortung einer quaestio juris, wie sie in jeder gerichtlichen Entscheidung erfolgt. Diesem Beweis liegt die logische Form des modus ponens zugrunde:

„Wenn eine Handlung so beschaffen war, wird durch dieselbe ein so beschaffenes Recht erworben.

Nun war diese Handlung so beschaffen.

Also wurde ein so beschaffenes Recht durch dieselbe erworben.“ (ebd., § 442, 297; Aichele 2011b)

5. Heinrich Köhler (1685–1737): Keine Person ohne Rechtsordnung

Heinrich Köhlers erstmals 1729 erschienene *Exercitationes iuris naturalis* bieten ein durchaus eigenständiges System des Naturrechts auf der Basis leibnizianischer Prinzipien und wolffianischer Methodik.[12] Viel eher als Christian Wolffs trotz des riesigen Umfangs von acht Bänden Fragment gebliebenen Versuchs, in seinem *Jus naturae* alle vernunftgemäße positive Gesetzgebung aus dem Prinzip des Naturrechts zu deduzieren, repräsentiert Köhlers Werk den Standard des Naturrechtsdenkens der deutschen Früh- bzw. Hochaufklärung. Obschon sein Hauptzweck in der Entwicklung eines Systems des äußerlichen Naturrechts (*Jus naturale externum seu cogens*) besteht (EJN Prol., § 1), bildet es doch zugleich das „Meisterstück“ der gesamten praktischen Philosophie (EJN I, § 1).

Denn es enthält und beweist – letzteres unter Rückgriff auf die natürliche Theologie – die fundamentalen Prinzipien aller praktischen Philosophie, von denen alle legitimierbaren Verhaltensnormen abzuleiten sind, zu denen die sozialen Moden unterworfenen Regeln des *decorum* gar nicht mehr gehören können (EJN IV, §§ 854 ff.). Das äußerliche Naturrecht enthält nämlich das System aller natürlichen Gesetze, deren Befolgung deswegen erzwungen werden kann, weil sie für den Fortbestand der Menschheit unerlässlich sind (EJN Prol., § 2). Dies schließt aufgrund der untrennbaren Einheit, die Leib, Seele und äußerlicher Zustand des Menschen bilden, die Vorschriften der Moral im engeren Sinne als Pflichten gegen sich selbst gerade ein (EJN IV, § 638).

Basis des Naturrechts ist die Analyse des menschlichen Wesens (EJN I, §§, 233–238), d. h. der Vermögen seiner vernünftigen Seele (ebd., §§ 281/282). Als *principium cognoscendi* des Naturrechts fungiert demnach eine psychologische Analyse im Sinne der metaphysica specialis, deren Resultate an den Einsichten der natürlichen Theologie überprüft werden. Die dynamische Natur der menschlichen Seele und ihr göttlicher Ursprung, der den möglichen Gebrauch ihrer Vermögen zum Guten einschließt und an den Willen Gottes zurückbindet, (EJN

[12] Die folgende Darstellung richtet sich nach Aichele 2004.

II, § 328), führt Köhler zu einem universalen Moralprinzip, das allgemein verpflichtet und folglich zugleich das äußere Naturrecht bestimmen muss. Er übernimmt seinen Wortlaut von Wolff: „Tue das, was deinen Zustand vollkommener macht; unterlasse, was deinen Zustand unvollkommener macht." (*Fac ea, quae te statumque tuum perfectiorem efficiunt; omitte ea, quae te statumque tuum imperfectiorem reddunt.* Ebd., § 340) Da mit der Befolgung dieses teleologischen Prinzips, das auf stetige Annäherung des menschlichen Handelns an den Willen Gottes gerichtet ist, die Vermehrung des Ruhms Gottes untrennbar verbunden ist (ebd., § 341), ist das natürliche und das göttliche Gesetz identisch (ebd., § 330). Weil aber die menschliche Natur in der Vernunft besteht und alle Erfahrung durch die Vernunft beurteilt wird, kommt Köhler zu dem Schluss, dass die Stimmen der Vernunft, der Natur und die Stimme Gottes ein und dieselbe seien (*Vox rationis est vox naturae adeoque & vox DEI.* Ebd., § 359)

Nun beziehen sich alle verpflichtenden Sätze, d. h. Gesetze bzw. Rechte (ebd., §§ 348–351), zuerst auf das Gemüt des Handelnden selbst. Sie gehören daher zum natürlichen Recht überhaupt bzw. zur Moral. Dann sind sie aber nicht durch äußeren Zwang durchsetzbar. Oder derartige Sätze beziehen sich darüberhinaus auf die Interaktion des Handelnden mit anderen. Erst dann kann ihre Befolgung auch erzwungen werden – jedenfalls sofern ihre Missachtung die öffentliche Ordnung, d. h. den Bestand der politischen Gemeinschaft, die körperliche Unversehrtheit oder das Eigentum der Bürger, gefährdet. Nur solche Sätze formulieren daher vollkommene Pflichten (*officia stricta & perfecta*) und verpflichten dementsprechend äußerlich (EJN IV, § 734). Ist dies nicht der Fall, setzt ihre Beachtung auf Seiten des Handelnden bestimmte Einstellungen, nämlich Liebe, Menschlichkeit, Rücksicht und Frömmigkeit (*observatio amori, humanitati, verecundiae & pietati nostrae relinquitur*) voraus (EJN II, § 351). Deren Besitz ist dem Menschen nur dem Vermögen nach gegeben. Sie müssen also erst erworben und können daher nicht vorausgesetzt werden. Die entsprechenden Pflichten sind daher unvollkommen und verpflichten nur innerlich (EJN IV, § 737).

Das äußerliche Naturrecht enthält also nur Gesetze im strengen Sinne, d. h. solche, zu deren Durchsetzung äußerer Zwang angewendet werden kann (ebd., § 752). Köhler bezeichnet das äußerliche Naturrecht deswegen als „*das natürliche Zwangs-Gesetz*" (ebd., § 753). Sein Prinzip lautet: „Wir stören unseren Nächsten nicht in Besitz und Gebrauch seiner Güter, womit wir schon irgendeine Ordnung wahrnehmen und woran einer meint, sein Glück zu kehren." (ebd., § 754) Dies Prinzip setzt zum einen bereits eine staatliche Rechtsordnung voraus und begreift zum anderen unter sich das Verbot der Verletzung der natürlichen Rechtsgüter anderer – *Nemo est laedendus.* (ebd., § 768) – und das Gebot der angemessenen Verteilung natürlicher Rechtsgüter – *Suum [...] cuique tribuas.* (ebd., § 750). Beides fasst Köhler als komplementäre Ableitungen aus dem Prinzip des äußerlichen Naturrechts auf. Das natürliche Zwangsgesetz ist daher eo ipso staatliches Recht und muss aufgrund seines Ursprungs jeder Rechtsordnung selbst wiederum zugrunde liegen.

Erst auf dieser Grundlage ist eine Unterscheidung von Gesetz und Recht überhaupt möglich. Sie ist daher der Synonymie beider nachgeordnet. Denn ein Recht in diesem abgeleiteten Sinn stellt eine Handlungsbefugnis dar, die von einem Gesetz in striktem Sinne nur einer Person zugestanden wird (ebd., § 772). In einer staatlichen Rechtsordnung, in deren Zusammenhang folglich erst überhaupt sinnvoll von Personen gesprochen werden kann, besteht also nach Köhler eine derart strenge Entsprechung zwischen Gesetzen und Rechten, dass die Rede von einem unvollkommenen Recht, das darin bestünde, alles zu tun, was den Gesetzen nicht zuwiderläuft, überflüssig ist und somit hinfällig wird (ebd., § 773). Die natürliche Handlungsbefugnis steht also immer schon unter der Beschränkung des natürlichen Zwangsgesetzes (ebd., § 777). Freiheit, sofern sie ebendies aufhebt, ist daher gerade kein natürliches Recht (ebd., § 774, cons.). Freiheit, verstanden als Handlungsfähigkeit vernünftiger Wesen, ist ebenso wie Personalität infolgedessen nach Köhlers Auffassung per se der Vernunft in Gestalt des zwingenden, d. h. staatlich verfassten, natürlichen Rechts subordiniert.

6. Charles Secondat de Montesquieu (1689–1755): Der öffentliche Gebrauch der Vernunft

Charles de Montesquieu legt das Hauptaugenmerk seiner Erörterung des Rechtsbegriffs im *Esprit des lois* (1748) ebenfalls auf die Gestalt des Rechts in einer staatlichen Ordnung. Das Naturrecht fungiert dabei als Kriterium für Gerechtigkeit und Vernünftigkeit des positiven Rechts. Das Naturrecht dient dabei ausschließlich der Sicherung und Aufrechterhaltung der politischen Freiheit in einem Staat (Böckenförde 1958, 30 ff.). Umgekehrt bleibt die Freiheit stets dem Recht untergeordnet, da sie nur im Vollzug von durch die Gesetze erlaubten, d. h. hier: nicht verbotenen, äußeren Handlungen besteht (EdL II.3). Einer mögliche Bedeutung des Naturrechts für allgemeine moralische Normen bzw. deren naturrechtlicher Begründung untersucht Montesquieu nicht. Sein Werk ist rein staatsphilosophischer Natur.

Gleichwohl besteht in der Übereinstimmung des staatlichen Rechts mit dem Naturrecht nichts weniger als der ‚Geist der Gesetze' (Cassirer 1998, 325). Denn das Naturrecht stellt genauso eine vorgegebene, vermittels wissenschaftlicher Methodik zu entdeckende und vernünftig aussagbare Ordnung dar wie die physische Welt. Montesquieu beginnt seine Untersuchung deswegen mit einer universalen Definition des Gesetzesbegriffs, die sowohl deskriptive als auch normative Gesetze unter sich begreift: „Gesetze in ihrer allgemeinsten Bedeutung sind diejenigen notwendigen Beziehungen (*rapports necessaires*), die sich aus der Natur der Dinge ergeben (*dérivent de la nature de choses*)." (EdL I.1) Wie die Beziehungen der Dinge zueinander von Natur aus vernünftig durch Gesetze geordnet sind, so auch die Beziehungen der Menschen untereinander. Beide Gesetzesarten entsprechen einer „ursprünglichen Vernunft" (*raison primitive*) (ebd.), die unveränderlich bleibt.

Die naturrechtliche Legitimierung von Normen erfordert daher eine dreifache Untersuchung, nämlich der Natur des Menschen als eines vernunftbegabten Dings, mithin der Vernunft selbst; derjenigen Beziehungen der Menschen zueinander, die daraus notwendig folgen; und der jeweiligen kontingenten, mithin historischen Umstände, unter denen diese apriorischen Vorgaben verwirklicht werden müssen (EdL I.3). Die aus dieser Analyse sich ergebenden Resultate der theoretischen wie der allgemeinen praktischen Philosophie bilden somit die Voraussetzung für die Einrichtung eines vernunftgemäßen Staatswesens bzw. können als dessen Korrektiv wirken. Sie sind aufgrund der Unveränderlichkeit der Vernunft selbst unveränderlich: „Das Gesetz überhaupt ist die menschliche Vernunft, insofern sie über alle Völker der Erde herrscht." (ebd.)

Die konkrete Ausgestaltung der Rechtsordnungen differiert jedoch aufgrund der unterschiedlichen Lebensumstände der verschiedenen Völker. Diese Differenzen sind infolgedessen nur akzidentiell, verwirklichen jedoch stets, sofern die entsprechenden Staaten überhaupt Rechtsordnungen bilden, ein und dasselbe Wesen bzw. ein und denselben Geist des Gesetzes: „Die politischen und bürgerlichen Gesetze jeder Nation dürfen nichts anderes sein als besondere Fälle der Anwendung jener menschlichen Vernunft." (ebd.) Der Gesetzgeber ist folglich jederzeit an die Natur des Rechts gebunden, welche legislatorische Willkür als unrechtlich von sich ausschließt (EdL XII.4).

7. Jean-Jacques Rousseau (1712–1778): Freiheit – der einzige Zweck des Rechts

Mit der Gegenüberstellung zweier Begriffe von Recht setzt Jean-Jacques Rousseaus *Contrat social* ein. Sie sollen in dieser Schrift über die „Prinzipien des staatlichen Rechts" (*principes du droit politique*) –

so ihr Untertitel – zu einer Einheit gebracht werden. Es handelt sich dabei auf der einen Seite um das angeborene, mithin natürliche Recht auf Freiheit, das einem jeden Menschen per se zukommt und das mit dem „obersten Gesetz", sich selbst als Mensch, d. h. als frei, zu erhalten, verbunden ist, und auf der anderen Seite um das „geheiligte Recht" der „gesellschaftlichen Ordnung", die wie jede menschliche Gemeinschaft – von der Familie angefangen – aufgrund der natürlichen Freiheit nur „willentlich (...) durch Übereinkunft" begründet und aufrechterhalten werden kann (CS I.1/2).

Jedoch darf eine solche Übereinkunft nicht die Aufgabe der natürlichen Freiheit involvieren; sie kann dies Rousseau zufolge nicht einmal, da „auf seine Freiheit zu verzichten heißt auf seine Eigenschaft als Mensch (...) verzichten" (CS I.4). Infolgedessen kann eine Gesellschaftsordnung allein dann bestehen und als solche durch ihre Mitglieder mit ihrem Gehorsam anerkannt werden (CS I.3), wenn sie deren Freiheit sichert. Es ist genau dieses Problem, „dessen Lösung der Gesellschaftsvertrag darstellt", indem er einen Zustand vollkommener Rechtsgleichheit schafft, weil er jedem Glied der Gesellschaft das gleiche Recht über jedes Glied einräumt (CS I.6). Der Zweck einer Rechtsordnung ist daher nichts anderes als die Aufrechterhaltung der natürlichen Freiheit eines jeden, die sich durch dessen unveräußerliche Beteiligung an der Souveränität des Gemeinwillens von der bloßen Unabhängigkeit zu bürgerlicher Freiheit wandelt (CS I.7/8, u. II.1).

Erst die durch freie Übereinkunft entstandene Rechtsgleichheit erzeugt nun einen Begriff von Gerechtigkeit, welcher der Natur des Menschen entspricht. Denn sie entspricht „dem Vorzug (...), den jeder sich selbst gibt" (CS II.4), indem sie seiner Selbsterhaltung dient und gleichzeitig seine willentliche Selbstbestimmung schützt. Die menschliche Natur gewinnt damit trotz der notwendigen Künstlichkeit der Gesellschaftsordnung, die das Recht gemäß des Gemeinwillens generiert, die Position eines Kriteriums für die Grenzen der staatlichen Gewalt, dem die Gesetzgebung unterworfen bleibt. Daraus folgt zunächst, dass alle Gesetze, sofern sie überhaupt zu Gehorsam verpflichten können, menschlichen Ursprungs, d. h. positive Gesetze, sein und den Kriterien von Freiheit und Gleichheit genügen müssen (II. 6/11). Gesetze sind demzufolge allgemeine Sätze, die sich auf Fall- bzw. Personenklassen, jedoch nie auf Einzelfälle oder -personen beziehen, und aus Willensakten des Souveräns, d. h. des Gemeinwillens – in welcher Form sich dieser auch äußern mag –, resultieren (CS II. 6). Sie stellen daher keine göttlichen Weisungen oder unveränderliche Gebote einer universalen Vernunft dar, sondern „sind eigentlich nur die Bedingungen der bürgerlichen Vereinigung" (ebd.), deren konkrete Ausgestaltung unter den durch die menschliche Natur vorgegebenen Legitimitätsbedingungen höchst variabel ist.

Die Ausgestaltung dieser Bedingungen ist die Aufgabe derjenigen Art von Gesetzen, die Rousseau ‚Staats- oder Grundgesetze' nennt (CS II.12). Sie bestimmen die inneren Verhältnisse des Gemeinwesens und bilden den Hauptgegenstand von Rousseaus Abhandlung, die demnach wesentlich staatsphilosophischen Inhalt hat. Gleichwohl unterscheidet Rousseau von jenen Staatsgesetzen noch drei weitere Arten.

Die zweite Art sind die bürgerlichen Gesetze. Sie regeln das Verhältnis sowohl der einzelnen Glieder der Gesellschaft untereinander als auch das derselben zum Staat. Beide Relationen sind asymmetrisch: Die Beziehung der einzelnen Glieder untereinander muss „so gering" und die Beziehung des einzelnen zum Staat „so umfassend wie möglich sein, so dass sich jeder Bürger in vollkommener Unabhängigkeit gegenüber allen anderen und in äußerster Abhängigkeit von der Polis befindet" (ebd.), um einerseits seine persönliche Freiheit und andererseits die Erhaltung seiner selbst zu gewährleisten. Die dritte Art von Gesetzen verhält sich zu den beiden genannten komplementär: Sie sanktioniert den jeweiligen Ungehorsam und umfasst die entsprechenden Strafgesetze. Die vierte Gesetzesart ist weder im eigentlich Sinne positiv, d. h. nicht kodifiziert oder durch den Souverän öffentlich beschlossen und ihre Befolgung daher auch nicht durch Gewalt erzwingbar, noch natürlichen Ursprungs. Dennoch ist sie „die wichtigste von allen, die weder auf Marmor noch auf Erz, sondern in die Herzen der Bürger geschrieben ist" (ebd.), da in ihr die Stärke der staatlichen Ordnung wie auch ihre Reformierbarkeit besteht. Es ist das Bewusstsein für den rechten Geist der staatlichen Ordnung, das „unmerklich die Macht der Gewohnheit an die Stelle der Staatsgewalt setzt" (ebd.), wie es die unter einer Rechtsordnung sich entwickelnden Sitten, Gebräuche und geistigen Haltungen repräsentieren. Eine vollkommene derartige bürgerliche Moral macht im Idealfall die staatliche Zwangsgewalt samt der ihr entsprechenden Rechtsordnung überflüssig, kann aber nur unter den Bedingungen einer mit staatlicher Zwangsgewalt verbundenen Rechtsordnung ausgebildet werden. Jene Bürgertugend ist daher nicht natürlichen Ursprungs, obgleich sie der Natur des Menschen genauso wie die von Rousseau entworfene Rechtsordnung entspricht.

8. Immanuel Kant (1724–1804): Das Recht aus der reinen Vernunft

Die Rechtslehre, die Immanuel Kant in seiner *Metaphysik der Sitten* von 1797 entwickelt,[13] bildet den Gipfelpunkt des klassischen Vernunftrechts und schließt in zentralen Punkten wie der Theorie des moralischen Urteils bzw. der Differenzierung zwischen Moralität und Legalität von Handlungen oder dem angeborenen Freiheitsrecht (MS, Eint. RL, B, B 45) an so unterschiedliche Autoren wie Alexander Gottlieb Baumgarten und Rousseau an. Kants Definition des Rechts lautet wie folgt: „Das *Recht* ist also der Inbegriff der Bedingungen, unter denen die Willkür des einen mit der Willkür des anderen nach einem allgemeinen Gesetze zusammen vereinigt werden kann." (MS, Einl. RL, § B, B 33)

Das Verständnis dieser Definition hängt zunächst offensichtlich vom Verständnis des hier in Anschlag gebrachten Begriffs der Willkür ab. Willkür ist nun nach Kant von der transzendentalen Idee der Freiheit auf der einen Seite und dem Willen überhaupt auf der anderen Seite zu unterscheiden. Denn erstere besteht – kurz gefasst – in der Möglichkeit absoluter Spontaneität, deren Wirklichkeit theoretisch nicht begriffen und daher auch nicht demonstriert werden kann (MS, Einl. MS, IV, B 26 ff.), während letzterer nach Kant „weder frei noch unfrei genannt werden (kann), weil er nicht auf Handlungen, sondern unmittelbar auf die Gesetzgebung für die Maxime der Handlungen (...) geht, daher auch schlechterdings notwendig und selbst keiner Nötigung fähig ist" (ebd., B 27). Mit dem Aufweis der Möglichkeit von Freiheit überhaupt und der Auszeichnung des Willens als objektivem „Bestimmungsgrund der Willkür zur Handlung" (ebd., I, B 5) ist nun zugleich die Möglichkeit aufgewiesen, dass ein jedes mögliche Subjekt eines Zurechnungsurteils vernünftige Handlungsgrundsätze zu fassen vermag.

Erfolgreiche Zurechnungsurteile, und nichts außerdem, bestätigen die Personalität eines Handelnden (ebd., IV, B 22). Der Begriff der Person gehört demnach allein dem Bereich der Moral zu, der die gesamte Praxis, d. h. Ethik und Recht, umfasst (ebd., I, B 6 f.). Kants bis heute außerordentlich wirkmächtige Definition von Zurechnung lautet wie folgt: „*Zurechnung* (imputatio) in moralischer Bedeutung ist das *Urteil*, wodurch jemand als Urheber (causa libera) einer Handlung, die alsdann *Tat* (factum) heißt und unter Gesetzen steht, angesehen wird; welches, wenn es zugleich die rechtlichen Folgen aus dieser Tat bei sich führt, eine rechtskräftige (imputatio iudicatoria s. valida), sonst

[13] Statt vieler dazu Byrd/Hruschka 2010.

aber nur eine *beurteilende* Zurechnung (imputatio diiudicatoria) sein würde." (ebd., IV, B 29) Zurechnungsurteile enthalten also ein Urteil darüber, dass ihr Subjekt, ohne eine weitere Ursache vorauszusetzen, von sich aus als Ursache aufgetreten ist und eine Veränderung in der Welt bewirkt hat. Weil Kausalität immer nur nach einem Ereignis behauptet bzw. festgestellt werden kann, sind Zurechnungsurteile stets retrospektiv. Sie erschöpfen sich allerdings nicht in bloßer Kausalitätszuschreibung.

Denn sie enthalten zugleich ein normatives Urteil, vermittels dessen sie die Wirkung einer Handlung zu einer „Tat" erklären: „*Tat* heißt eine Handlung, sofern sie unter Gesetzen der Verbindlichkeit steht, folglich auch, sofern das Subjekt in derselben nach der Freiheit seiner Willkür betrachtet wird. Der Handelnde wird durch einen solchen Akt als *Urheber* der Wirkung betrachtet, und diese, zusamt der Handlung selbst, können ihm zugerechnet werden, wenn man vorher das Gesetz kennt, kraft welches auf ihnen eine Verbindlichkeit ruhet." (ebd., B 22) Personalität verhält sich folglich immer relativ zu ethischer oder juridischer Normativität, und nur Normabweichungen – seien diese delinquent oder supererogatorisch (Refl. 7124) – werden zugerechnet. Denn nur in diesen wird die freie Urheberschaft des Handelnden thematisch.

Es muss also genau der subjektive Bereich der Freiheit sein, innerhalb dessen Zurechnungsurteile möglich sind. Kant nennt ebendiesen Bereich den der Willkür, genauer: der freien Willkür. Willkür bestimmt er als ein Vermögen, etwas „*nach Belieben zu tun oder zu lassen*", das „mit dem Bewußtsein des Vermögens seiner Handlung zur Hervorbringung des" – nach Begriffen vorgestellten – „Objekts verbunden ist" (ebd.). Bereits der Begriff der Willkür schließt also die prospektive Kenntnis von Kausalverläufen, mithin der zu Erreichung des Zwecks geeigneten Mittel ein, nicht schon aber die Möglichkeit von dessen Moralität. ‚Frei' hingegen wird die Willkür dann genannt, wenn sie in „Unabhängigkeit ihrer *Bestimmung* durch sinnliche Antriebe" „zu Handlungen aus reinem Willen bestimmt werden (kann)" (ebd.). Dies zeichnet die spezifisch menschliche Willkür aus: Sie ist frei, weil sie im Unterschied zur „tierische(n) Willkür (arbitrium brutum)", welche „nur durch *Neigung* (sinnlichen Antrieb, stimulus)" bestimmt werden kann, durch Neigung „zwar *affiziert*, aber nicht *bestimmt*" werden muss (ebd.). Aus der Bezogenheit des Rechtsbegriffs auf die Willkür folgt zunächst seine ausschließliche Geltung für äußere Handlungen, nicht aber deren Intentionen oder innere Haltungen. Da diese „Handlungen als *Facta*" (MS, Einl. RL, § B, B 32), d. h. Taten, gelten, wird das Subjekt nun darin ‚nach der Freiheit seiner Willkür betrachtet'. Rechtsrelevant sind also unter Normen stehende äußere Handlungen aus freier Willkür, d. h. unmittelbare oder mittelbare Interaktionen zwischen Personen, die demzufolge zugerechnet werden können (Aichele 2008).

Aus dieser Indifferenz des Rechtsbegriffs hinsichtlich subjektiver Handlungsgrundsätze, d. h. von Maximen, die Gegenstand moralischer Urteile sind, ergibt sich „das allgemeine Rechtsgesetz: handle äußerlich so, dass der freie Gebrauch deiner Willkür mit der Freiheit von jedermann nach einem allgemeinen Gesetze zusammen bestehen könne“ (MS, Einl. RL, § C, B 34). Dementsprechend sind unrechte Handlungen, d. h. Hindernisse des legitimen Freiheitsgebrauchs, zu verhindern (Ripstein 2008). Da dies nur durch Zwang geschehen kann, folgt die apriorische Verknüpfung des Rechts mit „eine(r) Befugnis (...) zu zwingen“ (ebd., § D, B 35). Aufgrund der Äußerlichkeit und Erzwingbarkeit rechtlicher Handlungen gilt also: „Ein *striktes* (enges) Recht kann man also nur das völlig äußere nennen.“ (MS, Einl. RL, § E, B 36)

Zugleich hängt die Rechtlichkeit solch positiven Rechts von seiner Konformität mit dem aus „der bloßen Vernunft“ gewonnenen Rechtsbegriff ab. Das Kriterium für Rechtlichkeit selbst ist infolgedessen weder empirisch noch selber positiv, sondern rein rational und demzufolge unveränderlich (ebd., § B, B 32; MS, Eint. RL, B, B 44). Gleiches gilt für die Notwendigkeit des Eintretens einer Rechtsfolge nach dem Bruch strikten Rechts, also in der Regel die Verhängung einer Strafe. Es ist gerade diese Notwendigkeit der Bestrafung, die Kants Straftheorie und den damit verbundenen Begriff der Vergeltung als Definition von Strafe selbst, jedoch nicht eines Strafzwecks – einen solchen kennt Kant genaugenommen gar nicht: er wäre schlicht überflüssig – ausmacht, so dass die Talion zwar durchaus ein mögliches, aber keineswegs das notwendige Strafmaß bestimmt (Renzikowski 2017).

Auf diesem Fundament unterscheidet Kant Privat- und Staatsrecht bzw. öffentliches Recht. Das Privatrecht regelt das „äußere Mein und Dein“ (MS, Allg. RL, I.1, § 5, B 62 f.). Es besteht daher im Besitzrecht und gründet auf die „Voraussetzung a priori der praktischen Vernunft, einen jeden Gegenstand meiner Willkür als objektiv-mögliches Mein oder Dein anzusehen und zu behandeln“ (ebd., § 2, B 58). Diese Voraussetzung der Möglichkeit des Eigentums an jedem physischen Ding impliziert die Möglichkeit der rechtlichen Regelung aller erhebbaren Ansprüche auf den Besitz physischer Gegenstände. Erst ihre Verwirklichung erlaubt die Verhinderung gewaltsamer Auseinandersetzungen über physischen Besitz, wie sie sonst aufgrund der Gleichheit eines jeden hinsichtlich seiner Freiheit unumgänglich wären. Kant spricht deswegen von einem ‚rechtlichen Postulat der praktischen Vernunft‘. Eigentum im strengen Sinne des ‚peremtorischen‘ und ‚intelligiblen‘

Besitzes (ebd., §§ 5/9, B 62 ff.) setzt daher den „*wirklichen*" Rechtszustand voraus (ebd., § 9, B 74 ff.). Ein solche, endgültige Regelung der Besitzverhältnisse kann „allein auf einem Gesetz des allgemeinen Willens gegründet werden" (ebd., B 74). Sie erfolgt deswegen erst mit der globalen Einrichtung eines Staatenbundes autonomer Republiken, d. h. im „Ewigen Frieden". Jeder vor diesem Zustand beanspruchte Besitz ist infolgedessen bloß „*provisorisch-rechtlicher*" bzw. ‚provisorisch-empirischer' Natur (ebd.): Er beruht auf der „rechtliche(n) *Präsumtion* (...), ihn, durch Vereinigung mit dem Willen aller in einer öffentlichen Gesetzgebung, zu einem rechtlichen zu machen, und gilt in der Erwartung *komparativ* für einen rechtlichen" (ebd., B 75).

Auch solcher provisorische Besitz, dessen Genusses man sich erfreuen kann, ohne dabei eine Störung durch andere befürchten zu müssen, setzt also bereits einen zumindest rechtlichen Zustand voraus, ist also jederzeit bezogen auf das allgemeine Kriterium der Rechtlichkeit. Schon das privatrechtliche Postulat der praktischen Vernunft fordert demzufolge einen Übergang aus dem Naturzustand in einen rechtlichen Zustand. Diesem Postulat korrespondiert daher „das Postulat des öffentlichen Rechts (...): du sollst, im Verhältnisse eines unvermeidlichen Nebeneinanderseins, mit allen anderen, aus jenem heraus, in einen rechtlichen Zustand (...) übergehen" (ebd., I.3, § 42, B 156). Das öffentliche Recht selbst ist nichts anderes als der „Inbegriff der Gesetze, die einer allgemeinen Bekanntmachung bedürfen, um einen rechtlichen Zustand hervorzubringen" (ebd., II.1, § 43, B 191). Ein rechtlicher Zustand involviert also immer eine politische, genauer: „*bürgerliche*" Gemeinschaft, deren Verhältnisse durch ein „System von Gesetzen" geregelt wird – gleichviel ob dies „für ein Volk (...) oder für eine Menge von Völkern" gilt (ebd.). Demzufolge ist ein „Staat (civitas) die Vereinigung einer Menge von Menschen unter Rechtsgesetzen" (ebd., § 45, B 194). Folgen diese analytisch, d. h. „a priori notwendig, (...) aus Begriffen des äußeren Rechts", entsprechen sie auch der „Form eines Staats überhaupt, d. i. der Staat *in der Idee*, wie er nach reinen Rechtsprinzipien sein soll" (ebd.). Der vernünftige Begriff des strikten Rechts enthält somit auch das Kriterium der Staatlichkeit, sofern sie der Vernunft adäquat sein soll. Die Form der politischen Organisation bzw. Herrschaft bedarf daher keines eigenständigen Vernunftprinzips mehr, sondern ergibt sich deduktiv aus dem Rechtsprinzip.

9. Jeremy Bentham (1748–1832): Rechtsreform im Dienst der größten Glücks der größten Zahl

Jeremy Bentham schrieb seine *Introduction to the Principles of Morals and Legislation* (1780/89) mit dem ausdrücklichen Ziel einer vernünftigen Reform des Rechts, ja einer Neuschaffung, genaugenommen eigentlich der erstmaligen Schaffung eines vernünftigen Rechtssystems, angefangen mit dem Strafrecht (IPM XVI, 225, Anm. 1), das den Kern alles staatlichen Rechts bildet. Eine solche fundamentale Bauanleitung für Gesetzgeber ist aufgrund fehlerhaft definierter und mehrdeutiger Begrifflichkeit, einander widersprechender und inhaltlich unklarer Normen und genereller Zusammenhangslosigkeit des Rechts, verstanden als Inbegriff aller geltenden Gesetze (IPM XVII.22, 324), bitter nötig. Es befindet sich in einem durchgängig chaotischen Zustand, zumal in den zivilierteren Nationen, naturgemäß insbesondere des Vereinigten Königreichs: „Were there no architects who could distinguish a dwelling-house from a barn, or a side-wall from a ceiling, what would architects be? They would be what all legislators are at present." (ebd., 335, Anm. 1)

Das einzige Prinzip, das nach Bentham für die Einheit eines Rechtssystems sorgen kann, ist das Prinzip der Nützlichkeit (*principle of utility*). Es bildet ein universales moralisches Urteilskriterium, d. h. den alleinigen „standard of right and wrong", vermittels dessen alles menschliche Verhalten jederzeit zuverlässig beurteilt werden kann (IPM I.1, Anm. 1). Das Nützlichkeitsprinzip besagt, dass jede Handlung gemäß ihrer Tendenz, das Glück der von ihr betroffenen Individuen oder Gemeinschaften – letztendlich aller empfindungsbegabten Wesen (IPM XVII.4, 311, Anm. 1) – zu vergrößern oder zu vermindern, zu billigen oder zu missbilligen ist (IPM I.2/3, 2). Bei der moralischen und damit auch rechtlichen Beurteilung einer Handlung kommen folglich nur deren tatsächliche oder mögliche Folgen in Betracht.

Glück und damit auch Nützlichkeit definiert Bentham nun konsequent im Sinne eines strikten Hedonismus: „Nature has placed mankind under the governance of two sovereign masters, *pain* and *pleasure*. It is for them alone to point out what we ought to do, as well as to determine what we shall do. (…) They govern us in all we do, in all we say, in all we think" (IPM I.1, 1). Da jeder Einzelne am besten weiß, was er als lustvoll oder schmerzhaft empfindet, erübrigen sich sowohl qualititative Differenzierungen verschiedener möglicher Quellen des Vergnügens (IPM X.10, Anm. 1, 102) als auch entsprechende paternalistische Vorgaben durch den Gesetzgeber (IPM XVII.15, 319). Es darf daher bloß um die Menge der produzierten Lust, gegebenenfalls im Verhältnis der durch dieselbe Handlung produzierten Unlust, gehen.

Bentham vertritt einen rein quantitativen Hedonismus, der die Messbarkeit dieser Folgen voraussetzt. Hierzu entwickelt Bentham einen Kalkül, durch dessen Anwendung aus den Elementen von Intensität, Dauer, Gewissheit bzw. Ungewissheit des Eintretens, Nähe bzw. Ferne des Eintretens, Fruchtbarkeit, Reinheit und Ausdehnung, d. h. der Anzahl der durch die Handlung Betroffenen, die Menge der durch eine Handlung produzierten Lust oder Unlust berechnet werden kann (IPM IV).

Weil alle Handlungen des Menschen – wie auch aller anderen vielleicht nicht vernunft-, aber doch empfindungsbegabten Lebewesen – durch Streben nach Lust und Vermeidung von Schmerz bestimmt werden, sind diese ihre alleinigen natürlichen Interessen auch die einzigen Ziele, die der Gesetzgeber zu verfolgen hat. Sie müssen daher die Zweckursachen aller Gesetzgebung sein (IPM III.1, 24). Die Existenz eines Souveräns bzw. einer Regierung und ihrer Organe setzt Bentham aufgrund der Notwendigkeit zur Koordination des individuellen Glücksstrebens schlicht als selbstverständlich voraus (IPM XVI.17, 214, Anm. 1). Um diese Aufgabe zu erfüllen, muss der Gesetzgeber das Verhalten der Individuen beeinflussen, deren summierte einzelne Interessen zugleich das Interesse der Gemeinschaft ausmachen (IPM I.4/5, 3). Es liegt auf der Hand, dass dies gleichfalls nur durch Lust und Schmerz geschehen kann. Sie bilden folglich ebenso die Wirkursachen oder Mittel, die in der Gesetzgebung einzusetzen sind (IPM III.1, 24). Solche politischen Sanktionen, neben denen Bentham noch moralische und religiöse unterscheidet, beruhen, wie die anderen beiden im übrigen auch, auf physischen Sanktionen (IPM III.11, 27), d. h. durch die Zufügung von Schmerz, also Strafe, oder die Erzeugung von Lust, also Belohnung. Da Belohnungen nur ausnahmsweise zum Einsatz kommen und ihre gesetzliche Regelungsmöglichkeit insgesamt zweifelhaft ist (IPM XVII.9, 314, Anm. 1), gilt: „If legislation interferes in a direct manner, it must be by punishment.“ (IPM XVII.9, 314)

Gemäß seinem einzigen Zweck ist die Aufgabe des Rechts zuallererst die Vermeidung von allem, was das Glück der Gemeinschaft vermindern könnte (IPM XIII.1, 170). Denn: „It was the dread of evil, not the hope of good, that first societies cemented together“ (IPM XVI.17, 215, Anm. 2). Allerdings ist jede Strafe eine Schädigung und daher in sich selbst ein Übel (IPM XIII.2, 170). Dem utilitaristischen Prinzip zufolge darf Strafe nur dann zugelassen werden, wenn sie verspricht, ein größeres Übel auszuschließen (ebd.). Auch hinsichtlich der Verhängung von Strafe ist daher ausschließlich auf deren Folgen zu achten. Von ihr ist daher abzusehen: 1. wenn sie grundlos ist, d. h. wenn es keinen Schaden gibt, der durch sie verhütet werden könnte; 2. wenn sie unwirksam ist, d. h. wenn ein Schaden nicht durch sie verhütet werden kann; 3. wenn sie zu kostspielig ist, d. h. wenn der durch sie produzierte Schaden größer ist als der, der durch sie verhütet werden soll; 4. wenn sie unnötig ist, d. h. wenn ein Schaden ohne sie verhütet werden kann oder von selbst aufhört (IPM XIII.3, 171).

Aus ihrem strikt prospektiven Begriff ergibt sich ohne weiteres der unmittelbare Hauptweck aller Strafe, nämlich die Beeinflussung von Handlungen, und zwar entweder des Täters oder anderer (IPM XIII.2, Anm. 1, 170). Im ersten Fall wirkt sie spezialpräventiv entweder auf den Willen des Täters, indem sie seine Läuterung (*reformation*) herbeiführt, oder auf seine physischen Kräfte, indem sie ihn unfähig zu weiteren Taten macht (*disablement*); im zweiten Fall kann Strafe nur auf den Willen anderer wirken, indem sie ihnen beispielhaft die schädlichen Folgen eines Verbrechens für den Täter vor Augen führt (*example*) und sie von der Begehung derartiger Handlungen abschreckt – in dieser generalpräventiven Wirkung besteht die Hauptabsicht aller Strafe (ebd., 170 f.). Allenfalls einen bloßen Nebenzweck (*collateral end*) kann demgegenüber die Erzeugung von Lust auf Seiten der verletzten Partei, mithin des Opfers, d. h. die Befriedigung ihres Übelwollens (*ill-will*) gegen den Täter, darstellen (ebd., 171). Keine Strafe jedoch darf bloß um dieses Zieles verhängt werden, weil die dadurch erzeugte Lust niemals den auferlegten Schmerz aufwiegen kann (ebd.). Indes schließt Bentham mit seiner ganz offensichtlich präventiven Strafzwecktheorie den Gedanken der Vergeltung (*retalation*) keineswegs aus. Im Gegenteil ist sie in den wenigen Fällen, in denen sie praktikabel und nicht zu kostspielig ist, sogar allen anderen Strafarten überlegen (IPM XV.8, 193). Denn sie stellt die denkbar engste Analogie zwischen einem Verbrechen und seiner Strafe her, weil sie dem Täter den gleichen Schaden zufügt, dem er selbst seinem Opfer zugefügt hat (ebd.), und von der Vorstellung der Verknüpfung von Verbrechen und Strafe hängt deren ganze präventive Wirkung ab (IPM XV.7, 192).

Benthams Konzentration auf das Strafrecht, die in einer, vermittels Platons Methode logischer Dichotomie gewonnenen, vollständigen Analyse der verschiedenen Klassen strafwürdiger Vergehen gipfelt (IPM XVI) und ihn weitgehend vom Zivil- und Staatsrecht absehen lässt, hat ihren systematischen Grund im Begriff des Gesetzes. Jedes Gesetz, das seinen Begriff vollständig erfüllt (*complete*), ist entweder zwingend (*coercive*) oder nicht (*discoercive*) (IPM XVII.29, 330, Anm. 1.). Im ersten Fall handelt es sich um einen Befehl (*command*), im zweiten um die ganze oder teilweise Aufhebung (*revocation*) eines zwingenden Gesetzes (ebd.). Jedes Zwangsgesetz schafft ein Vergehen (*offence*), d. h. es verwandelt irgendeine Handlung in ein solches, und nur deshalb kann es eine Verpflichtung (*obligation*) auferlegen, d. h. Zwang hervorbringen (ebd., 330 f.).

Ein Gesetz, das ein Vergehen definiert, und eines, das im Falle seiner Begehung (*commission*) dessen Bestrafung befiehlt, sind verschieden, weil sowohl die Handlungen, die sie vorschreiben, als auch ihre Adressaten, nämlich einerseits alle Bürger und andererseits die Justiz, verschieden sind (ebd., 331). Ersteres nennt Bentham ein schlicht befehlendes Gesetz (*simply imperative law*), zweiteres ein Strafgesetz (*punitory law*), das selbst allerdings wiederum imperativ ist, weil es die Bestrafung nicht nur erlaubt, sondern vorschreibt (ebd.). Zugleich impliziert ein an den Richter adressiertes Strafgesetz notwendigerweise die Gegebenheit eines schlicht befehlenden Gesetzes, das dem Bürger – in der Regel – eine Unterlassung indirekt vorschreibt (ebd.). Sofern also die Übertretung eines jeden Zwangsgesetzes für den Rechtsbrecher gemäß des utilitaristischen Prinzips irgendwelche unerfreuliche Folgen, mithin Strafe, nach sich ziehen muss, könnte also eigentlich auf schlicht befehlende Gesetze verzichtet und das ganze geltende Recht in Strafgesetzen formuliert werden (ebd.). Allerdings sind die in Gesetzen auftretenden Termini von außerordentlicher Komplexität. Denn sie stellen allesamt die Vorstellungen, die sie bezeichnen, aufgrund ihrer Artifizialität der Ausdrücke und der Unvollkommenheit der Sprache nicht unmittelbar dar. Daraus ergibt sich ein enormer Erklärungsbedarf (*expository matter*), wie Bentham an den scheinbar schlichten Beispielen des Diebstahls und des Bücherverkaufs klarmacht. Mit einer vereinfachenden Reduktion allen Rechts auf simple Strafgesetze ist daher nicht zu rechnen (ebd. 331 f.).

***

Die Bedeutung der Diskussion des Rechtsbegriffes in der Aufklärung bleibt bis in die Gegenwart ungebrochen. Sie lässt sich kaum überschätzen. Vier Punkte zumindest hat die Aufklärung herausgestellt, die Themen bzw. Problemfelder markieren, mit denen sich seither jede ernsthafte systematische Behandlung des Rechtsbegriffs auseinanderzusetzen hat, um den bereits im 18. Jahrhundert erreichten Reflektionsstandard nicht zu unterschreiten.

Es sind dies: 1. die strikte und systematisch begründete Trennung von Moralität und Legalität, die allein äußere Handlungen, die unter äußeren Normen stehen, zu möglichen Gegenständen des Rechts macht und demzufolge so etwas wie ein Gesinnungsrecht o. ä. als Widerspruch zum Begriff des Rechts überhaupt, mithin als Unsinn, ausschließt; 2. die Begründung und Festschreibung der Freiheit als subjektives Recht schlechthin, das zugleich als Bedingung der Möglichkeit rechtlich relevanten Handelns überhaupt dient; 3. die systematische Bindung des Begriffs des Staates an den Begriff des Rechts bzw. das

Kriterium der Rechtlichkeit, das dem modernen Begriff des Rechtsstaats zugrunde liegt; 4. das Beharren auf der Vernunftgemäßheit jeder Rechtsordnung, d. h. ihrer auf einem allein durch die Vernunft erkennbaren Prinzip aufbauender Systematizität, die sowohl die Transparenz als auch die Legitimität aller möglichen Teile einer Rechtsordnung zu beurteilen erlaubt.

V. 19. Jahrhundert

Ganz anders als die bei allen sachlichen Differenzen doch durchaus einheitliche, da im weitesten Sinne naturrechtlich fundierte Diskussion des Rechtsbegriffs in der Aufklärung verläuft sie im 19. Jahrhundert sehr heterogen. Sie zeichnet sich vor allem durch eine Abkehr vom Vernunftrecht und durch die Ausprägung verschiedener, zum Teil gänzlich miteinander unvereinbarer theoretischer Strömungen im Kontext des deutschen Idealismus, insbesondere hegelscher Provenienz, bzw. des Historismus, des Liberalismus oder auch des Nationalismus aus.

Insbesondere im deutschen Sprachraum führt diese Konkurrenz dazu, dass sich Vertreter der verschiedenen Schulen häufig mit großer Erbitterung bekämpfen – was beinahe ebenso häufig zu nachgerade ideologisch überspitzten Darstellungen der jeweiligen Lehre führt, die nicht gerade zur begrifflichen wie logischen Transparenz der auch dort immerhin zu unterstellenden Argumentationsgänge beitragen. Gleichzeitig lassen sich vor allem im angelsächsischen Bereich Rückgriffe auf Topoi der Aufklärung beachten, die sich zumeist auf Benthams Grundlegung des Utilitarismus berufen.

1. Johann Gottlieb Fichte (1762–1814): Das Recht und die Klugheit

Obwohl Johann Gottlieb Fichtes *Grundlage des Naturrechts* noch im Jahr vor Kants *Metaphysik der Sitten* erschien, bedeutet sie nicht nur einen Abschied von „der gewöhnliche(n) Weise, das Naturrecht zu behandeln“ (GN 323), sondern faktisch auch einen vom Naturrecht überhaupt (Merle 2001, 1 ff.). Denn nicht nur im Gegensatz zur Universaljurisprudenz der Aufklärung, sondern auch zu Kants transzendentalphilosophischer Begründung des Rechtsbegriffs, die ja ebenfalls auf ein universales, d. h. nicht bloß rechtliches, praktisches, mithin universalmoralisches Prinzip der Verpflichtung rekurriert, bemüht sich Fichte um einen gänzlich moralunabhängigen Ansatz (Kersting 2001).

Fichte nämlich begreift den Begriff des Rechts prinzipiell aus der Perspektive der zulässigen Handlungsmöglichkeit und nicht von der Verpflichtung her. Er macht dies von Anfang an unmissverständlich klar: „Ein Recht ist offenbar etwas, dessen man sich bedienen kann; es erfolgt sonach aus einem bloss erlaubenden Gesetze.“ (GN 324) Dann aber lässt sich das Rechtsprinzip nicht mehr aus einem universalen Moralprinzip ableiten, weil aus einem unbedingt verpflichtenden Gebot keine bloße Erlaubnis folgen kann: „Das Sittengesetz gebietet kategorisch die Pflicht: das Rechtsgesetz erlaubt nur, aber gebietet nie, daß man sein Recht ausübe.“ (GN 359) Trotz dieses gänzlich anderen Rechtsbegriffs gelangt Fichte indes zu einem allgemeinen Rechtsgesetz, das dem kantischen fast zum Verwechseln ähnelt. Es lautet: „Beschränke deine Freiheit durch den Begriff von der Freiheit aller übrigen Personen, mit denen du in Verbindung kommst.“ (GN 320)

Weil das Recht einerseits nicht mehr – wie noch bei Kant – unter die *philosophia practica universalis* fällt und andererseits nur dann gemäß der Fundamentaldisziplin der „Wissenschaftslehre“ irgendeine Relevanz besitzt, wenn sein Begriff a priori aus der reinen Vernunft deduziert werden kann, ist ein eigenständiger, gänzlich erfahrungsunabhängiger Rechtsbegriff zu explizieren (Baumanns 1990, 115 ff.). Dies kann für Fichte naturgemäß nicht anders als aus dem Selbstbewusstsein als absoluter Bedingung jeder möglichen Erkenntnis geschehen. Bei dessen Analyse zeigt sich, dass die Möglichkeit des Bewusstseins von Freiheit und Wollen, mithin dessen Erfahrung, an die Gegebenheit anderer, hinsichtlich eines solchen Bewusstseins gleicher Bewusstseine gebunden ist. Da diese durch ihre notwendigerweise – denn so wären sie nicht vom ersten Bewusstsein unterscheidbar – verschiedenen Inhalte ihres Wollens der Freiheit und dem Wollen jenes Subjekts entgegengesetzt sein müssen, ‚fordern‘ sie dies mit ebendieser Entgegensetzung zu eigener Aktion ‚auf‘ (GN 342 pass.). Praktische Subjektivität, also Wollen und Handeln, impliziert daher stets Intersubjektivität.

Die derart begründete Wirklichkeit mehrerer handelnder Wesen bedingt ihre wechselseitige Beeinflussung untereinander und demzufolge die Möglichkeit, „sich gegenseitig (zu) stören und (zu) hindern“ (GN 320). Dies zu verhindern, erfordert die Einsicht eines jeden Subjekts in die Beschränkung der eigenen Freiheit, d. h. den Willen zur Erhaltung seiner selbst als vernünftiges und freies Subjekt. Ein solcher Wille aber kann, weil er eben frei ist, gar nicht durch Zwang herbeigeführt werden. Es kann daher auch keine Pflicht zum Übergang in einen rechtlichen Zustand bestehen. Infolgedessen kann der Rechtsbegriff nur „technisch-praktisch“ als Ermöglichungsbedingung einer „Gemeinschaft zwischen freien Wesen“ verstanden werden; „(d)ass aber eine solche Gemeinschaft errichtet werden solle, wird keineswegs gesagt" (ebd.). Das Rechtsgesetz gilt also nur hypothetisch, weil seine Geltung vom freien Willensentschluss abhängt, „mit anderen in Gesellschaft zu leben" (GN 322). Jeder Rechtszustand beruht folglich auf einer freien Übereinkunft. Sie mag zwar ihrem Wesen nach dem vernünftigen Interesse jedes Subjekts entsprechen. Jedoch kann für kein Subjekt eine unbedingte Pflicht zur Verfolgung dieses, seines Interesses bestehen. Die Zustimmung bzw. der Beitritt zu einem entsprechenden Vertrag ist somit eben nicht durch die Vernunft selbst a priori geboten, sondern entspricht allenfalls einem Gebot der Klugheit, das als solches immer nur folgenorientiert begründet werden kann (Kersting 2001, 35 f.).

Daraus folgt freilich wiederum nicht, dass die Befolgung einer Rechtsordnung gänzlich dem Belieben anheimgestellt wäre. Denn stellt sich ein Subjekt willentlich außerhalb des jeweils geltenden Rechts – wie es dies kraft seiner Freiheit ohne Zweifel tun kann, etwa indem es verbricht –, kann das rechtsbrecherische Subjekt seinerseits auch kein besonderes Recht haben, den aus dem geltenden Recht hervorgehenden Zwang durch andere Subjekte zu verhindern (GN 387), sofern es denn überhaupt mit ihnen in Gemeinschaft lebt. Die Einrichtung von Institutionen zur Rechtserzwingung ist also schon aufgrund des apriorischen Wissens um die Verhaltensmöglichkeiten des Menschen, die gerade die unbedingte Möglichkeit der Negation des Rechtszustandes einschließen, unumgänglich. Sie folgt daher ebenso dem folgenorientierten Kalkül des Rechtsgesetzes.

2. Friedrich Carl von Savigny (1779–1861): Die Relativität des Rechts

Friedrich Carl von Savigny bricht radikal mit dem Naturrechtsdenken. Er spricht jedem Versuch, Recht durch den Rückgriff auf reine und unveränderliche Vernunftprinzipien hinsichtlich seiner Form, seines Inhalts oder seiner Geltung zu legitimieren, die sachliche Angemessenheit ab. Der Begriff des Rechts umfasst im strengen Sinne demzufolge allein das veränderliche positive Recht (BZ 7), das jeweils zu einer bestimmten Zeit in einer bestimmten politischen Ordnung gilt und infolgedessen die „einzige Quelle der Gerechtigkeit" darstellt (Strömholm 1991, 256). Zugleich wird das Recht nicht schlagartig durch einen gesetzgeberischen Akt, einen entsprechenden Kontrakt oder eine Revolution gesetzt, sondern ist „das Ergebnis von bei jeder Nation im stillen wirkenden Kräften" (ebd., 254). So heißt es in Savignys, bereits 1814 erschienener programmatischen Streitschrift mit dem Titel *Vom Beruf unsrer Zeit für Gesetzgebung und Rechtswissen-*

schaft: „Alles Recht wird zuerst durch Sitte und Volksglaube, dann durch Jurisprudenz erzeugt, also überall von im stillen wirkenden Kräften und nicht durch die Willkür eines Gesetzgebers". (BZ 13 f.)

Das Recht erhält demnach seine Legitimität nicht durch seine Begründung durch universale Prinzipien der Vernunft, die jederzeit und jeden Orts dieselben sein müssen, sondern durch die Sitten je besonderer Gemeinschaften, die deren ‚Volksseele' ausdrücken – was immer dies eher unheimlich und geisterhaft anmutende Wesen auch näherhin sein mag. Das Recht ist also seinem Ursprung nach vorpositives Gewohnheitsrecht und gewinnt erst nach und nach durch richterliche, also auf dieser Stufe zuhöchst individuelle und kontingente Entscheidungen gesetzliche Form. Weil seine Legitimität in nichts anderem mehr als der Übereinstimmung der Normen bzw. des Gesetzescorpus mit der Volksseele bestehen kann, besteht die Aufgabe der Rechtswissenschaft zuallererst in der Erforschung dieser historischen Ursprünge. Sie muss vor jeder Veränderung der Rechtsordnung erfüllt werden, um die Legitimität der Veränderung, mithin ihre Volksseelenkonsonanz zu gewährleisten bzw. die nationale Eigenheit und daher relative Angemessenheit des Rechts an seine Subjekte nicht zu gefährden.

Savigny wurde mit dieser Position zum Begründer der ‚Historischen Rechtsschule', die über das ganze 19. Jahrhundert hinweg die deutsche Rechtswissenschaft beherrschte (Strömholm 1991, 255 f.). Dabei galt Savigny selbst – im Gegensatz zu dem auf das germanische Genossenschaftsrecht rekurrierenden Otto von Gierke (1841–1921) – als Hauptquelle das römische Recht, dessen Rezeptions- und Entwicklungsgeschichte wie dessen Systematisierung für die Gegenwart er zwei monumentale Werke widmete, nämlich die siebenbändige *Geschichte des römischen Rechts im Mittelalter* (1817–31) und das achtbändige *System des heutigen römischen Rechts* (1840–49).

Die konsequente Verfolgung dieses historistischen Programms führte neben der für die Ausarbeitung des *Bürgerlichen Gesetzbuchs* kennzeichnenden begrifflichen Systematisierung vor allem zu einem strengen Positivismus: Wenn alle Normen relativ zu einer Gesellschaft gelten und nicht auf andere übertragen werden können, und wenn alle Rechtsregeln aus einer für sich genommen kontingenten historischen Entwicklung resultieren, die ihre Einheit allein durch das Substrat dieser Entwicklung, nämlich das jeweilige Volk bzw. den jeweiligen Staat, gewinnt, so ist eine weiterreichende, etwa philosophische bzw. nicht historisch verfahrende Rechtsbegründung schlicht überflüssig (Bergbohm 1892), sofern denn überhaupt schon irgendwelche Rechtsnormen gelten. Träte der hypothetische Fall ein, dass irgendwo ein Volk noch keine Rechtsnormen entwickelt hätte, hätte auch die Rechtswissenschaft dort ihr Recht verloren bzw. es könnte sie gar nicht geben, weil sie sich per definitionem ja nur mit bereits vorliegendem, geltendem Recht und seinen Quellen beschäftigen kann, welch letztere umgekehrt so lange keine Rechtsquellen sein können, als es noch kein Recht gibt.

Es ist daher nur konsequent, wenn die Rechtswissenschaft im weiteren Verlauf der positivistischen Entwicklung immer mehr oder gänzlich von Fragen nach „Zweck und Sinn von Rechtsregeln und rechtlichen Institutionen“ oder deren anderweitiger Rechtfertigung absah und sich zum reinen ‚Begriffsrecht‘ entwickelte (Strömholm 1991, 256 f.), nach dessen Grundsatz „alle juristischen Entscheidungen aus einem System von Rechtssätzen und Rechtsgrundsätzen mit rein sprachlichen und logischen Mitteln, jedenfalls aber ohne eigene Wertung ableitbar seien“ (Zippelius 1982, 200 f.). Den positivistischen Prinzipien zufolge kann eine einschlägige Kompetenz, die derartige externe Bewertungen legitimierte, auch anderen Disziplinen nicht zukommen. Denn schon nach Savigny kann überhaupt niemand über eine solche verfügen.

3. Georg Wilhelm Friedrich Hegel (1770–1831): Das totale Recht

Der Begriff des Rechts, wie ihn Friedrich Hegel in den *Grundlinien der Philosophie des Rechts* (1821) entwickelt, unterscheidet sich von seinen Vorgängern durch seine Universalität. Er umfasst jede Äußerung des freien Willens, d. h. den ganzen Bereich der Praxis (GPR § 4 46 ff.). Er schließt daher „nicht bloß das bürgerliche Recht“ ein, sondern auch „Moralität, Sittlichkeit und Weltgeschichte“ (GPR § 33, Zus., 90 f.). Die philosophische Behandlung des Rechtsbegriffs übersteigt damit die Disziplin der Rechtsphilosophie im engeren Sinne, löst die *philosophia practica universalis* des Naturrechtsdenkens ab und erweitert sie noch um eine völlig neu gefasste Staatsphilosophie und die philosophische Betrachtung der Geschichte als ‚Fortschritt im Bewusstsein der Freiheit‘ (Riedel 1982, 174–222).

Dieser Ausweitung liegt die prinzipielle Unterscheidung von „zweierlei Arten von Gesetzen, Gesetzen der Natur und des Rechts“, zugrunde (GPR Vorrede, Zus., 15). Erstere „sind schlechthin und gelten so, wie sie sind“ (ebd., 15 f.). Sie sind daher allein mögliche Gegenstände der Erkenntnis, nicht aber des Handelns. Dieser Bezug auf Erkenntnis gilt zwar auch für bestehende Rechtsgesetze, jedoch bleibt hier „der Mensch bei dem Daseienden nicht stehen, sondern behauptet, in sich den Maßstab zu haben von dem, was recht ist“ (ebd., 16). Es kann daher jederzeit zur Kollision dieses Kriteriums mit den historisch gewordenen, menschengemachten und also relativen Gesetzen kommen: „Hier also ist ein Widerstreit möglich dessen, was ist, und dessen, was sein soll, des an und für sich seienden Rechts, welches unverändert bleibt, und der Willkürlichkeit der Bestimmung dessen, was als Recht gelten solle." (ebd.) Weil aber eine solche, rein willkürliche Einrichtung der Lebensbedingungen der Vernunft des Menschen zuwiderläuft, ist die eigentliche und einzige Aufgabe der Philosophie die Betrachtung der „Vernünftigkeit des Rechts" (ebd., 17), d. h. die wissenschaftliche Erkenntnis des „an und für sich seienden Rechts" (ebd., 16; GPR § 1, 29). Freilich besteht kein notwendiger Gegensatz zwischen „Naturrecht" bzw. „philosophischem Recht" und positivem Recht, das einerseits seiner Form nach durch seine Geltung in einem Staat Positivität besitzt und andererseits seinem Inhalt nach „durch den besonderen *Nationalcharakter* eines Volkes, die Stufe seiner *geschichtlichen* Entwicklung" und deren natürliche Umstände positiv bestimmt wird (GPR § 3, 34). Denn nach Hegel muss in jedem „wirklichen Staat" – mag dieser welche positiven Gesetze auch immer haben – auch der Begriff des Rechts schon in einer bestimmten Weise verwirklicht sein (GPR § 258, 399 ff.).

Die Fundamentalität des Rechtsbegriffs ergibt sich nun daraus, dass „das Rechtssystem das Reich der verwirklichten Freiheit" darstellt, weil sich in ihm der wesentlich freie Wille des Menschen allgemein, d. h. durch Denken, äußert (GPR § 4, 46 ff.). Dies stellt zuallererst die Möglichkeit bereit, überhaupt etwas, d. h. etwas positiv Bestimmtes, zu wollen (GPR §§ 5/6). Sie äußert sich zunächst im ‚Beschließen', wodurch „allein der Mensch in die Wirklichkeit tritt" (GPR § 13, Zus., 65). Ist der Inhalt dieser Willensbestimmung aber partikulär, richtet sie sich mithin auf etwas vom Menschen wesentlich Verschiedenes, ist sie „nicht durch die Natur meines Willens bestimmt (...), sondern durch Zufälligkeit" (GPR § 14, Zus., 67). Eine derartige Willensbestimmung ist folglich weder vernünftig noch im eigentlichen Sinne frei: Willkür und Freiheit sind also nicht ein und dasselbe. Freiheit besteht vielmehr in der Erhebung des Willens zu bewusster Allgemeinheit in seiner Identität mit dem Denken: Erst „(d)ies Selbstbewußtsein, das durch Denken sich als Wesen erfaßt und damit eben sich von dem Zufälligen und Unwahren abtut, macht das Prinzip des Rechts, der Moralität und aller Sittlichkeit aus" (GPR § 21, 71 f.). Denkt sich also der Mensch seinem Wesen gemäß als vernünftig und frei, verliert sein Beschließen alle Zufälligkeit und verwirklicht Freiheit. Hegel kommt deshalb zu folgender Bestimmung des Rechtsbegriffs: „Dies, daß ein Dasein überhaupt *Dasein des freien Willens* ist, ist das *Recht.* – Es ist somit überhaupt die Freiheit, als Idee." (GPR § 29, 80)

Versteht man mit Hegel hier die Rede vom „Dasein" als Wirklichkeit eines subjektiven Willens (GPR § 29, hs. Not., Anm., 81), der mit dem freien Willen identisch ist, zeigt sich die Priorität des Rechtsbegriffs: Das ‚abstrakte Recht', d. h. das klassische Naturrecht (Riedel 1982, 1 f.), bezieht sich allein auf die unmittelbare Freiheit der Person und deren möglichen partikulären Willen, d. h. auf die Freiheit der Willkür. Weil das abstrakte Recht gemäß des „Rechtsgebot(s) (...): *sei eine Person und respektiere die anderen als Personen*" (GPR § 36, 95) diese Freiheit nur hinsichtlich ihrer Möglichkeit bestimmt, enthält sie nur Befugnisse und negative Pflichten, aber keine positiven Gebote (GPR §§ 37/38). Das abstrakte Recht ist infolgedessen nicht konkret und erfüllt den Begriff des Rechts nicht vollständig. Weil sich in diesem vorstaatlichen Zustand die Freiheit stets nur auf wesentlich von der Person verschiedene Dinge bezieht und sich die Willkür einer Person nur darin verwirklichen kann, jene Dinge zu wollen und demzufolge andere von ihrem Besitz auszuschließen, ist das abstrakte Recht Privatrecht und als dieses „persönliche Recht wesentlich *Sachenrecht*" (GPR § 40, 98 f.). „Sache" ist dabei „im allgemeinen als das der Freiheit überhaupt Äußerliche, wozu auch mein Körper, mein Leben gehört", zu verstehen (ebd., 99). Das abstrakte Recht umfasst daher die dem Willen äußerlichen Bereiche von Eigentum und Vertrag und ist Zwangsrecht, insofern „das Unrecht gegen dasselbe (sc. abstrakte Recht) eine Gewalt gegen das *Dasein* meiner Freiheit in einer *äußerlichen* Sache ist", das durch die Gewalt des Zwanges aufgehoben werden muss (GPR, § 94, 180).

Im abstrakten Recht also „hat der Wille sein Dasein in einem Äusserlichen" (GPR § 104, Zus., 202). Dies reicht jedoch noch nicht zu seiner eigenen Selbstaffirmation als eines guten Willens zu, da seiner Befugnis keine positive Verpflichtung entspricht. Er bleibt damit moralisch indifferent und nur unmittelbar als Person in Relation zu einer Sache, d. h. an sich, frei, ohne dass diese Freiheit schon ihre Reflektiertheit bzw. ihr Bewusstsein implizierte. Die Beziehung der Freiheit auf ihr eigenes Subjekt, d. h. das Selbstbewusstsein der Person, muss aber darin bestehen, „daß der Wille dasselbe (sc. sein Dasein) in ihm selbst, in einem Innerlichen" habe (ebd.). Dies erfordert die Negation der Äußerlichkeit des abstrakten Rechts durch die ‚Moralität', der es allein „auf meine Einsicht und Absicht und auf meinen Zweck ankommt" (GPR § 33, Zus., 91). Gegenstand der Beurteilung ist hier also nicht mehr das verbotskonforme und erzwingbare äußere Verhalten, sondern die „*Selbstbestimmung* des Willens" (GPR § 107, 205). Erst durch sie ist das Willenssubjekt für sich frei (GPR § 106, Zus., 205). Hegels Rechtsbegriff zufolge entspricht „der moralische Standpunkt" dann dem „*Recht des subjektiven Willens*" (GPR § 107, 205), der sich selbst als einen guten weiß.

Nun ist aber das gewollte Gute durch sein bewusstes Gewolltsein noch nicht realisiert. Die Moralität ist folglich genauso abstrakt wie das abstrakte Recht und daher immer noch unvollständig im Verhältnis zum vollen Begriff des Rechts als Dasein des freien Willens. Denn der „subjektive Wille (...) fordert, daß sein Inneres, das heißt sein Zweck, äußeres Dasein erhalte, daß also das Gute in der äußerlichen Existenz solle vollbracht werden“ (GPR § 33, Zus., 91). Die Verwirklichung des Rechts erfordert infolgedessen eine Einheit von abstraktem Recht und Moralität. Dies geschieht erst auf der Stufe der ‚Sittlichkeit‘, welche „die Einheit des Willens in seinem Begriffe und des Willens des Einzelnen“ bildet (ebd.). In dieser Einheit der äußerlichen Freiheit der Person und der innerlichen Freiheit des Subjekts besteht nun endlich das Dasein des freien Willens, d. h. „objektive Freiheit“ (GPR § 258, 399). Sie hat die Form eines „nach *gedachten, d. h. allgemeinen* Gesetzen und Grundsätzen sich bestimmenden Handelns“ (ebd.). Da dies Handeln deswegen keine partikulären Interessen und Zwecke mehr verfolgen kann, liegt nicht in der ‚bürgerlichen Gesellschaft‘, deren Glieder „nur das Band des gegenseitigen Bedürfnisses (…) umschlingt“ und zu deren Regulierung demnach das abstrakte Recht zureichen wird (GPR § 33, Zus., 91; Riedel 1982), sondern allein im ‚Staat‘ „die Verwirklichung der Freiheit“ (GPR § 258, Zus., 403).

Der volle Begriff des Rechts transzendiert daher die individuelle Freiheit von Person und Subjekt: „Bei der Freiheit muß man nicht von der Einzelnheit, vom einzelnen Selbstbewußtsein ausgehen, sondern nur vom Wesen des Selbstbewußtseins, denn der Mensch mag es wissen oder nicht, dies Wesen realisiert sich als selbständige Gewalt, in der die einzelnen Individuen nur Momente sind: es ist der Gang Gottes in der Welt, daß der Staat ist, sein Grund ist die Gewalt der sich als Wille verwirklichenden Vernunft.“ (ebd.)

Der wirkliche Staat des Rechts ist daher eine Totalität, in der jedes individuelle Wollen durch seine Erhebung zur Allgemeinheit, d. h. Vernünftigkeit, ausgelöscht ist, weil es sich ausschließlich durch seine Einheit mit dem, „was der Staat als Pflicht fordert“ (GPR § 281, Zus., 410), verwirklichen kann. Erst im Staat besteht also durch diese Verwirklichung des Vernünftigen eine strenge Entsprechung von Recht und Pflicht bzw. die Einheit von subjektiver und objektiver Freiheit.

4. John Austin (1790–1859): Der Utilitarismus Gottes

Beeinflusst vom Historismus, den er in Deutschland studierte, aber vor allem durch seinen Lehrer Jeremy Bentham, entwickelt John Austin insbesondere in seinem aus Vorlesungen entstandenen Hauptwerk *The Province of Jurisprudence Determined* (1832) eine positivistische Befehlstheorie des Rechts. Er fasst seinen Begriff genau wie Bentham utilitaristisch, obwohl er ihn konservativer als sein Lehrer interpretiert (Strömholm 1991, 262).

Gemäß des utilitaristischen Prinzips, wonach sich die moralische Qualität einer Handlung bzw. einer Norm nach ihren Folgen für das ‚größtmögliche Glück der größtmöglichen Zahl' objektiv beurteilen lässt, gilt auch für Austin Benthams bereits angeführte Definition des Rechts: „Recht und Unrecht sind gebunden an die beiden souveränen Herrscher, welche die ‚Natur' eingerichtet hat, um die Menschheit zu regieren: Schmerz und Lust. Sie allein geben an, was wir tun sollen, und bestimmen, was wir tun werden." Allerdings sagt das Verhältnis einer Rechtsnorm zu diesem Kriterium für Bentham wiederum nichts über ihre Geltung aus: Das Recht ist nichts anderes als sozialer Zwang, die Normen, deren Inbegriff es bildet, werden von einem Souverän erlassen und gelten, wenn ihnen gehorcht wird bzw. sie durchgesetzt werden. Da diese Durchsetzung in der Zufügung von Schmerz vermittels rechtlicher Sanktionen geschieht, folgt daraus zum einen, dass jede wirksame Rechtsnorm, welchen Gehalts auch immer, Recht ist, und zum anderen, dass sie auch zumindest ex negativo immer dem utilitaristischen Prinzip genügt. Eine weitergehende Begründung einzelner Normen oder aber der gesamten Rechtsordnung wird damit überflüssig. Freilich aber ergibt sich daraus – wenn man den Herrschenden und Gehorchenden bzw. ihren Handlungen nicht prinzipiell Rationalität unterstellt – die Legitimität jeder normativen Ordnung, sofern sie faktisch durchgesetzt wird, also auch einer tyrannischen Willkürherrschaft.

Diesen augenfälligen Mangel versucht Austin nun zu beheben, indem er im Einklang mit dem Historismus eine Rechtsquelle berücksichtigt, in der Bentham vermutlich bloße Schlamperei gesehen hätte, nämlich das Gewohnheitsrecht, das er vom Gesetzesrecht unterscheidet. Während dies in allgemeinen Sätzen besteht, die der Souverän in Befehlsform vorgibt und denen gehorcht wird, wird das Gewohnheitsrecht nie auf diese Weise formuliert. Es liegt vielmehr nur in einzelnen Präzedenzfällen vor, welche der Richter beizieht, um den vorliegenden Fall seinerseits souverän zu entscheiden (Strömholm 1991, 263). Es liegt auf der Hand, dass es genau diese Stelle ist, an der das utilitaristische Prinzip greifen kann: Indem es auf einen juristisch zu entscheidenden Einzelfall angewendet wird, gewinnt es direkte rechtliche Relevanz. Geht man nun noch einen Schritt weiter und erlaubt mit dem Rechtshistorismus noch die Entwicklung von Gesetzesnormen aus dem vorpositiven Gewohnheitsrecht, eröffnet man immerhin die Möglichkeit einer historischen Rechtsevolution im Einklang mit dem utilitaristischen Prinzip, das selbst aufgrund seiner scheinbar naturwissenschaftlichen, empirischen Abgesichertheit nie in Zweifel gezogen wird.

Für diese Überlegung spricht, dass Austin anders als Bentham in der Tradition der Aufklärung strikt zwischen zwei Formen des Rechts unterscheidet. Einerseits gibt es das positive Recht, das Gegenstand der Jurisprudenz und hinsichtlich ethischer Erwägungen indifferent ist und dem durch den Souverän gesetzten Gesetzesrecht entspricht. Andererseits gibt es aber ebenso ein Recht, das dem Willen Gottes entspricht. Es findet sich in der göttlichen Offenbarung, kann aber auch ganz allgemein vermittels des Gebrauchs des utilitaristischen Prinzips erkannt werden, vermittels dessen die Befehle Gottes, d. h. Sein Wille bezüglich dessen, was sein soll, entdeckt werden können (LoJ 104 ff.). Weil nun dem Willen Gottes stets zu gehorchen ist und das utilitaristische Prinzip als dessen principium cognoscendi fungiert, besitzt das utilitaristische Prinzip nunmehr anders als in Benthams, Austin zufolge, ganz offenkundig zu optimistischem Entwurf die Autorität eines quasi naturrechtlichen Korrektivs für das positive Recht: Das Gesetzesrecht bleibt zwar durch seine Geltung stets Recht; es sollte aber geändert werden, wenn es gegen den göttlichen Willen verstößt, auch wenn in eklatanten Fällen eine solche Korrektur nur durch Widerstand gegen das positive Recht herbeigeführt werden kann (LoJ 118). Im Idealfall indes entsprechen die Befehle des weltlichen Souveräns, d. h. die positive Rechtsordnung, den Befehlen des göttlichen Souveräns, d. h. des Seins- und Geltungsgrundes des utilitaristischen Prinzips.

***

Mit der Abkehr vom natur- bzw. vernunftrechtlichen Denken der Aufklärung kommt es im 19. Jahrhundert zu einer Partikularisierung und insbesondere durch den Historismus zu einer konsequenten Nationalisierung der Diskussion des Rechtsbegriffs. Demzufolge wird sein normativer Gehalt relativ, während er sich seiner Form nach meistenteils an der Positivität des Rechts orientiert. Dies führt einerseits zu bedeutenden Verbesserungen hinsichtlich der analytischen Durchdringung bestehender Rechtsordnungen, die auf diesem Weg zu systematischer Einheit geführt werden, andererseits aber zu einer zum Teil vollständigen Abschottung des Rechts gegenüber moralischen Erwägungen.

Solchen öffnen sich allenfalls die utilitaristische und die hegelsche Rechtstheorie. Allerdings löst letztere durch ihren transzendenten Begriff praktischer Vernunft und seiner Verwirklichung im Staat den in der Aufklärung gewonnenen Individualismus und den damit verbundenen Liberalismus zugunsten eines Totalitarismus auf. Von einem moralischen Ideal her, nämlich dem der kommunistischen Gesellschaft, wird die Kritik des bürgerlichen bzw. staatlichen Rechtsbegriffs durch

Karl Marx (1818–1883) sogar dominiert und angetrieben. Allerdings entwickelt Marx auf diesem Fundament eigentlich keinen, wie immer positiv begründeten, expliziten Begriff des Rechts (Dahrendorf 1971), wie er bestenfalls von den, allerdings wenig aussagekräftigen Bemerkungen zum kommunistischen Endzustand der Gesellschaft aus mehr oder weniger spekulativ konstruiert werden könnte (Barratta 1974).

VI. 20. Jahrhundert – Gegenwart

Die Diskussion der Rechtsbegriffs in der ersten Hälfte des 20. Jahrhunderts wird weitgehend durch die positivistische Theorie und ihre Varianten bzw. durch Lösungsversuche der durch sie aufgeworfenen Schwierigkeiten auf wiederum positivistischem Wege bestimmt. Erst die tiefgreifenden Erfahrungen mit den verschiedenen politischen Totalitarismen führen – neben konservatorischen Modifikationen positivistischer Theorien – zu einer „Renaissance des Naturrechtsdenkens“ (Strömholm 1991, 278); allerdings mit der ebenso erstaunlichen wie bedeutsamen Ausnahme des allergrößten Teils der deutschen Rechtswissenschaft, die eher dem Positivismus zuneigt oder – beginnend mit der Kritischen Theorie der Frankfurter Schule, aber auch sichtbar in den gänzlich anders gelagerten Überlegungen etwa Günther Jakobs' (*1937) – vermehrt auf hegelsche Theoreme zurückgreift.

Da die Hauptkriegsverbrecher auf der positivistisch allein rechtfertigbaren Grundlage des im Dritten Reich geltenden Rechts kaum auch nur hätten angeklagt, geschweige denn verurteilt werden können, lassen sich die Nürnberger Prozesse dennoch ohne allzu große Überspitzung als die Stunde der Wiedergeburt naturrechtlicher Rechtsbegründung ansehen. Ebenso zeigt sich diese Tendenz nach dem Ende des Zweiten Weltkriegs sowohl in den Bemühungen um die universelle Anerkennung subjektiver Menschenrechte und ihrer Durchsetzung wie auch in ihrer Positivierung durch ihre Verankerung in nationalen Verfassungen und internationalen Verträgen. Damit geht häufig eine Art von ‚instrumentellem Positivismus‘ einher. Er zeigt sich augenfällig im Versuch, die logische Methodik und den systematischen Anspruch des Positivismus bei der Ausgestaltung von Normen und ihrer Anwendung in das Rechtsganze zu integrieren, ohne zugleich seine Unterordnung unter nicht-positive Rechtsprinzipien aufzugeben oder solchen wenigstens eine korrektive Funktion zuzubilligen.

1. Hans Kelsen (1881–1973): Das unaussprechliche Rechtsprinzip

Anders als der klassische Positivismus besteht die *Reine Rechtslehre* Hans Kelsens auf einer strikten Trennung zwischen der faktischen Rechtswirksamkeit von Gesetzen, die sich allein durch ihre Durchsetzung dokumentiert, d. h. dem Sein des Rechts, und dem durch das Recht normativ erhobenen Anspruch auf Geltung, d. h. das mit dem Recht gegebene Sollen (RR 5 ff. u. 215 ff.).[14] Es lässt sich daher nicht von der Rechtswirksamkeit einer Norm auf die Legitimität ihres Geltungsanspruchs schließen, wenngleich die völlige Unwirksamkeit einer Norm mit dem Verlust ihres Geltungsanspruchs zusammenfällt. Gleichzeitig gilt ausschließlich positives, d. h. durch Akte der Rechtsetzung oder durch Gewohnheit von Menschen erzeugtes Recht, als Recht, das überhaupt Anspruch auf Geltung erheben kann (RR 4 ff. u. 230 ff.). Entscheidend ist nun zu sehen, dass Wirksamkeit und Positivität von Normen zwar notwendige Bedingungen ihrer Geltung bilden, dafür aber nicht hinreichen. Der Geltungsgrund einer Norm ist folglich von ihrer Wirksamkeit und Positivität zu unterscheiden (RR 219).

Er besteht vielmehr in einer anderen, ihr logisch bzw. formal übergeordneten Norm (RR 196), d. h. einem positiven oder negativen Aufforderungssatz, da andernfalls gegen die Trennung von Sein und Sollen verstoßen würde. Weil dieses Verfahren des begründenden Fortschreitens zu Normen immer größerer logischer Extension, d. h. umgekehrt: von immer unbestimmterem Inhalt, in einen infiniten Regress führen müsste, ist nach Kelsen eine hypothetische „Grundnorm“ anzunehmen. Sie ist es, welche die Einheit und Geltung der gesamten staatlichen Rechtsordnung sichern soll. Diese Grundnorm hat indes allein den Status eines rein formalen Instruments, durch dessen Gebrauch über die Zugehörigkeit einer Norm zu einem bestimmten Rechtssystem entschieden werden kann (Raz, CLS, 95 ff.). Sie kann deswegen paradoxerweise gerade nicht unabhängig von der jeweils geltenden Rechtsordnung inhaltlich bestimmt werden. Demzufolge lassen sich aus ihr auch keine weiteren Normen ableiten.

Allenfalls ließe diese Grundnorm sich anhand einer Analyse der geltenden Rechtsordnung formulieren. Sie müsste dann ebenfalls die Gestalt einer positiven Rechtsnorm von höchst allgemeinem Charakter besitzen, die je nach Gelegenheit, etwa beim Übergang vom Staats- ins Völkerrecht, wiederum in Richtung einer höheren Norm überstiegen werden muss. Eine solche Grundnorm wird daher weitgehend inhaltsleer und folglich nur wenig präzise sein und trotz ihrer fundamentalen

---

[14] Die folgende Darstellung orientiert sich an Dreier 1986.

Bedeutung ebenso vorläufig wie kontingent bleiben. Sie wird deshalb auch nie wirklich formuliert, sondern immer nur als Einheits- und Geltungsgrund unterstellt. Daraus folgt zumindest die logische Unableitbarkeit einzelner Rechtsnormen von ihr bzw. die Unmöglichkeit ihrer Rückführbarkeit auf sie, so dass sich die kritische Frage nach der Funktionalität der Grundnorm kaum befriedigend beantworten lässt. Es kann somit kaum überraschen, wenn die Einführung jener Grundnorm allgemein als die größte Schwäche in Kelsens Rechtslehre angesehen wird (Dreier 1986, 42 ff.).

Die Geltung einer Rechtsordnung ist damit jedoch immerhin von allen rechtsexternen und inhaltlichen Kriterien, wie etwa einer universal gebietenden Moral oder vorpositiven subjektiven Rechten, unabhängig. Infolgedessen muss allerdings auch ihr Inhalt beliebig sein. Denn eine Rechtsordnung gewinnt dann ihre Rechtlichkeit allein aus ihrer Einheit und Systematizität, d. h. aus rein formalen Kriterien. Die Rechtswissenschaft verfährt daher niemals präskriptiv und ist auch gegen von rechtsexterner Seite angemaßte Legitimationsversuche oder -vorschläge immun. Vielmehr ist solches Bemühen im Blick auf die Jurisprudenz schlicht „irrelevant“: Die „Rechtswissenschaft (hat) ihren Gegenstand weder zu billigen noch zu mißbilligen, sondern nur zu erkennen und zu beschreiben“ (RR 70). Die inhaltliche Ausgestaltung der Rechtsordnung und insbesondere ihrer obersten Prinzipien obliegt daher gänzlich der mehr oder weniger vernünftigen Willkür des Gesetzgebers. Der Jurisprudenz bleibt so allein die Aufgabe, dem Gesetzgeber nach seiner Vorgaben gemäß der vermuteten Grundnorm ein intaktes Rechtssystem zu liefern oder die Unverträglichkeit einer Norm mit dem bestehenden Rechtssystem und so ihre Ungültigkeit zu erweisen.

2. Carl Schmitt (1888–1985): Das Recht als Magd der Politik

Für Carl Schmitt hat das Recht zuallererst politische Funktion: „Zum Recht im substantiellen Sinne gehört als erstes Sicherstellung der politischen Einheit.“ (SBV 15) Es hat daher seinem Wesen nach die Stellung eines Mittels zur Erreichung ebendieses Zwecks, über das der Souverän frei verfügt. Seine Gewalt ist prinzipiell unbeschränkt, da ihm die Entscheidung darüber zusteht, „ob die Verfassung in toto suspendiert werden kann“ (PT 13), d. h. die Entscheidung über die Verfügung des Ausnahmezustands. Daraus geht hervor, dass die politische Einheit nicht von der Geltung irgendeiner bestimmten Rechtsordnung und keiner anderen abhängt, da diese gerade zur Sicherung jener aufgehoben werden kann. Politische Einheit bzw. deren verfassungsmäßige Form unterliegt folglich auch keinen politikexternen Kriterien, sondern allein dem „politische(n) Wille(n), dessen Macht und Autorität imstande ist, die konkrete Gesamtentscheidung über Art und Form der eigenen politischen Existenz zu treffen" (Vl. 75). Die verfassungsmäßig gegebene Rechtsordnung beruht also auf Willensentscheidungen von Instanzen, die „im Gegensatz zu jeder Abhängigkeit von einer normativen oder abstrakten Richtigkeit" (Vl. 76) schlicht dazu fähig sind, sie zu bestimmen (Kaufmann 1988, 191 ff./302 ff.). Die Geltung des Rechts besteht folgerichtig in seiner Durchsetzung durch eine „auf sich selbst beruhende Autorität und Obrigkeit" (LL 269). Sein Grund liegt solchermaßen in der schieren, nicht weiter zu rechtfertigenden – und daher üblicherweise „dezisionistisch" genannten – Willensentscheidung des Souveräns.

Weil die Rechtsordnung, mithin jedes Gesetz der Ausdruck des Willens der souveränen Gewalt ist, ist auch jedes wirksame Gesetz an seinem Grunde politisch. Schmitt unterscheidet deswegen einen ‚rechtsstaatlichen' von einem ‚politischen' Gesetzesbegriff. Ersterer erfasst „eine Norm mit bestimmten Qualitäten: eine *rechtliche* (richtige, vernünftige) Regelung *generellen* Charakters. Gesetz im Sinne des politischen Gesetzesbegriffes ist konkreter *Wille* und *Befehl* und Akt der Souveränität" (Vl. 146). Die Rechtsstaatlichkeit einer Norm, die insbesondere in ihrer Angemessenheit an die Verfassungsziele besteht, sagt also nichts über ihre Geltung, denn erst der „politische Wille (macht) die richtige Norm zu einem positiv geltenden Befehl" (Vl. 147). Formelle Rechtsstaatlichkeit bedarf demzufolge einer Autorität, die sie will, d. h. billigt und schützt. Sie ist dann bloßes Instrument der politischen Willensdurchsetzung: „nur auf der Grundlage der unbestrittenen, und in diesem Sinne positiven, politischen Entscheidungen kann sich dann in allen Gebieten des öffentlichen Lebens Recht in freiem und autonomen Wachstum entfalten." (SBV 15) Die Rechtsordnung bzw. der Staat sind damit der politischen Autorität untergeordnet und können diese infolgedessen auch nicht beschränken.

Es scheint also nach Schmitt das Prinzip des Dezisionismus uneingeschränkt zu gelten: „Jede Ordnung beruht auf einer Entscheidung." (LL 269) Dies trifft zwar im Falle der Festlegung der Verfassung bzw. Rechtsordnung durchaus zu, die dezisionistische Willkür wird aber gleichwohl durch die ‚konkreten Ordnungen' der rechtlich zu organisierenden Institutionen insofern eingedämmt, als diese prinzipiell vorkonstitutioneller Gewohnheit entspringen. Denn jedes Rechtsdenken und damit auch die Entscheidung für eine beliebige Rechtsordnung hat auszugehen von der „alles tragenden Grundvoraussetzung eine(r) normale(n) stabilisierende(n) Situation", die historisch gewachsen und durch Gewöhnung eingeübt und akzeptiert ist (ÜdA 56). So besitzen etwa Institutionen wie Familie, Stand, Heer und der Staat selbst „eine eigene rechtliche Substanz" (ebd., 20 f.), die in deren „konkrete(r) eigene(r), innere(r) Ordnung" besteht und einer je besonderen „inneren Einstellung der Dazugehörigen" entspricht (Kaufmann 1988, 363). Diese konkreten sozialen Elemente sind bei ihrer rechtlichen Organisation zu einer politischen Einheit in ihrer jeweiligen, historisch kontingenten Eigenheit zu berücksichtigen, um ihre Funktion im Sinne des politischen Willens zu gewährleisten. Das Wesen des Rechts lässt sich demnach nach Schmitt allenfalls funktional bzw. instrumentell bestimmen, und das jeweils in Geltung befindliche Rechtssystem lässt sich demzufolge nicht „(o)hne Bezugnahme auf die faktischen Rechtsüberzeugungen" beschreiben (ebd., 381). Das Wesen des Rechts ist also eigentlich ein Unwesen, weil es für sich genommen in Form wie Inhalt kontingent ist.

3. Herbert Lionel Adolphus Hart (1907–1992): Faktisches Recht

Gegen die Befehlstheorie des Rechts, aber auch gegen die kelsensche reine Rechtslehre vertritt H. L. A. Hart ein regelbasiertes Modell des Rechtspositivismus, das von der faktischen Existenz einer, womöglich gar vorrechtlichen, sozialen Praxis in einer Gesellschaft ausgeht, ohne bereits deren Moralität für ihre Organisation oder Beschreibung als Rechtsordnung vorauszusetzen. Seinem Modell zufolge besteht Recht in einer „Verbindung von *primären*, verhaltensregulierenden und *sekundären*, Befugnisse erteilenden Regeln" (Kaufmann 1996, 172). Erstere betreffen „Handlungen als physische Bewegungen oder Veränderungen", zu deren Ausführung oder Unterlassung sie verpflichten, während zweitere nicht nur bestimmte einzelne bzw. private Handlungen erlauben, sondern auch öffentliche Kompetenzen regeln, die etwa auch die Einführung oder Abschaffung primärer Regeln bzw. ihre Anwendung und Durchsetzung umfassen (CoL 117 f.).

Es liegt auf der Hand, dass nur primäre Regeln verpflichten können. Dies darf aber nicht mit Zwang gleichgesetzt werden, da Zwang immer nur in Einzelfällen unter Subjekten ausgeübt werden kann, und zwar gemäß dem Schadensprinzip (*harm principle*), das Hart von John Stuart Mill übernimmt, ausschließlich durch das Recht und zur Verhütung von Schaden. Verpflichtungen, d. h. Gebote oder Verbote, beziehen sich dagegen auf Fallklassen und alle Personen im Geltungsbereich; sie haben mithin allgemeinen bzw. objektiven Charakter (CoL 83 ff.). Auch impliziert die Durchsetzung einer primären Regel nicht notwendig Zwang: Sie kann aus Gewohnheit oder Einsicht, aber auch aus Furcht vor Sanktionen befolgt werden, welch letztere ebensowenig eo ipso Zwangscharakter haben müssen wie die entsprechenden Regeln rechtlichen oder moralischen Gehalt. Primäre Regeln sind also zunächst einmal einfach soziale Regeln, die „einen standardisierten Verhaltenstyp enthalten", dessen Verwirklichung in den entsprechenden Fällen aus irgendwelchen kontingenten Gründen „als wichtig für die Gesellschaft" angesehen wird, weswegen jenes Verhalten erwartet und durch sozialen Druck befördert bzw. sein Ausbleiben sanktioniert wird (Kaufmann 1996, 174).

Nun ist freilich glücklicherweise nicht jede derartige – und in gewisser Weise durchaus beliebige – soziale Regel schon eine Rechtsnorm. Was eine solche ist, ergibt sich erst aus einer sekundären Regel, „die festlegt, wie Rechtsregeln als solche identifiziert werden können" (ebd., 175). Diese exklusive – und daher den spezifischen Positivismus Harts begründende – *rule of recognition* „existiert" jedoch „nur als komplexe, aber normalerweise koordinierte Praxis der Gerichte, Beamten und Privatpersonen, wenn sie mit Hilfe gewisser Kriterien identifizieren, was Recht ist. Die Existenz der Erkenntnisregel liegt in dieser Art von Faktizität." (CoL 155)

Recht ist also zunächst nichts anderes als „das, was die Gerichte sagen, dass es sei" (CoL 11), und es folgt einer bestimmten sozialen Regel, nämlich der Rechtspflege im weitesten Sinne, die gemäß einer allgemein anerkannten gesellschaftlichen Praxis allgemeine Pflichten und Befugnisse öffentlicher Institutionen definiert. Eine Rechtsordnung, d. h. der Inbegriff der geltenden Gesetze, bzw. eine Verfassung setzt somit immer schon die Existenz einer bestimmten sozialen Praxis voraus, deren Fortbestand – wie gesagt, aus Gründen, die keineswegs moralisch sein müssen – gesellschaftlich erwünscht ist und gesichert werden soll. Weil das Recht dergestalt den gesellschaftlichen Bedürfnissen folgt, bedarf es weiterhin einer Änderungsregel, um die Rechtsordnung ebendiesen anzupassen. Schließlich bedarf es noch einer Entscheidungsregel, um Institutionen zur Anwendung und Durchsetzung der Rechtsordnung zu schaffen.

4. John Rawls (1921–2002): Das Recht vor dem Schleier des Nichtwissens

In die zu seinen Zwecken etwas – oder vielleicht auch (allzu) grob – vereinfachten Bahnen der Tradition Kants (TG 40, 290) bzw. des klassischen naturrechtlichen Kontraktualismus (TG 3) stellt John Rawls selbst seine Theorie der sozialen Gerechtigkeit (*A Theory of Justice*, 1971). Deren Gegenstand ist „die Grundstruktur der Gesellschaft, genauer: die Art, wie die wichtigsten gesellschaftlichen Institutionen Grundrechte und -pflichten und die Früchte der gesellschaftlichen Zusammenarbeit verteilen" (TG 2, 23).

Auf den ersten Blick mag es vor dem Hintergrund seiner intensiven Rezeption und Diskussion in der Rechtswissenschaft erstaunen, dass in Rawls' philosophischem Entwurf der Grundlagen der bestmöglichen Einrichtung einer politischen Gemeinschaft der Begriff des Rechts – außerhalb seiner Bedeutung als universaler, subjektiver Anspruch – gar keine sonderlich große Rolle zu spielen scheint. Das liegt an dem Verfahren, das Rawls wählt. Er gesteht zwar zu, dass eine „Theorie unvollständiger Konformität" mit den anzugebenden Gerechtigkeitsgrundsätzen sich mit den „dringlichen" Problemen „der Behandlung von Ungerechtigkeiten" beschäftigt, denen „wir im täglichen Leben gegenüber(stehen)" (ebd., 25). Jedoch bietet erst die „ideale Theorie" der „vollständigen Konformität", die Rawls in seinem Werk vordringlich zu entwickeln sucht, „die einzige Grundlage für die systematische Behandlung" jener Schwierigkeiten (ebd.). Folglich ist sie auch vorher auszuarbeiten.

Wie jeder Vertragstheoretiker beginnt Rawls mit der Beschreibung eines fiktiven, vorgesellschaftlichen Urzustands. Er ist definiert durch eine epistemische Situation, die Rawls den „Schleier des Nichtwissens" (*veil of ignorance*) nennt und die ursprüngliche Gleichheit der einzelnen Vertragsteilnehmer begründet (TG 3, 28 f.). Hinter diesem Schleier verborgen liegen alle Kenntnisse über deren soziale Stellung, natürliche Begabungen (oder Behinderungen), moralische Überzeugungen oder persönliche Vorlieben (ebd., 29), kurz gesagt also: alle kontingenten, natur- oder kulturbedingten Eigenschaften, wie sie die Individuen einer mit Vernunft und Freiheit ausgestatteten Spezies voneinander unterscheiden und geeignet sind, ihnen Vor- oder Nachteile gegenüber anderen zu verschaffen und den Wunsch nach bevorzugender Behandlung durch entsprechende spezielle Regelungen entstehen zu lassen.

Freilich wissen die Vertragsteilnehmer nicht überhaupt nichts. Sie verfügen vielmehr über die Kenntnis „aller allgemeinen" – also nichtkontingenten – „Tatsachen, die für die Festlegung von Gerechtigkeitsgründen von Bedeutung sind" (TG 24, 161), mit anderen Worten: Alle wissen, dass sie vernünftig und frei sind; dass sie zum gegenseitigen Vorteil in irgendeiner politischen Gemeinschaft leben müssen und dass diese deswegen gerecht sein muss; dass sie in dieser irgendeine soziale Stellung einnehmen und irgendwelche natürlichen Begabungen, moralische Überzeugungen, persönliche Vorlieben haben werden; dass die natürlichen und gesellschaftlichen Ressourcen beschränkt sind; und dergleichen mehr.

Nun gibt es noch zwei weitere Bedingungen, die Rawls' Modell tragen: Die Leute handeln im Urzustand vernünftig und besitzen „Gerechtigkeitssinn", d. h. sie dürfen erwarten, dass die beschlossenen Gerechtigkeitsgrundsätze von jedermann eingehalten werden, wenn sie erst einmal anerkannt worden sind (TG 25). Sind diese Bedingungen erfüllt – und es gibt auf der Basis des Unwissens über die eigenen, je besonderen Interessen ja keinen Grund und letztlich unter der Voraussetzung rationalen Verhaltens auch gar keine Möglichkeit, dass sie nicht erfüllt werden sollten –, werden die Vertragsteilnehmer sich auf folgende Grundsätze einigen, die den Begriff der „Gerechtigkeit als Fairness" bestimmen (TG 3, 29):

„*Erster Grundsatz*

Jedermann hat gleiches Recht auf das umfangreichste Gesamtsystem gleicher Grundfreiheiten, das für alle möglich ist.

Zweiter Grundsatz

Soziale und wirtschaftliche Ungleichheiten müssen folgendermaßen beschaffen sein:

a) sie müssen unter der Einschränkung des gerechten Spargrundsatzes den am wenigsten Begünstigten den größtmöglichen Vorteil bringen, und

b) sie müssen mit Ämtern und Positionen verbunden sein, die allen gemäß fairer Chancengleichheit offenstehen." (TG 46, 336)

Diese elementaren Prinzipien, wie sie einer jeden möglichen Verfassung, sofern sie vernünftig bzw. gerecht sein soll, zugrunde liegen (TG 36), bilden ihrerseits eine unveränderliche Hierarchie. Dabei geht Freiheit stets vor Gleichheit und (Chancen)Gleichheit stets vor individueller Nutzenmaximierung bzw. Ungleichheit (TG 46, 336 f.). Freiheit bestimmt Rawls dabei formal und – trotz seiner diesbezüglichen Neutralitätsbekundungen – primär offensichtlich negativ: „Dieser oder jener Mensch (oder Menschen) ist frei (oder nicht frei) von dieser oder jener Einschränkung (oder Einschränkungen) und kann das und das tun (oder lassen)." (TG 32, 230) Die Grundfreiheiten, d. h. Gedanken- und Gewissensfreiheit, persönliche, bürgerliche und politische Freiheit, dürfen nur „um der Freiheit selbst willen" beschränkt werden, d. h. „zur Verhinderung einer noch schlimmeren Freiheitsbeschränkung" (TG 34, 244), während jede auftretende Chancenungleichheit, sofern sie geduldet werden soll, immer auch „die Chancen der Benachteiligten verbessern" muss (TG 46, 337).

Die erste Stufe auf dem Weg zu politischer Organisation bildet die Ausarbeitung einer Verfassung. Sie enthält insbesondere ein System übergeordneter Verfahrensregeln zur Anwendung der Gerechtigkeitsgrundsätze durch Gesetze (TG 31, 223 ff.). Idealiter würde eine gerechte Verfassung also ausschließlich gerechte Gesetze produzieren (ebd., 225). Da dies offenkundig nicht der Fall ist, weil jedes politische Verfahren zu ungerechten Gesetzen führen kann und es also keine politische Verfahrensregeln gibt, „die ungerechte Gesetze mit Sicherheit ausschlössen", wird aus jeder Verfassung bestenfalls „unvollkommene Verfahrensgerechtigkeit" resultieren (ebd., 226). Zwar rechtfertigt die Ungerechtigkeit eines Gesetzes keineswegs automatisch seine Missachtung (TG 53), jedoch muss in einer gerechten Gesellschaft auch verfahrensexternen Korrekturinitiativen – etwa durch zivilen Ungehorsam (TG 55/57/59) – Raum gewährt werden.

Die Anwendung und Durchsetzung der Gesetze obliegt zu diesem Zweck zu schaffenden öffentlichen Institutionen und am Ende, wenn es um einzelne Fälle geht, der Verwaltung und der Justiz (TG 31, 228). In einer gerechten Gesellschaft herrschen – im Idealfall – gerechte Gesetze. Gesetze nun sind „öffentliche Zwangsregeln, die sich an vernunftbegabte Menschen wenden, um ihr Verhalten zu regeln und einen Rahmen für die gesellschaftliche Zusammenarbeit zu schaffen. Sind diese Regeln gerecht, so bilden sie eine Grundlage für berechtigte Erwartungen, Gründe für gegenseitiges Vertrauen und für berechtigte Beschwerde, wenn Erwartungen nicht erfüllt werden." (TG 38, 266) Werden sie fair, d. h. „ordnungsgemäß und unparteiisch" durch Beamte und Richter durchgesetzt bzw. angewendet, besteht „formale Gerechtigkeit" bzw. „Gerechtigkeit der Regelhaftigkeit" (ebd.).

Freilich schließt auch ihre einwandfreie Anwendung keineswegs aus, dass Gesetze ungerecht sind. Um dies zu verhindern, sind daher weitere Prinzipien zu beachten. Rawls führt deren vier an: Zunächst erinnert er an den Grundsatz *ultra posse nemo obligatur*, bei dem er drei Bedeutungsebenen unterscheidet: Ein Gesetz „darf nichts Unmögliches verlangen"; Gesetzgeber, Amtsträger und Betroffene müssen guten Glaubens sein, dass ein Gesetz befolgt werden kann; und die Unmöglichkeit einer gesetzmäßigen Handlung sollte „als Entschuldigungsgrund oder mindestens als mildernde(r) Umstand" anerkannt werden (ebd., 268). Sodann müssen – bei allen Schwierigkeiten im Einzelfall, der einem anderen niemals genau gleicht – gleiche Fälle gleich behandelt werden, da sonst niemand die Gesetze befolgen könnte (ebd.). Zum dritten gilt der Grundsatz *nullum crimen sine lege*. Er impliziert, „dass Gesetze bekannt und ausdrücklich bekanntgemacht sein müssen, dass ihre Bedeutung klar bestimmt sein muss, dass Vorschriften dem Wortlaut wie dem Geist nach allgemein sein müssen (…), dass jedenfalls die schwereren Vergehen genau beschrieben sein müssen, und dass Strafgesetze nicht rückwirkend gelten dürfen" (ebd., 269). Dass ohne eindeutige Bestimmung des Ge- oder Verbotsinhalts niemand wissen kann, wie er sich zu verhalten hat, um ein Gesetz nicht zu übertreten, liegt auf der Hand – wenngleich insbesondere die Befolgung dieses Grundsatzes dem Gesetzgeber häufig außerordentliche Schwierigkeiten zu bereiten scheint. Schließlich führt Rawls die „natürliche Gerechtigkeit" an, unter denen die richterliche Gewalt steht (ebd., 269 f.). Da ein gerichtliches Verfahren „auf die Feststellung der Wahrheit abzielt", handelt es sich hierbei vor allem um faire Regeln zur Verfahrensdurchführung und Beweiserhebung, aber auch zur Unabhängigkeit des Richters, insbesondere „vom öffentlichen Beifall" (ebd., 270).

Allein in diesem Rahmen dürfen Strafen verhängt werden. Sie dienen mit dem Mittel spezifischer Freiheitsbeschränkung allein „der Freiheit selbst", erfüllen sich also nicht in „Vergeltung oder Brandmarkung" (ebd., 272). Jenem Zweck dienen sie durch ihre stabilisierende Wirkung auf das Gesetzessystem, indem sie das Sicherheitsbewusstsein der Bürger, mithin das wechselseitige Vertrauen stärken. Sie sind daher prinzipiell unverzichtbar: „Die Durchsetzung eines öffentlichen Systems von Strafen durch die Regierung entzieht der Vermutung den Boden, die anderen hielten sich nicht an die Regeln. Allein aus diesem Grund ist wahrscheinlich eine mit Zwangsmitteln ausgestattete Regierung immer nötig, auch wenn in einer wohlgeordneten Gesellschaft die Strafen nicht hart sind und vielleicht nie verhängt zu werden brauchen." (ebd., 271).

5. Ronald Dworkin (1931–2013): Der Superrichter

Die für den Positivismus grundlegende absolute Trennung zwischen Recht und Moral lehnt Ronald Dworkin in seiner Auseinandersetzung mit der für die englischsprachige Diskussion paradigmatischen Position Harts ab (Kaufmann 1996, 185 ff.). Dworkin versucht im Gegenteil zu zeigen, dass moralische Regeln ganz entschieden zu den Quellen rechtlicher Normen zählen (TRS, ch. 1–3). Er setzt hierzu am Problem der Rechtsfindung an bzw. der Anwendung einer Rechtsnorm auf einen konkreten Fall.

Da eine eo ipso allgemeine Rechtsnorm niemals genau und nur eine und präzise richterliche Entscheidung genau eines Einzelfalls vorgeben kann, muss jede Einzelentscheidung notwendigerweise ein bestimmtes Maß an interpretatorischem Ermessen involvieren. Das Ziel dieser Bemühung ist es nun nicht, bloß zu irgendeiner, irgendwie mit dem geltenden Recht verträglichen Entscheidung zu kommen, sondern genau die richtige Entscheidung (*right answer*) zu finden (Szyrwińska 2015), d. h. eine solche, die Kohärenz zwischen dem geltenden Recht und moralischen Intuitionen oder gesellschaftlichen Prinzipien herstellt. Eine solche Orientierung des richterlichen Ermessens wäre aber unter Rückgriff allein auf rechtliche Normen gar nicht möglich. Die Pointe von Dworkins Argument besteht nun darin, dass die Faktizitätsbehauptung, die den Bestand von Harts Erkenntnisregel sichern soll, schlicht an der Realität vorbeigeht: Denn tatsächlich gehören zur Findung einer adäquaten richterlichen Entscheidung prinzipiell auch moralische Intuitionen und soziale Prinzipien oder ihre Heranziehung kann und darf jedenfalls nicht ausgeschlossen werden (TRS 31 ff.).

Dabei ist die Rechtsquelle der Moralität bei Dworkin allerdings nicht universal oder absolut zu verstehen, sondern relativ zu den bestehenden staatlichen Institutionen, d. h. partikularen Gemeinschaften. Die ausschlaggebende Differenz zwischen diesen Institutionen selbst und der Moral der Gemeinschaft besteht darin, dass letztere – gemessen am Kriterium des ‚Integritätsideals', d. h. „dem Ideal einer fairen, gerechten und fürsorglichen Gemeinschaft" – „die beste kreative Interpretation" ersterer darstellt (Kaufmann 1996, 192). Diese auf eine bestimmte staatliche Gemeinschaft bezogene Moral liegt nun sowohl der Gesetzgebung als auch der Rechtsprechung zugrunde. Die Rechtsordnung muss damit außerrechtlichen Vorgaben folgen, d. h. gemäß dem legislativen Ideal der Integrität mit den ihm vorgegebenen moralisch Einsichten kohärieren, und verfolgt so zugleich den Zweck der Beförderung und Verwirklichung von Moralität (LE, ch. VI/VII). Erzeugt werden eine solche Rechtsordnung und ihr angemessene Einzelfallentscheidungen dabei nicht unter Rückgriff auf vorstaatliche oder überzeitliche Normen wie im Naturrecht, sondern vermittels einer umfassenden Sichtung aller relevanten Rechtsquellen und deren Selektion gemäß des judikativen Integritätsideals wie einer diesem Ideal entsprechenden Interpretation (LE 239 ff./333 ff.).

Dies zu leisten, ist im buchstäblichen Sinne eine Herkulesaufgabe: Der Richter hat sich nach Dworkin an diesem klassischen Ideal des besten aller Richter zu orientieren, um zu der allseits und notwendigerweise gewünschten, einen richtigen Falllösung zu gelangen, die sich freilich – dies ist zu betonen – stets nach der jeweils gegebenen und insofern kontingenten Quellenlage richtet. Es muss deswegen – paradoxerweise, möchte man sagen (Szyrwińska 2015, 161 ff.) – stets mehrere von der einen richtigen Lösung geben – je nachdem, welcher richterliche Herkules gerade am Werke ist.

6. Joseph Raz (*1939): Im Auftrag der Perfektion

Der identifikatorische Positivismus H.L.A. Harts, wonach die Rechtswissenschaft die Zugehörigkeit einer Norm zu einem gegebenen

Rechtssystem bestimmt, prägt auch das Werk seines Schülers Joseph Raz (CLS). Er bettet ihn in ein umfassendes ethisches wie staatsphilosophisches Modell ein, das den Zweck und die Grenzen staatlicher Autorität auslotet und bestimmt, wie sie sich im Recht manifestiert und durchaus ein moralisch definiertes – und daher nach Raz zugleich ein kulturrelatives (MoF, 423 ff.) – Ziel, nämlich schlussendlich die persönliche Autonomie, also ein bestimmtes Ideal von Freiheit, der Bürger verfolgt.

Ist nun ein bestimmtes Ideal von Freiheit der letzte Zweck allen staatlichen Handelns, ist bereits klar, dass Freiheit selbst nicht allein als Mittel zur Erreichung von etwas anderem verstanden werden kann, also nicht bloß als ein Recht auf irgendetwas, das von Freiheit verschieden ist, so wie eine legitime Möglichkeit, in irgendeinen Zustand zu gelangen, von diesem Zustand selbst verschieden ist. Freiheit besitzt folglich nicht bloß einen instrumentellen Wert, sie ist vielmehr in sich selbst, intrinsisch wertvoll und verleiht auf diese Weise allen verschiedenen Arten positiver – Freiheiten zu etwas – und negativer – Freiheiten von etwas – Freiheit begriffliche Einheit (MoF, 13). Jeder Beschränkung von Freiheit, also etwa rechtlicher Zwang, bedarf aufgrund dieses ihres intrinsischen Werts eigener Rechtfertigung. Damit stellt Raz die Frage nach den Grenzen politischer Autorität, oder genauer: die Frage, ob es Bereiche gibt, in die staatliches, mithin durch Gesetze bestimmtes Handeln unter keinen Umständen eingreifen darf.

Die Beantwortung dieser Frage setzt zunächst die Klärung des Begriffs politischer Autorität voraus. Er bildet zugleich den Angelpunkt von Raz' umfangreichem Werk. Denn der Begriff der Autorität ist untrennbar mit dem der Freiheit verbunden, weil der Zweck ersterer im Schutz und der Beförderung letzterer besteht (MoF, 23). Der klassische Begriff politischer Autorität über Personen enthält ein Recht zu herrschen, dem eine Pflicht zum Gehorsam auf Seiten der Beherrschten entspricht (ebd.). Folglich konstituieren die Bedingungen möglicher Verpflichtung den Autoritätsbegriff. Deswegen kann er sich nicht einfach in faktischer Übermacht erschöpfen: Jemandem mit Erfolg zu drohen oder ihn gewaltsam zu etwas zu zwingen, ist nicht dasselbe, wie ihm eine Pflicht aufzuerlegen (MoF, 26 f.). Vielmehr geht es dabei darum, dass jemand etwas tun soll und auch tut, weil dies eine Autorität angeordnet hat, d. h. eine autoritative Äußerung gibt ihrem Adressaten einen unmittelbaren und normativen Handlungsgrund (MoF, 28). Dies leistet aber weder die Erläuterung der Gründe dafür, warum so gehandelt werden soll, weil damit nur Gründe für das Haben einer bestimmten Überzeugung gegeben werden, welche die gegebene Anweisung letztlich überflüssig machen (MoF, 29 ff.). Noch leistet dies die Art von Gehorsam, den die Einsicht in das Wesen der Autoritätsperson oder -instanz und eine damit verbundene affektive Einstellung inspiriert (MoF, 32 ff.), denn solcher Gehorsam besitzt keinen normativen Grund. Autoritative Handlungsgründe zeichnen sich vielmehr durch ihre Inhaltsunabhängigkeit aus: Es besteht kein sachlicher Zusammenhang zwischen Grund und Handlung, sondern die Handlung – welche immer diese auch sein mag – wird allein aufgrund der autoritativen Äußerung vollzogen (MoF, 35). Diese hat daher die Form des Befehls und setzt einen peremptorischen Grund für die geforderte Handlung, d. h. sie erlegt dem Adressaten eine entsprechende Vollzugspflicht auf (MoF, 37).

Autoritäten handeln aus verständlichen und angemessenen Gründen – oder sollten dies zumindest tun – und produzieren damit Handlungsgründe, insbesondere Gesetze. Erstere sollten solche sein, die bereits unabhängig von der zu produzierenden Anweisung für die davon Betroffenen gelten und Relevanz für ihre Handlungen in den dadurch erfassten Umständen besitzen (MoF, 47). Weil die durch die Autorität produzierten Handlungsgründe von diesen Gründen dependieren, nennt sie Raz „abhängige Gründe" (*dependent reasons*; ebd.). Diese werden jedoch mit der autoritativen Entscheidung durch einen neuen Handlungsgrund ersetzt, so dass die dependenten Gründe nun nicht mehr in Betracht kommen (MoF, 46). Raz nennt die autoritativen Handlungsgründe daher „präemptiv" (MoF, 41 f./46). Präemptive Gründe hängen zwar von der Reflexion voraufliegender dependenter Gründe ab, jedoch keineswegs von deren korrekter Beurteilung. Im Gegenteil liegt der ganze Witz bei der Autorität darin, dass sie auch dann recht hat, wenn sie nicht recht hat, d. h. die Fehlerhaftigkeit einer Entscheidung im Bezug auf die vorliegenden dependenten Gründe entbindet ihre Adressaten nicht, der ihnen damit auferlegten Pflicht zu folgen, sondern nur davon, in ihrem Handeln ihrem eigenen Urteil zu folgen (MoF, 47 f.): Es ist genau dies, dem der präemptive Grund zuvorkommt. Gerechtfertigt ist diese Präemption eigener Entscheidungen durch die Autorität normalerweise dann, wenn der ihr Unterworfene insgesamt gesehen mit der Befolgung der von ihr verpflichtend gesetzten Handlungsgründe besser wegkommt als durch die Befolgung seiner eigenen (MoF, 53). Daraus ergibt sich zwanglos das, was Raz das Dienstleistungskonzept (*service conception*; MoF, 56) politischer Autorität nennt, die allein dazu da ist, durch ihre generalisierten und dadurch vereinfachenden Entscheidungsvorgaben den Beherrschten zu dienen.

Allerdings überschreitet der politische Autoritätsanspruch auch in durchaus aufgeklärten und gerechten Staaten normalerweise die durch die normale Rechtfertigung gesetzten Grenzen (MoF, 70). Denn sie erlegen ihren Bürgern allgemeine Lasten auf, ohne garantieren zu können, dass jeder einzelne davon in gleicher Weise daran profitieren wird (MoF, 71). Zur normalen Rechtfertigung muss deshalb noch zumindest eine weitere – und tatsächlich darüber hinaus noch mehrere andere (MoF, 75) – hinzutreten. Sie ist moralischer Natur, da sie auf den individuellen Pflichten beruht, die ein jeder gegenüber jedem einzelnen seiner Mitmenschen hat (MoF, 72). Der Staat ist also keineswegs eine Einrichtung, deren Autorität dadurch gerechtfertigt wäre, dass sie ausschließlich dem Eigeninteresse (*self-interest*) seiner Bürger dient (MoF, 213 ff./315 ff.). Denn der Zweck politischer Autorität ist der Schutz individueller Freiheit (MoF, 79 f.).

Aufgrund dieses moralischen Rechtfertigungsbedarfs gegenüber jedem einzelnen Individuum kann politische Autorität niemals absolut bzw. unbegrenzt sein. Derartige Autorität genießt in modernen Gesellschaften vielmehr allein das Recht (MoF, 76). Ihm allein gegenüber besteht eine Pflicht zu unbedingtem Gehorsam – also nicht nur zu einem, der unter der Bedingung der Achtung bestimmter Grundrechte steht und nur bei deren Erfülltheit eine Gehorsamspflicht individuell anerkennt (MoF, 76 f.). Denn das Recht selbst hält Wege zur Gesetzesänderung und zur Verabschiedung jedes beliebigen Gesetzes vor und beansprucht eben damit uneingeschränkte Autorität (MoF, 77). Aus ihr folgt aber nicht ein unbedingter Anspruch auf Gehorsam unter allen möglichen Umständen. In Ausnahmefällen bleibt Ungehorsam durchaus erlaubt. Jedoch behält sich das Recht die Definition dieser Ausnahmen selbst vor (ebd.).

Der Schutz individueller Freiheit ist Zweck politischer Autorität und demzufolge auch des Rechts. Allerdings erschöpft sich dessen Verfolgung nicht im Schutz gewisser unveräußerlicher Rechte, da diese weder den Begriff der Freiheit noch den der Moral definieren (MoF, 163). Diese Funktion weist Raz vielmehr dem Interesse zu. Das zeigt sich bereits an seinen Definition eines Rechts und der Rechtsfähigkeit schlechthin: „X has a right if and only if X can have rights, and, other things being equal, an aspect of X's well-being (his interest) is a sufficient reason for holding some other person(s) to be under a duty. (…) An individual is capable of having rights if and only if either his well-being is of ultimate value or he is an ‚artificial person' (e. g. a corporation)." (MoF, 166)

Rechte kommen Personen zu und begründen Pflichten auf Seiten anderer Personen, d. h. sie setzen autoritative Handlungsgründe. Dies ist dann der Fall, wenn das Wohlergehen eines Individuums, sofern dies von ultimativen Wert ist, von den Handlungen anderer betroffen wird oder werden kann. Zu klären sind die Begriffe des Wohlergehens und des ultimativen Werts. Ein solcher ist zunächst intrinsisch, d. h. unabhängig von seinem möglichen instrumentellen Wert, ohne dass alles, was von intrinsischem Wert ist, zugleich von ultimativem Wert sein müsste (MoF, 177). Ein solcher ist dann erreicht, wenn zur Erklärung seiner Gutheit – ein ,Wert' ist einfach etwas Gutes, d. h. etwas, das zum Wohlergehen einer Person beiträgt – kein weiterer Gegenstand von intrinsischem Wert beigezogen werden muss (MoF, 200). Das Wohlergehen einer Person besteht in ihrer Autonomie und hängt nicht nur davon ab. Denn Autonomie bedeutet die teilweise – d. h. soweit dies überhaupt möglich ist – Autorschaft am eigenen Leben (MoF, 204).

Personale Autonomie ist daher die Tätigkeit bewusster Lebensgestaltung vermittels der steten Auswahl zwischen verschiedenen Optionen, die selbst von intrinsischem Wert sein müssen, um angemessene Wahlmöglichkeiten zu bieten (MoF, 204 f.). Dass diese Tätigkeit ausschließlich von jedem Einzelnen selbst vollzogen werden kann, liegt auf der Hand. Der Staat kann niemandem die Erreichung personaler Autonomie abnehmen. Er hat aber die moralische Pflicht, für die Möglichkeit einer solchen Lebensführung zu sorgen. Allein darin ist seine Autorität gerechtfertigt. Ein diesem Prinzip folgende liberale Staatsordnung zeichnet sich deshalb durch drei zentrale Eigenschaften aus (MoF, 425): 1. ihr Hauptanliegen ist die Beförderung und der Schutz positiver Freiheit, verstanden als Fähigkeit zur Autonomie, die in der Verfügbarkeit eines adäquaten Angebots wählbarer Optionen und den für ein autonomes Leben nötigen mentalen Vermögen besteht. 2. der Staat hat nicht allein die Pflicht, den Entzug von Freiheit zu verhüten, sondern durch die Schaffung der Autonomiebedingungen auch Freiheit zu befördern. 3. Niemand darf ein Ziel durch Mittel anstreben, welche die Autonomie anderer beeinträchtigen, außer wenn eine solche Handlung durch den Schutz- oder Förderbedarf der Autonomie dieser oder anderer Leute gerechtfertigt ist.

Der Autonomieanspruch gelangt nur in zwei Fällen an seine Grenzen (ebd.): Zum einen schützt er weder noch erfordert er irgendeine ganz bestimmte Wahlmöglichkeit. Niemand hat folglich ein Recht, dass ihm der Staat eine Option genau nach seinen Wünschen vorhält oder schafft. Zum anderen genießen moralisch abstoßende Tätigkeiten oder Lebensformen keinen Schutz. Umgekehrt hat der Staat indes sehr weitgehende Eingriffsrechte, wenn es um die angeführte Rechtfertigung von Autonomiebeschränkung geht. Denn nach Raz' sehr umfassender Interpretation des Schadensprinzips, das rechtlichen Zwang allein zur Schadensvermeidung zulässt, erlaubt es dem Staat die Ergreifung einer Vielzahl paternalistischer Maßnahmen (MoF, 422). Denn gemäß der ausdrücklich perfektionistischen Staatspflicht „gelangen Zwang und Manipulation erst dort an ein Ende, wo ihr Gebrauch das Vermögen der Leute zu einem guten Leben nicht fördert, sondern behindert und verkleinert" (MoF, 426).

7. John Finnis (*1940): Das Naturrecht kehrt zurück

Gegen den Positivismus Kelsens, Harts und Raz' (NL, 6 ff./25 ff.), aber auch gegen den Utilitarismus in jeder Form seit Bentham (NL, 112 ff.) wendet sich John Finnis mit seiner eindrucksvollen systematischen Neufassung des Naturrechts im Anschluss an Thomas von Aquin. Demzufolge zeigt Finnis, dass das Naturrecht universale moralische Regeln formuliert, die den verpflichtenden Charakter auch positivrechtlicher Normen erklären und rechtfertigen (NL, 23 f.), dass sich folglich die Setzung positiven Rechts nach jenen moralischen Prinzipien richten sollte (NL, 290) und also rechtliche Verpflichtung grundsätzlich moralische Verpflichtung einschließt, weil sie diese voraussetzen muss (NL, 14).

Damit ist freilich keineswegs behauptet, dass positive Rechtsgesetze, um gültig zu sein, aus naturrechtlichen Normen im Sinne logischer Deduktion abgeleitet werden müssten – oder auch nur könnten. Vielmehr kann und muss der Gesetzgeber über die Bestimmung positiver Rechtsnormen frei entscheiden, allerdings ohne dabei in Widerspruch zu den Prinzipien des Naturrechts zu geraten (NL, X.7). Von dieser Konsistenz von Naturrecht und positivem Recht hängt nämlich sowohl die Autorität des Gesetzgebers wie der Justiz in ihrer essentiellen Gestalt des Richters ab. Den Begriff der Autorität bestimmt Finnis im Übrigen in Form bzw. Funktion unter Rückgriff auf Raz (NL, 233 f.).

Dies gilt naturgemäß jedoch nicht für die Begründung und Legitimation von Autorität. Denn sie muss nach Finnis durch ihren Bezug auf das „Gemeinsame Gute" (*common good*) – verstanden als das, was für jedermann objektiv gut ist bzw. unabhängig von seiner individuellen Situation oder persönlichen Einstellung als etwas Gutes gilt – geleistet werden (NL, 236 f.). Diese besondere Form des Guten zeichnet sich dadurch aus, dass es nicht wie einzelne, etwa materielle Güter mit bestimmten Mitteln angestrebt, in Besitz genommen und als Eigentum gesichert werden kann, sondern nur auf dem Wege einer Teilhabe erreicht werden kann, die niemals vollständig ist bzw. an ein Ende kommt (NL, 279). Genau durch diese dynamische Art von Gutheit unterscheiden sich grundlegende Werte (*basic values*) von beliebigen – kultur-, zeit- oder geschmacksabhängigen – kontingenten Gütern. Diese Werte bilden die Ziele, die von jedem Menschen jederzeit vernünftigermaßen angestrebt werden können und aufgrund seiner natürlichen Bedürfnisse auch angestrebt werden (NL, 82). All diese Werte sind in ihrer Gutheit selbstevident (NL, III.4), gleichermaßen fundamental und lassen sich demzufolge nicht auf einen einzigen reduzieren oder nach einem übergeordneten Maßstab hierarchisieren (NL, 92). Sie sind vollständig gleichberechtigt und konstituieren so die genuin menschlichen Weisen des Wohlergehens (*well-being*; NL, 85).

Jedem Einzelnen ist es demnach erlaubt, in seinem eigenen Leben nach seiner eigenen Wahl jedem solchen Wert größere oder geringere Bedeutung beizumessen und dementsprechend nach seiner Verwirklichung zu streben (NL, 93). Jede derartige Wahl verdient daher gleichermaßen Respekt. Finnis unterscheidet sieben solcher Werte, welche die ganze Spannbreite des für Menschen in dieser fundamentalen Weise Guten ausschöpfen (NL, IV.3). Es sind dies (NL, IV.2): *Leben*, das dem Trieb zur Selbst- und Arterhaltung korrespondiert und als Vitalität die Grundlage zu vernünftiger Selbstbestimmung bildet; *Wissen*, das die Neugier befriedigt, die Wahrheit um ihrer selbst willen herauszufinden, wie sie in wahren Propositionen ausgesagt wird (NL, III); *Spiel*, das dem Bedürfnis entspricht, einer Tätigkeit nachzugehen, ohne damit einen Zweck zu verfolgen, der über diese Tätigkeit selbst hinausgeht; *ästhetische Erfahrung* bzw. Schönheit; *Freundschaft*; *praktische Vernünftigkeit*, um die eigene Freiheit in der Wahl der eigenen Handlungen, Ziele, Lebensart und Charakterbildung effizient einzusetzen und Einheit und Ordnung in die eigene Lebensführung zu bringen; und schließlich *Religion*, um das Bedürfnis nach einem Sinn des eigenen und fremden Daseins zu erfüllen und Antworten auf die Fragen nach einem transzendenten Grund menschlicher Freiheit und moralischer Verpflichtung finden zu können, sofern man denn solche Fragen überhaupt stellen mag (NL, XIII).

Es liegt auf der Hand, dass aus dieser Liste abstrakter Werte gerade aufgrund ihrer Inkommensurabilität und Gleichberechtigtheit keine Entscheidung für oder gegen den einen oder anderen folgen kann. Vielmehr folgt erst aus der Wahlfreiheit die Notwendigkeit zu entscheiden, was zu tun ist, was ungetan bleiben mag oder was nicht zu tun ist (NL, 100). Dies sollte vernünftig und verantwortungsvoll, mithin im eigentlichen Sinne frei und nicht nur nach beliebiger Willkür geschehen. Erst an dieser Stelle können Fragen nach der Moralität von Handlungen auftreten, und zwar in ihrer allgemeinsten Gestalt als Fragen nach den Kriterien für die praktische, d. h. aufs Wollen, Tun und Lassen bezogene, Vernünftigkeit einer Entscheidung (NL, 101). Sie zu beantworten ist die Aufgabe des Naturrechts, dessen Prinzipien die Art von moralischen Gründen angeben, warum man etwas tun oder unterlassen soll (NL, 103). Finnis führt neun solcher Kriterien (*requirements*) an, die in jeder derartigen Entscheidung eine Rolle spielen und deshalb in Betracht gezogen werden sollten:

1. Ein kohärenter Lebensentwurf, der die verschiedenen Grundwerte, ihre Verwirklichungsmöglichkeiten gemäß den eigenen Fähigkeiten, Umständen und Vorlieben und die dafür nötige Konzentration und Impulskontrolle reflektiert (NL, V.2);
2. Unparteilichkeit gegenüber den Grundwerten: Keine willkürliche Abwertung zugunsten des selbst gewählten oder zugunsten instrumenteller Güter (NL, V.3);
3. Unparteilichkeit gegenüber Leuten: Keine willkürliche Bevorzugung bestimmter Personen, inklusive der eigenen, d. h. Universalisierbarkeit eigener moralischer Urteile gemäß der Goldenen Regel (NL, V.4);
4. Geistiger Abstand, Kontingenzbewusstsein gegenüber sich selbst und den eigenen Strebenszielen, um weder dem Fanatismus noch bei einem Scheitern der Verzweiflung zu verfallen (NL, V.5);
5. Treue gegenüber sich selbst und den eigenen Zielen, die nicht ohne weiteres aufgegeben, sondern stets auf neuen Wegen verfolgt werden sollten (ebd.);
6. Effizienz bei der Nutzung von Gelegenheiten, das Gute gemäß der eigenen Ziele in der Welt zu mehren und Schaden für das Gute zu vermeiden oder zumindest so gering wie möglich zu halten (NL, V.6);
7. Unterlassung einer jeden Handlung, die für sich genommen, d. h. ohne auf ihre Folgen zu rechnen, nicht die Teilhabe an einem Grundwert fördert, sondern sie behindert oder schädigt: Strenge Unverletzlichkeit basaler Menschenrechte (NL, V.7);
8. Förderung des Gemeinwohls (NL, V.8);
9. Handeln nur im Einklang mit dem eigenen Gewissen (NL, V.9).

Sowohl diese Kriterien praktischen Urteilens als auch die Grundwerte, die ihnen Gehalt verleihen, lassen sich unschwer auf politische Gemeinschaften übertragen. Denn wie jede andere Gruppe auch wird eine solche zunächst durch ein gemeinsames Ziel konstituiert (NL, 152). Man erkennt das daran, dass eine Anzahl von Leuten über längere Zeit hinweg koordiniert im Hinblick auf einen bestimmten, mithin aussagbaren, von allen geteilten Zweck zusammenarbeitet (NL, 153). Je höher der Koordinationsbedarf dabei ist, desto eher werden sich diese Leute selbst als bestimmte Gruppe begreifen, die mit zunehmender Größe mit Sicherheit auftretenden Koordinationsschwierigkeiten durch Normen regeln und zu deren Anwendung und Kollisionsauflösung Autoritäten anerkennen (ebd.). Nun ist es klar, dass eine politische Gemeinschaft nicht genau einen, von all ihren Mitgliedern geteilten, konkreten Zweck im Sinne eines einzelnen Guts – etwa der Auszahlung eines Vermögens in Höhe von 27.823.925,73 Talern, wahlweise in Form von Zitroneneis – an jedes Mitglied, verwirklichen wollen kann, der zu einem bestimmten Zeitpunkt erreicht wäre, so dass dann die Gemeinschaft überflüssig und deshalb aufzulösen wäre. Er liegt vielmehr in der Schaffung von Bedingungen, die es den Mitgliedern ermöglichen, ihre eigenen, an den Grundwerten orientierten Zwecke zu erreichen. Darin liegt das Gemeinwohl bzw. das öffentliche Interesse o. ä. (NL, 155 f.).

Die dafür notwendige Interaktion der Gemeinschaftsmitglieder möglichst reibungslos zu gestalten ist die Funktion der Gerechtigkeit. Sie regelt deren Beziehungen untereinander – impliziert also Interpersonalität –, indem sie durch die Bestimmung von Rechten und Pflichten Unrecht vermeidet und jedermann gleich, d. h. gleichermaßen angemessen, behandelt (NL, 161 ff.). Diese Funktion erfüllt sie in allgemeiner, distributiver und kommutativer Weise: In allgemeiner Weise als Tugend, die in der steten Gewilltheit besteht, zum Gemeinwohl der eigenen politischen Gemeinschaft beizutragen (NL, VII.2); in distributiver Weise, wenn eine wesentlich gemeinsame Sache, die zu jedermanns Vorteil genutzt wird, oder eine gemeinsame Unternehmung, die jedermanns Lage verbessert, oder gemeinsame Sachbestände bzw. Infrastruktur, die den Gemeinschaftsmitgliedern zur Verfügung gestellt wird (NL, 166 f.), nach den Anforderungen praktischer Vernünftigkeit, nämlich Bedarf, Funktion, Fähigkeit, Verdienst und Risikobeteiligung, einzelnen Mitgliedern zugeteilt wird (NL, VII.4); und in kommutativer Weise bestimmt sie, was in der Interaktion zwischen Personen angemessen, fair oder gerecht ist (NL, VII.5).

Diese Funktion der Gerechtigkeit als Instanz praktischer Vernünftigkeit in politischen Verbänden wird durch die Rede von Rechten ausgedrückt, die einem jeden Angehörigen einer bestimmten Klasse – Mensch, Person, Steuerzahler, Kind, Hebamme, Kampfschwimmer etc. – zukommen. Dabei geht es auf der Ebene naturrechtlicher Prinzipien freilich um die fundamentalste dieser Klassen, nämlich „Mensch“ (NL, 199). Finnis orientiert sich in seiner Analyse des Begriffs eines Rechts an W.N. Hohfeld und unterscheidet folgende basale Formen (ebd.):

1. A besitzt ein Anspruchsrecht (*claim-right*), dass B die Handlung ϕ vollziehen sollte, genau dann, wenn B gegenüber A eine Pflicht hat, ϕ zu vollziehen.
2. B besitzt eine Freiheit (*liberty*) zu ϕ gegenüber A genau dann, wenn A kein Anspruchsrecht besitzt, dass B nicht ϕ sollte; und, (2’), B besitzt eine Freiheit nicht zu ϕ gegenüber A genau dann, wenn A kein Anspruchsrecht besitzt, dass B ϕ sollte.
3. A besitzt Gewalt (*power*) zu ϕ gegenüber B genau dann, wenn B dafür haftet, dass seine rechtliche Stellung durch A’s ϕ verändert wird.

4. B besitzt Immunität (*immunity*) gegenüber A's ϕ genau dann, wenn A keine Gewalt besitzt, B's rechtliche Stellung durch ϕ zu verändern.

Der Begriff eines Rechts überhaupt lässt sich vor diesem Hintergrund wie folgt bestimmen: Ein Recht begünstigt A dadurch, dass (a) B eine positive oder negative Verpflichtung auferlegt wird, oder (b) dass A die Fähigkeit besitzt zu bewirken, dass B einer solchen Verpflichtung unterliegt, oder (c) dass A Immunität besitzt, von B einer solchen Verpflichtung unterworfen zu werden (NL, 205). Alle Anforderungen der Gerechtigkeit und damit zugleich des Gemeinwohls können demnach durch Rechte formuliert werden (NL, 210/214). Dazu müssen sie spezifiziert werden.

Dies geschieht (a) durch die Bestimmung der Pflichteninhaber, die auf A's Recht reagieren müssen; (b) durch die Bestimmung des Pflichtinhalts unter genauer Beschreibung der verlangten Handlung und genauer Angabe der Umstände, in der die Pflicht wirksam wird; (c) durch die Bestimmung der Klasse des Rechtsinhabers A; (d) durch die Angabe der Bedingungen, unter denen A sein Recht verliert oder aufgeben kann; (e) durch Bestimmung der Anspruchsrechte, Gewalten und Immunitäten, die A zustehen, wenn die pflichtgemäße Handlung nicht vollzogen wird; und (f) durch die Bestimmung der Freiheiten des Rechtsinhabers und ihrer Grenzen, d. h. seiner Pflichten gegenüber anderen Rechts- und Freiheitsinhabern (NL, 218 f.). Allerdings gibt es Rechte, die in keiner Weise und unter keinen Umständen eingeschränkt oder zugunsten eines scheinbar größeren Guts – etwa Katastrophenabwehr oder gar die Existenz der Gemeinschaft – aufgehoben werden dürfen. Finnis vertritt also die These, dass es absolute Menschenrechte gibt (NL, 225). Denn, wie das siebte Kriterium moralischen Urteilens besagte, widerspricht es immer und mit Notwendigkeit praktischer Vernünftigkeit – ist also ebenso naturrechtswidrig wie unmoralisch und daher a fortiori ungerecht –, sich unmittelbar gegen einen der Grundwerte zu entscheiden (ebd.), wie dies etwa zweifellos bei einer Tötung oder Folter geschehen (sein) muss. Deswegen kann zumindest die Geltung dieser absoluten Rechte nicht an nationalen Grenzen enden (NL, 150).

Das Recht nun besitzt die alleinige Autorität, diese und alle anderen Rechte zu gewährleisten, indem es das Verhalten der Gemeinschaftsmitglieder einheitlich und umfassend steuert und die Geltung aller normativen Vereinbarungen garantiert (NL, 260). Diese Autorität bezieht es aus seiner Gerechtigkeit (ebd.). Die Gewähr und der Schutz der Gerechtigkeit fundiert daher auch die Zwangsgewalt des Rechts (ebd.). Zwar erschöpft sie sich keineswegs in ihrer ausdrücklichen Androhung und ihrem Vollzug durch Strafe. Diese taugt allerdings zum Paradigma rechtlichen Zwangs. Denn das Strafrecht hat kein anderes Ziel, als den Vorrang des Gemeinsamen Guten wie des Gemeinwohls vor selbstsüchtiger Gleichgültigkeit und Selbstermächtigung zu sichern, ohne dabei die individuelle Autonomie vernünftiger Lebensführung zu beschneiden (NL, 261).

Niemand nämlich darf dazu gezwungen werden, sein Leben zum Vorteil anderer zu fristen und seine Würde als selbstverantwortlich handelnde Person aufzugeben (NL, 272), und jeder muss ebenso die Verhaltensweisen genau kennen, die einer dem Gemeingut verpflichteten Gesellschaft angemessen sind und deswegen von ihm erwartet werden, wie er ebenfalls den Preis für ihre Übertretung im Voraus wissen muss (NL, 261). Die Regeln fairer Prozessführung wie Bestrafung nach Verdienst und Verhältnismäßigkeit, Gesetzesbindung, Rückwirkungsverbot, Beweiserhebungs- und Verhörregeln etc. sind also gerade deshalb nötig, um auch dem Beklagten oder dem schuldig Gesprochenen vor, während und nach dem Prozess alle Rechte zu gewähren, die ihn am Gemeingut partizipieren lassen, zu dem auch sein individuelles Wohl gehört: Das Strafrecht und seine Regulatorien konstituieren keine Effizienzmaschine, deren Zweck nicht so simpel ist, als ob ein Weg von Unkraut freigehalten werden solle (NL, 261 f.).

Jede rechtliche Sanktion stellt daher eine menschliche Antwort auf ein menschliches Bedürfnis dar und nicht eine Art Insekten- oder Unkrautvertilgungsmittel (NL, 262). Denn so gut wie jedem Gesellschaftsmitglied muss vor Augen geführt werden, was das Recht von jedem erwartet, um das Gemeinwohl, von dem jeder profitiert, zu verfolgen; aus Mangel an Einsicht in die praktische Vernünftigkeit einzelner Gesetze widerstrebende Personen benötigen einen spürbaren Anreiz, ihr Verhalten an ein unverstandenes Gesetz anzupassen; und die gesetzestreuen Bürger brauchen das Wissen, dass unrecht Gut nicht gedeiht, da auch sie sonst irgendwann dem Staat die Zusammenarbeit verweigern werden (ebd.). Sanktionen sind daher zur Vermeidung von Unrecht und zur Aufrechterhaltung einer vernünftigen Ordnung unverzichtbar und folgen ihrer Funktion nach dem Paradigma der Strafe (ebd.). Strafe nämlich stellt die durch das Verbrechen gestörte Verteilung von Vor- und Nachteilen in einer Gesellschaft wieder her, indem sie den Verbrecher seiner freien Wahl beraubt, die er mit seinem Vergehen über die ihm zustehenden Rechte hinaus ausgedehnt hat (NL, 263). Eine Rechtsordnung (NL, X.3) ist also zwangsbewehrt durch Strafen wie durch präventive Eingriffe und Beschränkungen und sie definiert und spezifiziert die Anforderungen menschlicher Interaktion und macht diese zugleich vorhersehbar. Sie regelt die Erzeugung und Anwendung von Gesetzen samt ihren Ausnahmefällen und kontrolliert die Verfassung, Zweckbestimmung und Funktion öffentlicher Institutionen.

Die Herrschaft des Rechts (*Rule of Law*) manifestiert sich demnach in einem Rechtssystem, dessen Regeln (1.) immer prospektiv und niemals retroaktiv gelten, (2.) überhaupt befolgt werden können, (3.) öffentlich bekanntgemacht werden, (4.) klar sind, (5.) miteinander kohärieren, und (6.) stabil genug sind, um ihren Subjekten eine dauerhafte Richtung nach ihnen zu erlauben; (7.) in dem situative Verfügungen und Anordnungen ebenso diesen Kriterien genügen; und (8.) in dem die Personen, welche die Regeln machen, vollstrecken und anwenden, (a) gemäß der Regeln, die ihr Tun kontrollieren, rechenschaftspflichtig sind und (b) tatsächlich das Recht einheitlich und seinem Geist gemäß vollstrecken (NL, 270 f.).

Erst in diesem Rahmen, der die Folgen eigener und fremder Handlungen, sofern sie die Beziehungen zwischen Personen und das Gemeingut betreffen, vorhersehbar macht, ist die selbständige Schaffung einer eigenen Identität, die nicht vollständig unter der Kontrolle fremder Zwecke steht, d. h. individuelle Autonomie, überhaupt erst möglich (NL, 272). Genau dies aber ist der primäre Wert eines „*Rechtsstaats*“ (*constitutional government*), „which, often at the expense of some certainty about the precise location of authority, seeks to guarantee that rulers will not direct the exercise of their authority towards private or partisan objectives“ (ebd.).

***

SDG

Stichwortverzeichnis

Die Ziffern beziehen sich auf Seitenzahlen.